犬たちの明治維新

ポチの誕生

仁科邦男

草思社文庫

はじめに　犬に「値段」がなかったころ

これから述べようとしているのは、日本のどこにでもいた名もない犬たちの盛衰史である。幕末開国から明治維新、それに続く文明開化によって、犬たちは大変革にさらされた。人の世の出来事は人によって記録されるが、犬の世界に起きたことは人の歴史の間にちらちらと垣間《かいま》見えるだけだ。しかし、その断片をつなぎ合わせて行くと、犬たちに何が起きたのか、その全貌が少しずつ明らかになっていく。

かつて日本の犬には「値段」がなかった。犬を買うような人はどこにもいなかった。民俗学者の柳田国男が『明治大正史・世相篇』の中で「犬は無価値だった」と述べているのは、そのことである。無価値とは財産としての価値がないという意味だ。

狗《いぬ》は支那では食用として居た為でもあるか、鶏犬《けいけん》と称して夙《はや》くから各家の有《ゆう》であったが、日本では久しい後まで村の犬というものがあって、従って又無価値であった。尤《もっと》も食物の成るべく多い処、愛する人の傍に寄って来るのは当り前で、夜も定まった寝床があったであろうが、飼主はと問うと無いと答うべき犬は多かったのである。

食用であるニワトリがそれぞれの家の所有物であるのと同じように、中国では犬を食用にしていたためか、犬もまた各家の所有物だったというのである。ところが日本の犬事情は中国とは大いに異なり、犬の多くは各家の所有物ではなく、村の犬として人とともに暮らしていた。柳田は明治八年、兵庫県神崎郡福崎町に生まれた。子どもの時から犬好きだったが、「私など生まれた村では、村の狗というのが四、五匹は常に居たが、狗を飼っている家は一軒もなかった」(『白山茶花《しろさざんか》』)という。

柳田がかわいがっていたのは村の犬だった。村の犬だから、個別にお金でやりとりするような財物であるはずがなく、したがって犬は「無価値」であり、「値段」がなかった。ただ座敷犬のチン(狆)だけが例外で、江戸時代には小鳥と一緒に鳥屋で売られていた。日本人が犬にも値段があることを知ったのは横浜が開港し、新しく造成された居留地に西洋人が住み始めてからのちのことである。

安土桃山時代、日本にやって来たポルトガルの宣教師たちはキリスト教を布教するために日本語を懸命に勉強した。ザビエルが鹿児島に上陸してから五十四年後の一六〇三年(慶長八年)、イエズス会が『日葡《にっぽ》辞書』(日本語―ポルトガル語辞書)を刊行した。収録語数は約三万二千八百語。日常で使われていた日本語のほとんどはこの辞書に収録されている。その中に「サトイヌ」（里犬）という言葉がある。

【サトイヌ】　村里に養われている飼犬（『邦訳日葡辞書』）

説明文は簡潔で、しかも要点をきちんと押さえている。飼犬といっても個人で飼っているわけではない。村里に養われている。柳田がいう「村の犬」がこれだ。里犬は、村では村の犬、村犬になり、町では町の犬、町犬となる。ふだんはただ犬と呼ばれている。

『日葡辞書』には犬に関する言葉が二十三ある。そのすべてをあげておこう。

犬・戌《いぬ》、山犬、唐犬《とうけん》（外国犬）、むく犬（毛の長い犬）、鷹犬、小鷹犬、鳥犬（以上三語は猟犬）、牝犬《めいぬ》、斑犬《まだらいぬ》、里犬、犬追物《いぬおうもの》、犬箱《いぬばこ》（小物入れ）、犬蝿、犬走《いぬばしり》（壁や塀ぞいの狭い敷地）、犬招き（刀の鞘《さや》の先端）、犬飼星《いぬかいぼし》（牽牛星《けんぎゅうせい》）、戌の刻、犬鷲、犬《いぬ》蓼《たで》、犬桐《いぬぎり》、犬山椒《いぬざんしょう》（以上三語は植物名）、犬死《いぬじに》

この中に飼犬という語がない。『日葡辞書』ができたころには、飼犬という言葉はあまり使われていなかったのだ。大名や武士の中には犬を飼う者がいたが、その犬は

飼犬ではなく、「手飼いの犬」と呼ばれるのがふつうだった。「飼犬に手をかまれる」という諺《ことわざ》は、江戸時代初期の諺の本には「手飼いの犬に手をかまれる」と書いてある。言葉遊びでもある。手飼いに手をかまれるから面白い。

江戸初期に飼犬という言葉がなかったわけではないが、用例が少ない。私の目に触れた範囲では徳川三代将軍・家光の時代、寛永十一年（一六三四年）に薩摩の島津家《いえ》久《ひさ》がわが子・北郷久直《ほんごうひさなお》に与えた「御教訓之條々」に見えるのが古い。都城《みやこのじょう》（宮崎県）の北郷家を継いだ息子に「飼犬は十四より上はやめるべきである」と君主の心得を述べている。犬にかまけて治世をないがしろにしてはいけないという教えである。

五代将軍・綱吉の登場以前には、鷹狩に使う「御鷹」の餌にするため、幕府や大藩では石高《こくだか》に応じて村々に犬を供出《きょうしゅつ》させていた。これを「御鷹餌犬《えいぬ》」と呼ぶが、「御鷹飼犬」と書いている例も少ないながらあることはある。この場合の飼犬は鷹の餌にするのが目的で、われわれが考えている飼犬とは意味が違う。餌犬の「餌」を「飼」と誤記または誤読した史料もあるようだ。

飼犬という語が一般化するのは綱吉以降のことだ。「生類憐みの令」により、犬は「飼犬」と「無主《むしゅ》の犬」に大別された。無主の犬のほとんどは町犬で、飼主だという人物が名乗り出ない限りは、中野（東京都中野区）などにつくられた犬小屋に収容、保護された。

町犬は野良犬とは違う。町犬は長屋や横町《よこちょう》、お寺や神社など、そこの住人や顔見知りの人から餌をもらい、不審者が来れば吠え、共同体の一員として暗黙のうちにその存在が認められている。一方の野良犬は共同体の一員ではない。「生類憐みの令で野良犬は犬小屋に収容された」と書いたものが多数あるが、野良犬というのは正しくない。犬小屋に収容された犬のほとんどが町犬である。犬小屋の犬は「不日《ふじつ》に（すぐに）十万頭に及ぶといへり」と幕府編纂《へんさん》『徳川実紀』に書いてあるが、これは人に慣れた町犬だから簡単に収容できたのであって、野良犬ではそうはいかない。

『日葡辞書』には野良犬という語もない。野良猫という言葉は鎌倉時代の短歌の中に見えるが、野良犬はあまり使われる言葉ではなかったようだ。野良犬とは野原にいる犬という意味だが、江戸時代中ごろには「ろくでもない犬」のことを野良犬と呼んでいる。明治新政府は各府県ごとに「畜犬規則《ちくけん》」を定め、綱吉政権と同じように犬を「飼犬」と「無主の犬」に分けたが、庶民は官製用語の「無主の犬」になじむことなく、飼主のいない犬を野良犬と呼ぶようになった。

江戸時代、クロ、アカ、シロ、ブチ、デカ、チビその他、ほとんどの犬は毛色や見た目の形で名前が呼ばれた。だれもがわかる共通の名称だった。ところが、明治の「畜犬規則」により、飼主の住所、氏名を書いた名札を付けていない犬は、すべて野犬として撲殺《ぼくさつ》されることになった。小さな共同体の中で人とともに暮らしてきた里犬（町犬、村犬）は、個別の飼主がいないため、野犬として扱われた。殺されたらかわいそう、と名札を付けられた里犬だけが生き残ることができた。明治時代は洋犬至上主義の時代だった。いつの間にか、在来の日本の犬は姿を消し、山村部にわずかに生き残った猟犬だけが日本犬として生きながらえた。

飼主がいて、飼犬がいる。人と犬との関係が、すべて「個」と「個」になった。それと同時に、西洋式に犬にも個別の名前がつけられるようになった。日本の犬たちの明治維新・文明開化は、犬が個別の名前を持つことから始まったとも言えるだろう。その時つけられた最もポピュラーな名前がポチだった。言い換えると、ポチの誕生とともに里犬は絶滅したのである。

そろそろ日本の犬の盛衰史の各論に入ろうと思う。ペリーが黒船を率いて二度目の来航をした時、長州藩士の吉田松陰はアメリカに密航する計画を立てた。当時はまだひなびた漁村だった横浜村で小舟を盗み、黒船に乗り移るつもりだった。しかし、不審な男を見て集まって来た村犬に吠えられ、松陰は計画を断念した。まずはその話から始めよう。

犬たちの明治維新

ポチの誕生

◎目次

第二章　横浜開港

4 斬られる犬たち………132

第三章　犬たちの明治維新

3 消える里犬

第四章　西郷どんの犬

第五章　ポチの誕生

終章　薩摩の犬のその後

〈凡例〉

引用文の多くは原文を生かしつつ現代語に訳した。原文を掲載した場合でも、漢字、仮名遣いなどは適宜改めてある。翻訳者名は、できるだけ本文中に明記したが、記載できなかったものは巻末の「引用図書・史料一覧」の中に載せた。わかりにくい語彙《ごい》、補足が必要と思われる語彙については、かっこ内で言葉を補った。「匹」「疋」「頭」などは原文の記述を尊重して表記を統一しなかった。「飼主」「飼犬」などは現代文では「飼い主」「飼い犬」と表記するのが普通だが、引用文と整合性を持たせるため送り仮名を省いた。「鷹狩」「犬死」なども同様である。

犬たちの明治維新

ポチの誕生

第一章

犬たちの開国

1　ペリー来航

●吉田松陰の密航未遂事件の陰に犬あり

嘉永七年（一八五四年）三月十日午前零時過ぎ、長州藩士・吉田寅次郎（松陰）は、弟子の金子重之助と横浜村の浜辺に立っていた。沖にはペリー率いる七隻の黒船が停泊していた。きのうは曇天《どんてん》で上弦《じょうげん》の月がわずかに出ていたが、この夜は厚い雲に閉ざされている。それでも暗い海に浮かぶ船影が夜目《よめ》にくっきりと見えた。

横浜村は東海道の宿場町・神奈川の南にある漁村だ。昼のうちに下見はすませていた。小舟が二つ浜辺にもやっていた。ただ櫓《ろ》がついていなかった。付近の小屋を探し回り、数挺《すうちょう》の櫓が置いてあるのを見つけた。それから保土ヶ谷《ほどがや》宿の宿屋に戻り、神奈川の酒楼《しゅろう》に登って時を過ごし、深夜になるのを見計らって再び横浜にやって来た。小舟を盗んで黒船に乗りつけ、アメリカに密航するためだった。

ペリーが黒船四隻で初めて浦賀に来たのはその前年の嘉永六年六月のことだった。

泰平のねむりをさますじょうきせん（上喜撰《じょうきせん》、蒸気船）たった四《し》はいで夜も寝られず有名な落首《らくしゅ》が作られたのはこの時だ。喜撰とは当時有名なお茶の銘柄で、上等の喜撰を四杯飲んだら眠れなかったというのが歌の表の意味。前回は四隻で国がひっくり返るような騒ぎだったのに、今度は七隻で来航し、蒸気船の黒い煙と艦載砲を見せつけながら幕府に開国を迫った。ペリーの当面の目的は捕鯨船の寄港地を確保することにあった。幕府は三月三日に神奈川条約（日米和親条約）を締結し、下田と箱館（函館）の開港を認めた。

「夷国《いこく》から国を守らねばならない。そのためにはすぐに夷国に渡り、その内情を探知するしかない」というのが松陰の考えだった。ただし外国へ行くことは国禁中の国禁だった。

　寅（松陰）、すでに断然、危計を行う。もとより自ら期す、一跌《いってつ》して（失敗して）首を鈴森《すずがもり》に梟《きゅう》することを。（『回顧録』）

鈴が森刑場でさらし首になっても国のためにやる。そういって友と涙を流して別れ、横浜の浜辺に立った。それだけの決意を固めてやって来たのに、昼の間に確認した小舟はどこにもなかった。風も波も強くなってきた。どうすべきか。あとは別の小舟を盗み出して渡るしかない。

是時《このとき》、村犬群れ来たり吾を吠ゆ。余咲《わら》って渋生《しぶせい》（金子重之助）に謂《い》いて曰く「吾初めて盗みの難《かた》きを知る」と。（同）

浜辺をうろつく不審な二人の男に気づいて、村犬が集まって来たのだ。このころの村犬はしつこい。不審者が自分たちのテリトリーを去るまで、つきまとい吠え続ける。村人が起き出して来れば騒ぎになる。企てが露見すればすべて終わりになる。「舟を盗むのは無理だ」と松陰は金子に笑いながらいった。この日の密航は断念するしかなかった。

人の歴史の合間にちらちらと犬の姿が見え隠れする。この時、実行していればその後の松陰の人生もずいぶん変わったものになっていたに違いない。次に下田で計画を実行した時は波が荒く、盗んだ小舟に自分たちの荷物を残したままペリーの軍艦に乗船してしまった。「舟の荷物でいずれ身元が知れる」と密航失敗後、やむを得ず松陰は自首することになる。

日本人の海外渡航が禁じられていた江戸時代、当然のことながら、犬も海外に出ることはなかった。松陰はまったく関知しないことだが、日本の犬はペリー艦隊によって初めて太平洋を渡ったのである。ついでにいうと、猫も同時に海を渡った。松陰が犬猫同伴でアメリカに渡航したとなれば話はおもしろいのだが、もちろんそうはならなかった。犬猫のことはあとで詳しく述べるとして、松陰の密航未遂事件をもう少し続けたい。

横浜での密航未遂から三日後の三月十三日、ペリー艦隊は横浜沖から姿を消した。「全体夷人狡猾《いじんこうかつ》、出帆等のこと分明《ぶんめい》にいわず」と松陰は『回顧録』で憤慨《ふんがい》している。横浜をいつ出るか、礼儀としてそのぐらいは日本側に伝えるべきであろう、ということだろう。松陰はあわてて次の寄港地である下田に向かった。

三月二十七日（西暦四月二十四日）夜、松陰と金子は下田の海岸に潜んでいた。日付が変わって翌日午前二時、二人は浜辺の小舟に無断で乗り込んだ。舟をこぎ出そうとしたが、櫂《かい》がなかったので、舟底に敷いてある簀板《すのこいた》を櫂の代わりに使った。それぞれが自分のふんどしで櫂をしばり、下田湾に漕ぎ出した。途中でふんどしがゆるんだので、今度は帯を解いて櫂をしばり直した。舟はなかなかまっすぐ進まず、腕が抜けそうになった。やっとの思いで二人を乗せた小舟は湾内に停泊中のミシシッピー号にたどり着いた。

船腹に下げてあったはしごを昇りながら、松陰は「メリケン（米利堅）、メリケン」

と大声で叫んだ。これで十分通じたらしい。「当直士官がアメリカン、アメリカンという低いトーンの声を聞いた」と随行の艦長書記、スポルディングが『日本遠征記』に書いている。デッキに降り立った松陰は、出てきた船員に書状を手渡した。松陰『三月二十七日夜の記』によると、書状は漢文で書いた。

吾れ等米利堅《メリケン》に往《ゆ》かんと欲す。君幸《さち》に之を大将（提督）に請え。

年とった船員が出て来て、ペリーのいる旗艦ポーハタン号へ行くように手真似で指示した。二人は再び小舟に乗ったが、波が荒く、今度は船のはしごに取り付くことができない。小舟が船腹に当たるのをいやがったポーハタン号の乗組員が木の棒で舟をつく。二人は必死ではしごに飛び移った。刀や荷物を載せたまま、舟は夜の海へ消えた。舟は下田湾のどこかに漂着する。荷物を調べれば、二人の身元はすぐに知れてしまう。後戻りはできなくなった。

早口で日本語をしゃべる「ウリヤムス」という通訳が出てきた。松陰はこの日の朝、下田で見かけた米艦の乗組員に「渡米を希望する」と書いた手紙を託していたが、通訳はその手紙を見せ「このことだろう」と述べた。

「この手紙のことは提督と私しか知らない。希望を知って提督も私も喜んでいる。しかし、幕府との約束があるので、連れて行くわけにはいかない。今度のことは幕府には知らせない。いずれアメリカ人と日本人はふたつの国を行き来することになる。その時を待ったらどうか」

　ペリーはこの船に乗っていたが、松陰の前に姿を見せなかった。連れて行きたい気持ちはあるが、やっと下田と箱館（函館）の二港を開港させたばかりなのに、幕府の法を破るわけにはいかないというのがペリーの判断だった。「ウリヤムス」の日本語は聞き取りにくかった。松陰は必死になって漢字の筆談で交渉した。

「この船に来ることは国法の禁ずるところである。今帰れば必ず罰せられる。私たちのことはいずれ知れてしまう。帰るわけにはいかない」

　真夜中の船上で交渉は続いたが、同乗は認められなかった。二人が乗って来た小舟は夜の海に消えてしまったので、米艦のボートで送り返された。松陰と金子は観念して下田の番所に出頭し、牢に入れられた。のち長州萩《はぎ》に送られ、幽閉の身となる。

　ミシシッピー号とポーハタン号は間もなく数匹のジャパニーズ・ドッグを積んで下田を出港する。初めて海を渡る犬と、海を渡りそこねた松陰が同じ船の上で交差している。それだけのことではあるが、日本の犬の近代化、西洋化が始まる前の象徴的出来事として、この密航未遂事件のことを書き記しておきたかった。ペリーによって日本の犬もまた開国したのである。

●ジャパニーズ・ドッグ、海を渡る

ここからはアメリカ側の動きが中心になるので、西暦主体で記述する。

初めて太平洋を渡った「ジャパニーズ・ドッグ」はチン（狆）だった。「ジャパニーズ・ドッグ」はその後、「ジャパニーズ・スパニエル」「ジャパニーズ・パグ」などいろいろに呼ばれたが、現在欧米では「ジャパニーズ・チン」という名で定着している。幕末から明治にかけて来日した欧米人のほとんどがこの犬を手に入れたいと思った。

ペリーのジャパニーズ・ドッグにはわからないことがいくつもある。ペリー艦隊の公式報告書『ペリー提督日本遠征記』（編著者ホークス）には「珍種の四匹の小さな犬」が「皇帝（将軍）」から贈られたと書いてあるが、日本からの記念品リスト（目録）に「四匹の小さな犬」は入っていない。なぜなのか、その理由は解明されないままになっている。

ペリー艦隊は大統領から将軍へ多数の贈り物を運んできた。中にはミニチュア（縮尺四分の一）の蒸気機関車もあった。横浜村の応接所の一角にレールが敷かれ時速三十キロで日本人を乗せて走った。電信線が張られ、電信機のデモンストレーションも行われた。

徳川将軍（十三代家定《いえさだ》）や幕僚からも返礼として大量の記念品がアメリカ大統領（十四代ピアース）に贈られた。『ペリー提督日本遠征記』によると、下田で松陰の密航未遂事件が起きる一カ月前、西暦三月二十四日（旧暦二月二十六日）にペリー自身が横浜村の応接所に出向き、記念品を受け取った。海岸に米俵が二百俵も積まれていた。通訳は「米を贈るのは日本人の習慣です」とペリーに説明した。

大統領への贈り物はもちろん、個人に贈られたものでも、艦隊で受け取ったものはすべてアメリカ政府の所有物となることが規則で決まっていた。ペリーは自分の日記（『ペリー提督日本遠征日記』）の中で「贈り物を受け取ったら返礼しなければいけない。士官が贈り物をもらっても、返礼のための出費を政府は認めない。こんな政府は合衆国だけだ」と憤《いきどお》っている。贈り物は厳重に管理されていた。ペリーは運搬船のサプライ号に米を、旗艦のポーハタン号にその他の記念品を載せるよう指示した。

意味のよくわからない贈り物はほかにもあった。木炭は三十五俵もあった。報告書は関係者のチェックを受けてから議会に提出された。おそらくペリーの意向だろう、報告書『ペリー提督日本遠征記』第二十章の贈り物の記述に注がつけ加えられている。

提督はのちに（幕府通訳に）質問し、彼（提督）の理解によれば、日本では皇帝（将軍）の贈り物にいつも入る三つの品物があることがわかった。米と乾物の魚と犬である。ある人は木炭もいつもその中に含まれるといった。なぜこれらが選ばれるのか、それぞれが何をシンボライズしているのか、彼（提督）は（通訳に）聞かなかった。木炭はこの時の贈り物から除外されず、珍種の四匹の小さな犬が皇帝の贈り物として大統領へ送られた。われわれはまた、二つ（木炭と犬）がイギリス女王のためにスターリング提督の船に積まれたことも公刊された印刷物（新聞のことか）の中に見出《みいだ》した。（筆者訳）

アメリカだけでなく、イギリスの事例まで報告書に書き加えてある。スターリングはイギリス東インド艦隊の司令官で、ペリーよりも遅れて同年九月長崎に来航し、日英和親条約を締結した。その話を引用したのは、贈り物の意味について議会などから疑問が出ないようにするための配慮だったと思われる。日本はイギリスに対しても同じようにしたと実例をあげて説明したのだろう。

犬は間違いなくアメリカに到着している。しかし日本側の記念品目録にはない。犬は品物ではないということで、目録に入れなかったとも考えられるが、そうだとすると、同じ生き物なのに目録に「鶏三百羽」とあることの説明がつかない。アメリカ側の贈答品受け取りリストにもない。

なぜ目録に犬が載っていないのか。考えられる結論は一つしかない。最初にペリー

Yedo and Simoda dogs presented to Commodore M. C. Perry by the Japanese commissioners.

日本のコミッショナーズよりペリー提督に贈られたエドとシモダ
(『ペリー提督日本遠征記』1856,New York)

が受け取った贈答品の中に犬は入っていなかったのである。

公式報告書はすべてペリーがチェックしている。アメリカ人には意味のよくわからない贈り物について編著者のホークスに注をつけるようペリーが指示し、横浜での贈答品受け取りの記述のあとに、注をつけ加えた。ペリーが贈答品の意味を幕府通訳に尋ねたのは、下田を出港し帰国する直前のことで、その時のことが横浜の話に紛れ込んでいるから話が複雑になる。「珍種の四匹の小さな犬」は、横浜で受け取ったという誤解を生じさせる原因がここにある。その上、同じ第二十章の最後尾には「日本のコミッショナーズ(委員)よりペリー提督に贈られたエドとシモダ」と説明のついた二匹のチンの絵まで掲載されている。これでは誤解するなという方が無理かもしれない。

ペリーの日記、そのほか当時の随行員の日記類を見ても、米や炭などといっしょに犬を受け取ったという記述は見られない。吉田松陰がミシシッピー号とポーハタン号の船上にいた時、二つの船のどこにも犬はいなかった、というのが正解だろう。では、いつ、何匹の犬がアメリカに贈られたのだろうか。

●艦隊の乗組員が記したチンたちの足跡

神奈川条約締結後、いったん下田に移動したペリー艦隊は五月十三日、下田と同時に開港した箱館（函館）に向かった。箱館には半月ちょっと滞在し、六月七日、下田に戻った。ペリーは海軍主計長（パーサー）のW・スペイデンら二人を交渉責任者とし、開港にともなう諸問題について幕府側委員と協議を続けた。下田に入港するアメリカ船のために上陸所、休息所を設けること、石炭の供給と品質と価格の問題、食料品や各種資材の供給と価格の問題その他、実務交渉は下田で行われた。この交渉の間も贈り物と返礼の品が日米の間を行き来している。日米の交渉委員は次第に打ち解け、十五日に双方が合意に達し、十六日夜にはミシシッピー号艦上で楽団演奏会が開催され、日本人三百人が汽船甲板《かんぱん》上での演奏や踊りを楽しみ、十七日に日米和親条約付録（下田条約）が締結された。

アメリカ側には条約締結を記念して、日本の石材を使ってワシントンに記念碑を建てる計画があった。二十二日、日本側から石材がアメリカに贈呈され、ミシシッピー号に運び込まれた。公式報告書『ペリー提督日本遠征記』第二十四章の石材の記述のすぐあとにジャパニーズ・ドッグの話が出てくる。

（出発の日が近づくにつれ、さらに親密さを増し）素晴らしいプレゼントが交換され、大統領と艦隊士官への贈り物として選ばれた日本製の品々を当局から受け取った。その贈り物の中に三匹の日本犬がいて、大統領に送られた。それらはすでに述べた小さなスパニエル種で、日本では大変珍重され、非常に高い値段でしか買えなかった。提督はそれらを合衆国に持ち帰ることに成功し、彼らは今ワシントンで元気にしている。提督は自分自身のために二匹手に入れ、そのうちの一匹だけが合衆国に到着した。（筆者訳）

犬が贈られたのは、石材贈呈と同日のようにも、そのすぐあとのようにも読める。公式報告書の第二十章の注（前出）には「珍種の四匹の小さな犬」とあったのに、ここでは「（贈り物に）三匹の日本犬がいて、大統領に送られた」ことになっている。「珍種の四匹」だったものが、なぜ「三匹」になったのか、その説明はない。報告書はペリーのチェックを受け、議会に提出されている。記載のミスだとは考えられない。チンは寒さ、暑さに弱く、病気になりやすい。ペリー以後も各国の使節団によって多数のチンが船に載せられ、海を渡っていくが、航海途中で何匹も死んでいる。「珍種の四匹」のうちの一匹は帰国する船の中で死んでしまったが、報告書にそのことが記載されていないだけのように思われる。残りの三匹はアメリカに無事到着し、大統領のもとに届けられたことは間違いない。

さらに「提督は自分自身のために二匹手に入れ」「一匹だけが合衆国に到着した」と新事実も明らかにされている。この二匹は、第二十章にイラスト付きで出てくる「日本のコミッショナーズよりペリー提督に贈られたエドとシモダ」のことなのか、あるいは別の犬なのか、報告書を読んだだけではわからない。これがわからないと、何匹のジャパニーズ・ドッグがペリー艦隊に載せられたのか、答えが出ない。この件については、間もなく登場する若い乗組員スペイデン・ジュニアの「日記」を手がかりに、あらためて検討しようと思う。

ペリー艦隊が日本を去る前、六月十八日に旗艦がポーハタン号からミシシッピー号に代わり、これにともない、荷物の移動が行われた。通訳ウィリアムズの日記『ペリー日本遠征随行記』によると、荷物移動が完了した二十三日の時点で、複数の犬や猫がミシシッピー号に移されたことになっている。

（六月二十三日）蒸気船はいずれも港口への移動を終わって、早朝の出航に備えている。（略）印刷機、犬（dogs）、猫（cats）、短艇員、従卒、召使も、いろんな箱や鳥たちも、すべてが（ミシシッピー号に）移乗を完了していた。

日記の著者ウィリアムズは、深夜のポーハタン号船上で吉田松陰と筆談した、あの「ウリヤムス」である。ここに書かれた犬や猫がどの船からミシシッピー号に移されたのか不明だ。公式報告書にある犬と同じ犬なのかも断定できない。しかも、ペリー艦隊に持ち込まれた犬はこれだけにとどまらなかった。ウィリアムズの日記によると、この日の午後、日本の通訳（森山栄之助）と役人数人がミシシッピー号にやって来て、「大統領へ贈る鳥（birds）や犬（dogs）と一緒にたくさんの餞別《せんべつ》の品を持ち込んだ」のである。ウィリアムズは通訳としてペリーと同席しているので、日記に書かれていることの信憑《しんぴょう》性は高い。これが日本の役人の最後の訪問だった。

公式報告書によると、この時に「博物の標本」が贈られたことになっている。学術研究の標本として生きた「鳥や犬」が贈られたのかもしれない。「大統領に贈られた犬」「ペリーが手に入れた犬」のほかにもジャパニーズ・ドッグが船に積み込まれた可能性がある。

この日本人最後の訪問の時、ペリーは通訳の森山と話し込んでいる。ペリーが「ハラキリは今でも行われているのか」と聞くと、森山は「自分の部下の通訳の一人が、長崎でこの方法で自殺した」と答えた。このほか森山は磔《はりつけ》による処刑の仕方までペリーに説明している。この時の応答の中でアメリカ人には理解できない日本の贈答品の意味についてペリーは森山に質問し、森山が「米と乾物の魚と犬は将軍（皇帝）の贈り物にいつも入っている」と答えたというのが私の推測である。前出の『ペリー提督日本遠征記』第二十章の注に「提督はのちに質問し」とある「のちに」がこの時のことだと考えると、つじつまが合う。

出港間際のミシシッピー号の船上の様子を艦長書記のスポルディングが『日本遠征記』に書きとめている。吉田松陰が「アメリカン、アメリカン」と言いながら乗船してきた話を書いたのもスポルディングである。帰国後、海軍は機密保持を理由に乗組員全員の日記類の提出を求めていたが、公式報告書が出来上がる前にスポルディングは『日本遠征記』をさっさと出版してしまった。「日記」ではなく「記憶」に基づいて書いたというのがスポルディングの言い分だった。海軍やペリーのやり方にいろいろ不満があったらしい。船上の様子の記述にも皮肉が込められている。

アメリカの最高司令官が再び司令官旗をミシシッピー号にひるがえらせた時、甲板はトレイ、ブランシュ、スイートハート（いずれも犬の名前か）で飾られ、彼（ペリー）に贈られたジャパニーズ・ドッグズの形といえば、しし鼻で、頭はビリヤードの玉、目は飛び出した上に離れ、彼らには何か不幸な行き違いがあったように思われた。船尾楼《せんびろう》甲板はしっぽのないジャパニーズ・キャッツで飾られ、彼らのらせん状の背骨はモンボド卿（人類学者）を喜ばすほど伸びていた。船尾楼の下では美しいキジ、オシドリ、ちょっと優雅な鳴鳥《なきどり》が籠《かご》の中で揺れていた。（筆者訳）

スポルディングによれば、甲板を動物で飾り立てたのはペリーが詩人バイロンを気取ったからだという。バイロンは犬猫をはじめ、キツネ、サル、アナグマ、ワニ、オウム、ワシ、エジプトヅルその他、世界の動物たちを自宅で飼育し、飾った。引用文中のトレイ、ブランシュ、スイートハートは原文の頭文字がいずれも大文字なので、犬の名前だと思われる。

旗艦ミシシッピー号には、スペイデン・ジュニアという青年が乗り組んでいた。ペリーが日米和親条約を締結した時点で十八歳だった。父親のスペイデンは同じ船の主計長（パーサー）で、ペリーの信頼が厚かった。息子のジュニアもペリーにかわいがられ、十六歳の時に主計官書記として艦隊の一員に加わった。

ジュニアは航海中ずっと日記をつけていた。一九四六年に遺族からアメリカの海軍歴史財団に日記が寄贈され、条約締結から一五九年後の二〇一三年に『ペリー提督日本随行記』のタイトルで日記全文が初めて公刊された。

六月二十五日、ペリー艦隊は下田を離れ、沖縄経由で香港に向かった。スペイデンの日記によると、香港に停泊中、ワシントンに記念碑を建てるため調達した石材、鳥と犬（dogs）をミシシッピー号からプリマス号に積み替え、アメリカに送った。体調を崩していたペリーは艦隊を離れ、九月十一日に香港からイギリスの郵便船に乗り、イギリスを経由して大西洋航路で帰国の途に着いた。

艦隊は香港からいったん下田に戻り、ハワイ、チリ経由でニューヨークへ向かった。プリマス号に複数の犬が積み替えられたが、ミシシッピー号にもまだ何匹かの犬が残っていた。チリ南部バルパライソは氷河地帯にあり、寒さが厳しい。もともとジャパニーズ・ドッグ（チン）は丈夫な犬ではない。航海中に犬が相次いで死んだのである。スペイデンの一八五五年二月十六日の日記には、次のように書かれている。

バルパライソに着く前日か二日前（一月下旬）のことを述べるのを忘れていた。

ペリー提督のペットのジャパニーズ・ドッグの一匹、マスター・サム・スプーナーが死んだ。石のようだった。そしてなんていうことだ、今朝早くにマダム・シモダがその命を終えて発見された。もう知らない国へ去ってしまった。彼女はすぐに海蛇《うみへび》たちのいる国へ投ぜられた。たった一匹残ったマシャー・エドは強靭な心臓が破れんばかりに一日中駆けまわっていた。

幸いあれ、死せし犬たちよ
広く青き海の上に
ここに君たちの亡骸《なきがら》は眠る
葬られ、そして永遠なれ

日記はここで終わっている。理由は不明だ。日記には書かれていないが、三匹目のマシャー・エドも航海中に死んでしまったらしい。

約五十年後のスペイデン・ジュニアの回顧談が『ザ・ドッグ・ブック』（一九〇六年、ジェームズ・ワトソン著）に載っている。「一月にサム、二月にエドが死に、シモダはその一カ月後に死んだ」と答えているが、これは質問者の聞き間違いか、ジュニアの記憶違いだろう。日記では、シモダが死んだのは二番目で、その死を悼み、詩まで作っている。日記の記述を信頼すべきだろう。シモダの名付け親はジュニアで、航海中ずっと世話をしていた。三番目に死んだのがマシャー・エドだったと思われる。

スペイデンの日記に出てくる「マシャー・エド」と「マダム・シモダ」は「日本のコミッショナーズよりペリー提督に贈られたエドとシモダ」と同じ犬と考えていいだろう。

もう一匹の「マスター・サム・スプーナー」はどういう犬なのか。

「サム」はペリー艦隊に乗っていた日本人の名前と思われる。江戸から大坂に帰る途中、嵐のため船が難破し、漂流した末、カリフォルニア沖でアメリカ船に救助された。日本に帰国させるためペリー艦隊に乗せられ、みんなからサム・パッチと呼ばれ、なかなかの人気者だった。艦隊ではコックを務めていたから、スプーナーというのはスプーン係くらいの意味だろう。

サム・パッチは日本に着いても上陸したがらなかった。海外に出たことで幕府からおとがめがあることを恐れていた。ところが幕府の役人が来てサム・パッチを日本に残すようペリーに要請した。アメリカの情報をこの男から手に入れたかったのだ。ペリーは「本人の意思次第」と答え、幕府の役人が直接、船の中でサム・パッチと交渉することを認めた。しかしサム・パッチは役人の前にひれ伏すばかりで、頭を上げることさえできなかった。その様子を見ていた海軍士官が「合衆国の旗の下では、そのような屈従《くつじゅう》の態度をとることは許されない」といって、無理やりサム・パッチを立たせた。結局、幕府による説得は失敗し、サム・パッチはアメリカに戻った（彼はその後、洗礼を受け、宣教師に同行して開港間もない横浜にアメリカ人として来日。安芸〈広島〉尾道出身。日本名は仙太郎。通称三八《さんぱち》。明治七年死去。啓蒙思想家でクリスチャンとなる中村正直《まさなお》が東京・文京区の本伝寺《ほんでんじ》に墓を建てた。墓石には「三八君墓」と刻まれている）。

日本人漂流民に由来する「マスター・サム・スプーナー」という名前を、大統領に贈られた犬につけるとは思えない。ということは「提督は自分自身のために二匹手に入れ、そのうちの一匹だけが合衆国に到着した」と報告書の第二十四章に述べられた二匹のうちの一匹、合衆国に到着できなかったペリーの犬が「マスター・サム・スプーナー」だったのではないか。

第二十四章の二匹「手に入れ」の原文はobtain〈オブテイン〉、第二十章にイラスト付きで出てくる「エド」と「シモダ」はdogs presented〈プレゼントされた犬〉となっている。「手に入れる」のと「プレゼントされる」のとではニュアンスがかなり違う。「ペリーが自分自身のために手に入れた二匹の犬」と「ペリー提督に贈られたエドとシモダ」は別々の犬だと結論付けていいだろう。

結局、大統領に贈られた「珍種の四匹」、幕府コミッショナーズからペリーに贈られた「エド」と「シモダ」の二匹、ペリーが自分で手に入れた二匹、最低でも計八匹の犬が艦隊の船に載せられて日本を出港したことになる。「最低でも」というのは乗組員が個人的に手に入れた犬がいないとも限らないからである。

●海外チン・クラブに見る「ペリーの犬」の謎

海外のチン・クラブ、ケネル・クラブ（愛犬家団体）はペリーの犬についてどう書いているのか、ホームページを開いてみよう。諸説紛々《ふんぷん》である。そのすべてに整合性を持たせて解読しようとすると、頭が痛くなる。正解のないクイズの答え探しをしているようなものだ。

まず「ジャパニーズ・チン・クラブ・オブ・アメリカ」――

ペリー提督はとうとうその仕事（日本の開国）をなしとげ、提督自身、ピアース大統領、ビクトリア女王へ、たくさんの皇帝（将軍）の贈り物を積んで艦隊は本国に戻った。贈り物の中には三ペアの小さな宮殿の犬たちがいた。一つのペアはペリー、次の一つはピアース、もう一つはビクトリアに贈られたものだった。六匹のうち航海に生き残ったものたちがペリーに贈られた。公的な航海日誌、プレジデンシャル・アンド・パレス紙によると、残りの犬たちは目的地にたどり着かなかった。

（筆者注　ペリーが飼うことになった犬以外は死んだと考えているようだ）

次は「ジャパニーズ・チン・クラブ・オブ・西ペンシルバニア」――

一八五三年、ペリー提督は通商の目的でその国を開国させるため日本に着いた。提督と、同行していた何人かのクルーは、ジャパニーズ・チンを贈り物としてもらった。二匹はビクトリア女王に送られ、二匹はペリー提督に与えられた。ペリーはそれを娘（オーガスト・ベルモント夫人）に送った。あとの二匹は大統領に贈られた。イギリスに送られたペアがその後どうなったのか、だれも確かめていない。しかし航海中にペリーの船では三匹死んでいる。

（筆者注　贈られた犬は計六匹。イギリスに二匹、航海中に三匹死亡。残りは一匹になってしまう計算）

次は「アメリカン・ケネル・クラブ」――

一八五三年にペリー提督は日本からイギリスに最初のチンたちを持ち込み、ペアがビクトリア女王に贈られた。同時に複数の標本（スペシメンズ）がアメリカに来たが、最終目的地については、何の記録も残っていない。
（筆者注　博物標本としてチンが持ち込まれたが、行先不明という意味か。西暦一八五三年は誤り）

最後に「ジャパニーズ・チン・クラブ・UK（ユナイテッド・キングダム）」——

ペリー提督が皇帝（将軍）のために多くの贈り物をたずさえ、かつての敵意に満ちた日本に遠征隊の進路を向けたのは一八五二年のことだった。帰国にあたって、ほかの品物と一緒に七匹のジャパニーズ・チンを贈られた。五匹はペリー提督の船に乗せられたが、三匹は帰途死亡、二匹は英国船に積み替えられ、のちにビクトリア女王に贈られた。しかし、彼らのその後の運命については何も記録がない。ほかの二匹は無事アメリカに着いた。
（筆者注　別の船で二匹だけアメリカに着いたと考えているらしい）

ペリーのチンの話は相当に混乱している。その一方で、日本からペリーに贈られたチンのうち、二匹はビクトリア女王に贈られた（送られた）という話が事実のように欧米に流布している。それでいながら女王にチンが届いた形跡がないという。どういうことなのか。結論を先に言うと、欧米に流布している話は間違っている。これまで述べてきたように、リストを作って厳重に管理している大統領への贈り物をペリーが独断で英女王に贈るはずがない。贈るには政府・海軍の承認がいるが、その承認を得るための書類は船便でワシントンとの間を往復することになる。そんな手間暇かかることをあえてする理由はない。

どうしてこういう誤解が生じたのか、私の推測では、公式報告書『ペリー提督日本遠征記』の記述の読み間違いに原因があると思われる。前出第二十章の注に「木炭はこの時の贈り物から除外されず、珍種の四匹の小さな犬が皇帝の贈り物として大統領へ送られた。われわれはまた、二つ（木炭と犬）がイギリス女王のためにスターリング提督の船に積まれたことも公刊された印刷物の中に見出した」と書かれているが、「二つ（two）」が何を指すのか、少々わかりにくい。この「二つ（木炭と犬）」を大統領に贈られた四匹の犬のうちの「二匹（two）」と誤読し、それが事実のように伝えられてしまったのだろう。参考に原文を掲載しておく。[注1]

注1〈該当部分の原文〉The charcoal was not omitted in the gifts on this occasion, and four small dogs of a rare breed were sent to the President as part of the Emperor's gift. We have observed also in the public prints that two were put on board of Admiral Stirling's ship for her Majesty of England.

スターリング（英国東インド艦隊司令官）は一八五四年九月七日に長崎に来航し、十月十四日に日英和親条約を締結しているが、ペリーがスターリングと接触した記録はない。

ペリーが日本を離れて六年後、幕府は遣米使節団を派遣した。この時、使節団がペリーのチンと感動の対面をする。その話で日本の犬の開国記を締めくくりたい。

●幕府の遣米使節団、ペリーの犬と感激の対面

密航に失敗し、長州萩で幽閉の身となった吉田松陰のもとには若者たちが集まり、松下村塾に発展していく。一方、染物屋の出身で武士ではなかった金子重之助は粗末な扱いを受け獄死する。その後、井伊大老の「安政の大獄」により松陰は江戸に送られ、安政六年（一八五九年）十月、処刑される。安政七年――この年は三月に桜田門外の変があり、井伊大老が殺害され、途中から万延《まんえん》に改元された。

年号がまだ安政だった一月、新たに結ばれた日米修好通商条約の批准《ひじゅん》書交換のため、幕府使節団がアメリカに向かった。一行が乗った船は松陰が密航しようとしたあのポーハタン号である。もう一隻、幕府の咸臨丸《かんりんまる》も随行した。咸臨丸の艦長は勝義邦《よしくに》（海

舟）が務めたが、日本人乗組員は外洋を航海するだけの経験も技量も足りず、アメリカ人士官に手助けされながら太平洋を渡った。

年号が変わって万延元年（一八六〇年）四月、ワシントンで批准書の交換を終えた使節団の正使・新見豊前守《しんみぶぜんのかみ》、副使・村垣淡路守らはニューヨークを訪問し、大歓迎を受けた。

五月九日、新見、村垣らは表敬のためペリー宅を訪問した。ペリーは二年前に亡くなり、ペリー夫人と娘が歓待してくれた。村垣は「ペルリの娘、歳二十四、五歳、すこぶる容顔《ようがん》美麗なり」と日記（『遣米使日記』）に書いている。「後家は穏順にして威もある老婆」だった。「わが鎖国を開いて和親を取り結び、このたび使節として来られたのは、この人（ペリー）の功です」と村垣が述べると、夫人は涙ぐんで言葉もなかった。

四階建ての豪邸だった。数多くの日本の器物や額に入れた日本の写真が飾られていた。この家にチンが二匹いたのである。新見の従者として同行した柳川当清《まさきよ》の『航海日記』にその様子が詳しく記されている。

同九日、晴れ

今日暑気はなはだ強し。昼過ぎより、先年わが国に渡来せし、ペロリの宅に（新見豊前守ら）御出《おいで》あり。もっともペロリは病死して、今は養子の代なり。家作《かさく》美麗にして、また日本の器物あまたあり。日本へ先年渡来の節、写真鏡《しゃしんきょう》をもって所々の真景《しんけい》をうつし取りし額なども、あまたあり。そうじて家内の諸器物ともに美を尽くせり。酒、菓子などを出して馳走《ちそう》す。また二疋の狆来て、衣類を嗅《か》ぎ、日本人なるをしりて、大いに悦《よろこ》び、躍ることきわまりなし。膝《ひざ》に上り、袂《たもと》を（袂で）はずみ、さらに側《そば》をはなれず。これ先年、ペロリはじめて渡来せし時、わが国において狆を求め帰り、今なおその家に存生《ぞんじょう》して、日本人を見て駆け来たり、よろこび慕うこと、かくのごとし。

また帰るに臨みては別れをおしみ、跡をしたうそのさまは人のごとし。語らざるばかりなり。その情、人に異なることなし。また大いに吠え、あるいはなき、その様、実に不便《ふびん》（不憫）にして、われらにいたるまで落涙《らくるい》におよび、その家を出る。

ペリー夫人宅にはチンが二匹いたのだ。新見、村垣は日記にそのことを書いていない。おそらく柳川によくなついたのだろう。彼だけが日記に書き残している。チンは衣類を嗅ぎ、日本人だとわかると、喜んで跳ねまわり、膝に上がり、袂で遊んだ。実際に「袂に入るほど小さい」という意味で、「スリーブ（袂）ドッグ」とも呼ばれている。チンは柳川のそばを離れようとしなかった。別れが悲しくて、チンが騒いだ。「われらにいたるまで落涙におよび」ということは、夫人も娘も泣いていたのだろう。

それから四十数年後、ペリーの孫の回顧談が『ザ・ドッグ・ブック』（前出）に載った。孫が質問に答えている。「そのスパニエルのことを思い出しましたよ。犬の名前はイド（エド）、彼は黒と白でした。メスは茶と白で、記憶が正しければジャップという名前でした。私は五歳でしたから、子犬が産まれたとかいう記憶はありません」。ペリーの孫がメス犬の名前について「記憶が正しければジャップ」と述べているのは愛犬に日本人の蔑称がつけられていることに違和感があったためだろう。ペリーが来たころは、ジャップという言葉はまだ蔑称ではなかったらしい。

ここでまた「イド（エド）」という名の犬が登場する。ペリー夫人宅にいた「イド」はどういう犬だろうか。私の推測では、公式報告書の第二十四章「提督は自分自身のために二匹手に入れ、そのうちの一匹だけが合衆国に到着した」と書かれているのがこの犬だ。それまで西洋の列強が開けることのできなかった日本の国の扉を、黒船の威力でこじ開けたペリーにとって、「エド」という都市の名には特別な意味があった。ペリーの成功のあかしであり、栄誉のしるしだった都市の名を、生き残ってアメリカにたどり着いた一匹のジャパニーズ・ドッグにつけたのだろう。夫人宅にいたもう一匹の「ジャップ」は、「イド」を一匹にしておいてはかわいそうなので、大統領に届けられた三匹のうちの一匹を譲られたのではないだろうか。繁殖のためにも犬はペアで飼う必要があった。

2　ロシアのプチャーチンと川路聖謨

●川路、ロシアとの条約交渉で長崎へ

川路聖謨《としあきら》は、幕末の激動期、江戸幕府の中に忽然《こつぜん》と現れた傑物である。毛色が変わっている。父親（内藤歳由）は日田（大分）の代官所役人だったが、こをやめて江戸に行き、どういう伝手《つて》をたどったのか、江戸城西丸の御徒歩《おかち》組に召し抱えられた。息子の弥吉（聖謨）は川路家の養子となり、十二歳で家督を継ぎ、小禄（九十俵三人扶持《ぶち》）ながら譜代の御家人となった。学問がよくできた。勘定所の試験に合格し、佐渡奉行、小普請《こぶしん》奉行、普請奉行、奈良奉行、大坂町奉行などを経て幕府役人として最高の職である勘定奉行に上りつめ、ロシアとの条約締結交渉の責任者となった。

実力一本でのし上がってきた。「川路は取たてものだから、どうも、人が悪くてネ、

こすくてネ」というのが勝海舟の川路評（『海舟座談』）である。そういう勝も祖父の代に御家人株を買って幕臣になった「取たてもの」だった。

川路は能吏《のうり》ではあるが、「こすくてネ」という人物評が的を射ているとは私には到底思えない。奈良奉行の時、拷問《ごうもん》を禁止し、貧民のための基金を設け、植林を行い、町の子どもたちのための学問所を設けた。奈良名産の墨も川路の意見で改良が加えられた。

「鹿殺しは石子詰《いしこづ》めの死刑」というのが「奈良の法」だったが、鹿の角切りの時、誤って鹿を死なせてしまった若者を川路は無罪とした。「鹿にとって大切な角を切るのは鳥の羽を切り、人の指を切るようなものだ。すでに鹿を傷つけることを許している以上は、度を過ぎて死なせてしまうこともないとはいえない」というのが無罪の理由だった。見方を変えれば「こすい」判決だが、鹿と人、どっちが大切か、わかりきった問題でも、慣習と権威にどっぷりつかった奈良興福寺の僧侶たちは「理屈」がなければ納得しなかった。

日露交渉をめぐって、川路の日記には「犬」という文字がひんぱんに出てくる。さまざまに鬱屈《うっくつ》した思いが「犬」という言葉になって表れているといってもいいだろう。その話に移る前にもうひとつ川路のエピソードを付け加えておきたい。彼の人柄がよくわかる。

ペリーが黒船四隻で浦賀に来航したその年、嘉永六年(一八五三年)十一月、ロシアの極東艦隊司令官プチャーチンと会談するため、川路は東海道を長崎に向かっていた。幕府の高官としてやむを得ない時以外は駕籠に乗らず歩くのが川路の流儀だった。

川路『長崎日記』――

○十一月十五日　夕かたより雨　草津(滋賀県)より大津(同)にいたり止宿《ししゅく》○草津宿にならら(奈良)長吏《ちょうり》共　罷出《まかりいで》候をはじめにて、瀬多(瀬田)のはし(橋)の辺りにて、花井隆助ならびに喜三郎等参りたり。

奈良奉行時代の顔見知りが草津あたりから何人も街道筋で待っていた。喜三郎は平伏して、「ごきげんよう、ごきげんよう」といって、泣いていた。川路は歩いているからみんなの顔がよくわかる。なぜ泣くのか。川路が出世したこともうれしいが、江戸勤めの川路の顔をもう一生見ることもないだろうと思って泣いている。大津の宿所にも奈良から人が訪ねてきた。

日記中の長吏とは奈良奉行所に出入りしていた穢多《えた》(江戸時代の被差別民)の頭《かしら》である。長吏とその配下の者は川路が長崎に行くという話を聞いて、奈良からわざわざ草津、大津近辺まで出て来て、街道筋で川路を待ち続けた。奈良奉行時代、川路は鎧《よろい》を身につけ、奉行所の庭をランニングするのが日課だった。鎧は重い。武具としての機能性を高めるため、刀を通さない牛革を使って鎧を作ったらどうかと川路は考え、試作させた。そして実用に耐えられる牛革の鎧が完成した。厳しい身分制社会の江戸時代に、穢多と直接話し合って鎧を改良しようとする奉行などほかにいない。それだけでも異色の存在だった。

●「ロシアの桜は日本の犬桜にも及ばず」

嘉永六年（一八五三年）十二月十四日、ロシア使節団を迎えて、長崎出島近くの西《にし》御役所《おやくしょ》で初めての日露昼食会が開かれた。プチャーチンにはロシアの著名な作家、ゴンチャロフが同行していた。上陸前、ロシアの軍艦はわざと日本人を驚かすため長崎港で計十発の祝砲を放った。砲声に驚いて日本人の人影が消えた。犬が二匹どうしたらよいのかわからず、うろうろしているのが船上から見えた。長崎は犬が多いことで有名な町だった。

三日後の十七日、川路ら日本側の代表者がロシア船を表敬訪問した。ゴンチャロフは「私たちヨーロッパ人を犬よりいささか劣る存在とみなしていた」日本の高官が異国の艦船を訪れるのはかつてないことだろう、と『ゴンチャローフ日本渡航記』に書いている。

さらに三日後、日本とロシアの代表者による正式会談が始まった。千島と樺太の国境線をどこに設定するかが焦点だった。欧米と違ってロシアは通商にはほとんど興味がなかった。関心は領土問題にあった。「クルップ島は中立、エトロフ島以南は日本。樺太は北緯五〇度以南は日本」と川路は主張したが、まとまらなかった。「幼稚で未開なくせに狡猾《こうかつ》な日本民族」というのがゴンチャロフの日本人評だったが、会談を通じてロシア側の川路に対する評価はどんどん高くなった。

この川路を、私たちはみな気に入っていた。（略）川路は非常に聡明であった。彼は私たち自身を反駁《はんばく》する巧妙な弁論をもって知性を閃《ひらめ》かせたものの、なおこの人物を尊敬しないわけにはいかなかった。彼の一言一句、一瞥《いちべつ》、それに物腰までが――すべて良識と、機知と、炯眼《けいがん》と、練達《れんたつ》を顕《あらわ》していた。叡知《えいち》はどこへ行っても同じことである。（『ゴンチャローフ日本渡航記』高野明・島田陽訳）

会談の日取りを決める時、プチャーチンが「二日後」と提案したことがある。これに対し川路は「明日」と要望した。その理由がふるっている。「わが妻は江戸一の美人なり。早く帰りたし」というのだ。ゴンチャロフの『日本渡航記』にも「川路が江戸の夫人の許《もと》へ帰りたくなって、会談を急いだためであった。身は当地にいるが、心は江戸にござりまする、と彼は一度ならず語っていた」と書いてある。

妻のことを持ち出せば、ほんとうに帰りたくなるのはロシア人の方である。川路は「異国人、妻のことを云えば泣いて喜ぶという故に」、わざわざ妻のことを「おりくおもいだし候」と日記に書いている。条約交渉の席で、こんなことをさりげなく、もっともらしく言える日本人は当時ほかにいない。

嘉永七年（一八五四年）一月八日、プチャーチンはいったん帰国することになり、たくさんの記念品を交換した。ロシアからもらった記念品の中に「さくら酒」（サクランボのワイン）があった。ロシアにも桜があるということがわかり、ロシア人通訳にその絵を描いてもらった。高さ一丈（三メートル）余り。実も花も葉も日本の桜に似てはいるが、見劣りがした。

川路は日記に即興の歌を書きとめた。

えみしらがめずるさくらは日のもとの
　犬さくらにも及ばざりけり
と（長崎奉行に）申し候て、こころもちよし。

ロシアの桜は日本の犬桜にも及ばない、と妙なところで溜飲《りゅういん》を下げた。

犬桜は普通の桜とは似ても似つかない。穂状の白い花をつけるが、散りぎわがよくない。花びらは散らずに、茶色くなってぼたぼたと根元に落ちる。その犬桜にも劣るロシアの桜。ロシアの領土への野心をどのようにして抑え込むか。武力ではかなわない。その鬱屈した心情が日記の中に吐露される。

●下田の犬に吠えられるロシア人

長崎での日露会談が終わって十カ月後の嘉永七年十月、川路は開港して間もない下田（静岡）に来た。長崎から場所を変え、再びロシアとの条約締結交渉が始まった。プチャーチンは川路に好感を抱いていた。会談が再開して間もなくプチャーチンが川路の写真を撮りたいと言い出した。川路はやんわりと断った。

「私は元来のぶ男です。老境に入って妖怪のようでもある。写真を見て、これが日本男児だといわれたら、ロシアの美人に笑われる」

実際、残された川路の写真を見ると、冗談でも男前とはいいがたい。異形の相だ。プチャーチンが応えた。

「ロシアの馬鹿な女は、男の美悪を論じる。これは愚か者のいうことだ。才人は違う。だから、ご懸念には及ばない」

容貌についてプチャーチンは否定しなかった。川路はこのやりとりを手紙に書いて、江戸の留守宅の妻に送った。

「自分はぶ男だとは知ってはいたが、それほどだとは思わなかった」

武士というものは口数は少なく、冗談は言わないものだ。その点でも川路は異色だった。

当時のほとんどの日本人がそうだったように、川路も本質的には攘夷《じょうい》論者である。水戸藩の藤田東湖《とうこ》と親しく、強力な尊王攘夷論者である水戸藩主の徳川斉昭《なりあき》からも気に入られていた。幕府の責任者としては「開国やむなし」と考えているが、腹の奥底には攘夷の志がうごめいている。

写真撮影のくだり、日記原文では

魯戎《ろじゅう》、自分（川路）の顔をうつし参り度《た》き旨にて、いろ〳〵と申す。


と書いてある。魯戎とはロシア人の蔑称である。魯は魯鈍《ろどん》の魯、愚かであることを意味する。戎は異国の野蛮人である。この時点で、ロシア側はエトロフ島以南を日本領土とすることを了承していた。樺太についてはロシアも領有権を主張し、日本と対立したままだった。

写真撮影を断った嘉永七年十一月一日の日記は次のような犬の歌で結ばれている。

門をもる（守る）ことをわすれぬ犬の子は
　こと国人（異国人）を猶《なお》吠ゆる也
　異人は犬が吠えるので竹を持って歩くと聞いて、感ずるところがありよんだ。

下田の町には犬がたくさんいた。ロシア人は犬が吠えてうるさいので、竹の棒を持って歩いていたらしい。ペリーが下田に上陸した時、街路を描いたスケッチ画の一枚には犬が五匹描かれている。下田湾中央に浮かぶ島の名さえ犬走島《いぬばしり》と呼ぶ（とはいっても実際に犬が走っていたわけではないだろう。塀や壁沿いの、犬しか走れないような狭い敷地・通路を犬走という。波打ち際でさえ犬走程度の小さな島だ。どちらかいうと、島の名前の由来はこちらの方だろうか。現在は防波堤で本土とつながっている）。

このころの犬は見かけない人物が来れば、吠えるのが仕事みたいなものだ。日本人でもうさん臭いと思えばさかんに吠える。ロシア人ならなおさらのことだ。そのことを歌にして、川路は溜飲を下げた。ずいぶん屈折している。

「犬は珍しいものを吠えるものだ」というのは佐渡奉行時代の川路の述懐である。佐渡奉行所の陣屋には犬が三匹住みついていた。川路は駕籠を使わず、徒歩で出歩く。するとと陣屋の犬がついて来る。見慣れない光景に島の犬が吠えたてた。

STREET AND ENTRANCE TO CHIEF TEMPLE, SIMODA.

「下田の主要寺院への通りと入口」。子どもたちと一緒に犬が五匹いる
（『ペリー提督日本遠征記』）

奉行所は佐渡の北、相川《あいかわ》にある。本土へ行く船は佐渡の南、小木《おぎ》湊から出る。その間、約十里（四十キロ）。奉行が島を去る時は、犬みずから見送りに行くという。ちょっといい話なので簡単に書いておきたい。

天保十一年（一八四〇年）五月、川路は江戸に帰任することになった。八日早朝、相川を出発し、小木湊まで来て風待ちをした。奉行所の犬が跡を追って港にやって来たのはその翌日だった。「途中、弁当の余りを与えれば食べず、みずから穴を掘り、そこへ食べ物を納めて土をかけ、石をのせ置くという。（略）不思議なものだ。食物を隠すのは帰りの手当てと思われる」（川路『島根のすさみ』）。

風待ちは七日間続いた。「十四日、雨。今日も船待ち。相川より付き参りたる犬、ふびんさに今日帰る者に相川へ連れ帰させようとしたが、行かない。話を聞くと、いつも奉行出立の時、湊に参り、乗船を見届けて帰るそうだ。帰りには道十余里を歩いて疲れるうえに、食もなく四、五日はみすぼらしい体になるそうだ。この犬のように、人が帰伏《きふく》してくれたら、うれしいことではある」。十六日早朝、奉行所の犬に見送られて、川路は佐渡を発った。

人が犬に吠えられる話を続ける。

吉田松陰は村犬に吠えられ、横浜での密航計画を断念したことはすでに書いた。

勝海舟の父親・小吉は七歳で御家人の勝家に養子になった。十四歳の時、家を飛び出し、あてもなく乞食のようにして旅を続け、伊勢参りをして江戸に戻った。犬はうさん臭い人間を見ると吠える。刑場のある鈴が森はたちの悪い犬がたむろしていることで知られていた。乞食同然のみなりをしていた小吉はここで犬に取り囲まれ逃げられなくなり、大声でわめいたら番人が出て来て犬を追い散らかしてくれた。

息子（海舟）は九歳の時、「病犬に出合ってきん玉をくわれた（咬まれた）」（勝小吉『夢《む》酔独言《すいどくげん》』）。医者が来て傷口を縫ったが、命の保証はできないといわれた。小吉は水垢離《みずごり》を続け、毎晩神社にお参りし、息子を抱いて寝た。七十日目にやっと起き上がることができるようになり、一命を取りとめた。このころの犬は吠えるだけでなく、咬みつくやつもかなりいた。ロシア人が竹の棒を持ち歩いていても不思議ではない。「犬も歩けば棒に当たる」という諺《ことわざ》は、最近は「犬も出歩けば偶然いいことがある」という意味で使う人が増えているが、本来は「犬も出歩けば棒で殴られる。無駄なことはしないで、じっとしている方がいい」という意味だ。犬が棒で殴られない時代になると、諺の意味までわからなくなる。

●東海・南海大地震とロシア艦沈没

川路がプチャーチンが望んだ写真撮影を断って三日後の嘉永七年十一月四日午前八時ごろ、東海地方を大地震が襲った。川路が宿所にしていた寺の壁は崩れ落ち、石塔、燈籠《とうろう》などはみな倒れた。「津波が来る」と町じゅう大騒ぎになり、こぞって山の方へ逃げた。

　間もなく市中に土煙が立った。火事かと見ている間に、大荒波が田んぼに押し寄せ、人家は崩れ、大船が帆柱を立てながら、飛ぶように田んぼへどっと来た。恐ろしいとも何ともいいようがない。(『下田日記』)

M8・4、東海大地震だった。津波とともに船が陸地を走る。二〇一一年三月十一日、映像を通じてではあるが、私たちも同じ光景を見た。

東海大地震の三十二時間後、同じくM8・4の大地震が四国、近畿沖で発生した。南海大地震だった。

下田に停泊していたロシア艦ディアナ号は津波で錨《いかり》が切れ、漂流中に座礁《ざしょう》した。いったん離礁したが、損傷がひどく、駿河湾で沈没した。

十一月二十七日、幕府は年号を嘉永から安政にかえた。

十二月九日、米国のアダムスが日米和親条約批准書交換のため、下田に来航した。アダムスによると、かつて下田にあった建物のうち残っているのは十六軒だけだった。アダムスはプチャーチンとも会ったが、日本人はロシア人に好意を抱いていないように見えた。「日本人は多分ロシア人の究極の目的を疑っているのであろう」というのが彼の結論だった。

十二月二十一日、日露和親条約調印。エトロフ島以南は日本領土と決まったが、「カラフト島については、日本国と魯西亜《ろしあ》国の間において、界を分かたず、是迄仕来《しきた》りの通りたるべし」と国境問題をあいまいにして締結した。

船が沈没したため、プチャーチンは駿河湾に面した戸田《へだ》（静岡）で日本人大工を使って新船を建造し、帰国することになった。安政二年（一八五五年）四月九日、突然下田港に米国の蒸気船が停泊した。川路が驚いて調べると、昨夜、戸田から来たことがわかった。「(戸田の) 土地の者は異人になれて平気。いまだに犬は警戒して異人に吠える。これもそのうちに吠えなくなるのだろう」。慣れてしまえば犬さえ吠えなくなる、と川路は慨嘆する。

四月十五日、米国船がロシア人船員の一部を故国に送って、下田に戻ってきた。上陸した米船員の一人が下田に残っていたイスパニア人の妻に駆け寄った。

> 日本人立ち合いの人、多くいる中で抱きつき、いろいろと泣き口説き、人目を少しもはばからず、大変長いこと口を吸った。そのうえ、夫婦手を引きあい、一間のうちへ入り、戸を締めて出てこない。そのさまは犬に異なることなし。(『下田日記』)

犬もいろいろ引き合いに出されて大変だが、異人に対するさげすみの感情はぬぐい去ることができなかった。

慶応四年(一八六八年)三月十五日、官軍による江戸城総攻撃と決められたその日、実際には勝海舟と西郷隆盛の会談で無血開城となるが、当時中風《ちゅうぶう》(脳卒中による半身不随)でふせっていた川路は自宅で自殺した。作法通り短刀で腹を軽く切り、それからピストルをこめかみにあてた。崩壊していく幕府に殉じた稀有《けう》な幕臣だった。享年六十八歳。

3　ハリス来日

●ヒュースケンの跡をつきまとう下田の犬

一八五六年（安政三年）八月、アメリカの初代日本総領事、ハリスが下田に上陸した。玉泉寺《ぎょくせんじ》を領事館とし、アメリカ国旗を掲げた。ハリスは宿舎から出歩くことを好まなかったが、外向的な通訳のヒュースケンは下田の町村をよく歩いた。彼を悩ませたのが、うるさい犬だった。

犬などは、月に向かって吠えるだけのはずなのに、何をどう間違えてか、われわれを見るとひどく騒ぎたて、町じゅうの犬の大合唱になり、警砲の音で馳せ集まって、われわれの跡をつけて町はずれまでくると、そこで郊外の犬に吠える権利を譲渡するのである。（『ヒュースケン日本日記』青木枝朗訳）

犬はいろいろな場所にたむろしている。町はずれまでくると、郊外の犬に吠える権利を譲渡する、という記述は、江戸時代の里犬には集団としてのテリトリーがあったことを示唆《しさ》している。そのテリトリーは町や村の子どもたちが日常的に遊んでいる範囲とほぼ等しい、と考えていいだろう。よそ者、異形の者が来ると、テリトリーを共有する犬たちは協力して立ち向かい、テリトリーを去れば吠えるのをやめる。ヒュースケンを黙って出迎えてくれたのは猫だけだったという。

猫だけは外国人に対して苛酷な日本の法律に従わず、無頓着にわれわれを見つめている様子であった。この冷淡な動物が最上の接待役であるというに至っては、私もずいぶん落ちぶれたものである。（同）

下田に来て半年が過ぎた。

いまはわれわれが街を歩いても、警官はあえて尾行しようとしなくなった。私は自由に民家に出入りする。人々と話をするが、誰もあえて妨害はしない。若い娘たちはわれわれを見ても以前よりは恥ずかしがらないし、逃げ隠れすることもなくなった。（略）犬だけはその方針を忠実に守り、われわれがはじめて到着した

日とすこしもかわらぬ大声で吠えたて、はげしく牙をむきだすのである。(同)

ヒュースケンは下田で犬に吠えられ続けたというが、そうでない人もいる。一八五八年(安政五年)八月に日英修好通商条約締結のためイギリスのエルギン卿が来日し、ハリスを表敬訪問するため下田に上陸した。下田は町も港も津波の被害からまだ復興していなかった。海底面は堆積物で平らになり、嵐の時に錨を打つこともできない状態だった。下田の人々はペリー来航以来、外国人を見なれているため一行にあまり関心を示さなかった。同行の秘書官、オリファントが詳細な日本滞在記を書き残している。のちに高輪《たかなわ》のイギリス公使館で水戸浪士に襲われ、重傷を負う人物である。

われわれが(下田の)街々を散歩していても、彼らはあまり好奇の目を注がなかった。ただ私は、一行中の一人が連れていた犬のまわりに大勢の人が集まっているのを見て、面白かった。その犬は山東テリア種で、純粋のシナ犬とはいえスカイテリヤ(スコットランド産テリア種)とほとんど区別ができない。この毛の長い犬族の標本が、下田の街々を得意になって駆けて行くと、日本の犬と人間との間に少なからぬ興奮と興味が沸き起こったのである。(『エルギン卿遣日使節録』岡田章雄訳)

あの吠えてうるさくつきまとう下田の犬たちも、見知らぬ犬を見て、人よりもそちらの方に関心が集まってしまったようだ。

●ハリス、領事館で二匹のチンを飼う

ハリスは病気がちで領事館（玉泉寺）にいることが多かった。寺の部屋は改造され、「蔵書の多い図書室と十分に家具の整った数室」に暮らしていた。ニワトリのほか鳩やカナリアを飼っていた。鳩は食用だったに違いない。ヤギも飼いたかったが、ヤギは見つからなかった。二匹のチンも同居していた。一匹は「エド」、もう一匹は「ミヤコ」と名がつけられていた。チンは着任して間もなく幕府から贈られた。

一八五六年（安政三年）十一月十五日のハリスの日記――

日本人がひじょうに立派な二匹の小犬を持ってきてくれた。丸い、弾丸のような形の頭と、短い鼻と、キング・チャールズ・スパニエルズ式の大きな、とび出た眼をもっているが、耳は短小で、身体の毛も短い。さもなければ、その犬そっくりなのだが。私は、彼らがスパニエルズの原種の系統であることを疑わない。（『日本滞在記』坂田精一訳）

キング・チャールズ・スパニエルはイングランド王チャールズ二世が溺愛したことで有名な犬だ。現在はキャバリア・キング・チャールズ・スパニエル、普通は単にキャバリアと呼ばれている。そもそもチンはどういう系統の犬なのか、諸説あっていまだに結論は出ていないが、当時欧米ではスパニエル種（スペイン経由で持ち込まれたアジア産の犬）と考えるのが一般的だった。

ハリスが飼っていたエドは翌年九月、下田に寄港したアメリカの軍艦ポーツマス号のフート艦長に贈った。フートは当然ペリーの犬のことを知っていたはずだ。チンをほしかったが、下田では手に入れることができなかった。ハリスは船で素晴らしくおいしい食事を出してくれたお礼に自分のチンを一匹差し出した。

開港して間もない下田には二人の下田奉行がいた。ハリスが着任して早々一人が交替し、井上信濃守《しなののかみ》という新しい奉行がやって来た。ハリスの第一印象はきわめて悪かった。「私は新奉行の容貌を好まない。彼は陰うつで、猛犬のように不愛想な顔つきをしている」（『日本滞在記』）というのだから、相当なものだ。「猛犬」と訳された言葉は、原文では「bandog」、「鎖でつないだ猛犬」を意味する。鎖でつながないと危ないほどの猛犬である。「私は彼と争うことになるのではないかと懸念している」とハリスは日記に書いている。

この井上信濃守、実はプチャーチンに写真を撮らせなかった川路聖謨の八歳年下の実の弟である。川路と同じように御家人の井上家に養子に行き、そこから幕府官僚として出世した。兄は「自分はぶ男だとは知ってはいた」と述べているが、井上信濃守の写真を見るとぶ男とはいわないまでも、少なくとも男前の部類には入らないだろう。よくいえば精悍《せいかん》な風貌である。

ハリスによると「この国の住民は親切な性質をもっていて、外国人との交際を望んでいることは明らか」だったが、役人は違った。煮え切らぬ発言を繰り返し、しかも子どもだましの嘘をつく。その点、井上信濃守はつまらない嘘でごまかしたりはしなかった。ハリスも井上を信頼し始め、その後は「猛犬のように不愛想な顔つき」の男からお茶を立ててもらう仲になる。

●物知りハリスの「しっぽ調べ」

ハリスは物知りで、とくに犬に詳しいという噂が流れたことがある。

一八五八年一月二十三日（安政四年十二月九日）、新しく幕府と結ぶ「日米修好通商条約」草案の翻訳作業が終わった。草案はハリスが英文で書き、通訳のヒュースケンがオランダ語に訳し、さらに日本側の通訳・森山多吉郎《たきちろう》（栄之助）と幕府から下田に派遣されていた蘭方医・伊東貫斎《かんさい》が日本語に訳した。その翻訳文を森山と伊東が読み上げ、さらにオランダ語に口訳《こうやく》し、ヒュースケンが手元のオランダ語の訳文と照合した。「それは莫大《ばくだい》な骨折りであったが、私が日本人に提案したことを十分に彼らに了解させることが私の大きな熱望であった」（『日本滞在記』）。

この日、翻訳の照合作業が終わったあと、井上信濃守がやって来て、以前ハリスが話をした「犬のしっぽ」のことが話題になった。

いつか前に、私が彼（井上）に向かって、体のまわりに多少でも白い毛を有する犬は、その尾の先端もまた必ず白いものだと語ったことがある。彼はこのことを城中で、その通りに話した。各貴族が家来に命じて、胴体の毛色が多少白くて、しかも尾の先端の色が黒いか、少なくとも白くない犬を探させたようだ。数千匹の犬を調べたが、私の言葉と異なったものは、まだ一匹も発見されてない。そこで、私が物知りであるとの評判が高くなっているというのだが、これは、たわいもない全くの座興だ。（同）

数千匹というのは少し多すぎるようでもあるが、手分けしてそのくらいの数の犬を実際に調べたのかもしれない。

一八五八年（安政五年）七月二十九日、神奈川沖に停泊中のポーハタン号に日米両国の国旗が掲げられ、船上で日米修好通商条約の調印式が行われた。ポーハタン号で神奈川から下田に帰る時、ハリスは同行していた記者に犬調べの「愉快な会話」について上機嫌で語った。この記者のレポートは船便でフィラデルフィアに送られ、「ニューヨーク・タイムズ」に掲載された。記者は「ハリス氏は実に観察力がある人で、日本人の性格をよく把握している。われわれが勝ち得た成功（条約調印）は、すべて彼のおかげ、つまりそのやり方、東洋での長い生活経験、健全な判断、にこやかな笑顔と確固たる態度のおかげである」と述べ、その例証として犬調べの一件を詳しく書いている。

江戸への2度目の訪問の際、犬についての不思議な話をしたときの、信濃守の顔を見たら、きっと君も笑ったと思う。君はたぶん知っているだろうが、彼は知らなかった。私は彼に聞いてみた。「信濃守、犬の体に白い斑点がある場合は、必ずしっぽの先が白いというのを知っていますか？」と。最初は理解できないようだったが、再度同じことを聞くと、彼はこの上なく戸惑った顔をしていた。そして、大分たってから、「いつもの冗談であろう」と返事した。「とんでもない」私は答えた。「斑点のある犬を見つけられる限りここに連れてこられるがよい。

夕食までに、私が言ったことが事実だと分かるでしょう」と。

当然、短時間のうちに、体に白い斑点のある犬が10匹ほど連れてこられたが、期待通りみなしっぽの先が白かった。信濃守は自分で犬を調べながら、ますます困惑した顔をすると、「3匹は確かにあなたの言ったことを裏付けているが、明日までにはそれを覆《くつがえ》す犬を10匹も探し出してみせるわい」と言った。私が笑って、江戸中を探しても、そんな犬は見つからないと言うと、彼は「まあ見てるがよい」と言った。その晩にくり広げられた、白い斑点入りの犬探しを考えてみたまえ。それでも、（しっぽに）白い斑点のない犬はいなかったんだ。

このことがやがて皇帝（将軍）の耳に入り、江戸中の噂になった。そして、ある日、やっと私を打ち負かすことができたと思ったらしい。彼らはいかにも勝ち誇った様子で、1匹の犬を私の部屋に連れて来た。「見るがいい」信濃守は叫んだ。「背中に白い斑点はあるが、しっぽは黒い。いかがかな？」

「しっぽの先の毛を分けてみてください。どうなっていますか？」。私は言った。彼らは言われる通りにしたが、がっかりした顔で私を見上げた。しっぽの一番先、黒い毛に隠されたように、乳白色の毛が生えていたのだ。その後は、さすがに諦めたらしい。（一八五八年十一月十八日「ニューヨーク・タイムズ」『外国新聞に見る日本』所載）

ハリスは連れて来られた十四匹ほどの犬のしっぽの先はすべて白いと言い、信濃守は三匹しか認めようとしなかった。だが、「探して出してみせるわい」と言ったものの、いくら探しても「体に白い毛があり、尾の先端が白くない犬」は見つからなかった。ハリスは鼻高々だった。

ハリスが物知りだという噂話をもうひとつ。ハリスが下田で購入した馬は草鞋《わらじ》をはいていた。日本ではそれが普通だったが、草鞋は耐久性が足りず一時間の歩行にしか使えなかったので、ハリスは蹄鉄《ていてつ》の作り方を日本人に教え、自分の馬にはかせた。ハリスが江戸を訪れた時、幕府の役人に「馬を貸してほしい。理由は聞かないで下さい」と頼まれて馬を貸した。あとでわかったことだが、幕府はハリスの馬の蹄鉄を調べ、同じようなものをひそかに作らせた。井伊大老の指示だったという。ほどなく大老をはじめ幕府の役人の馬に蹄鉄がつけられるようになった（フォーチュン『江戸と北京』）。蹄鉄というものをハリスが知っているだけでも、日本人にとっては驚きだった。

さらに余談となるが、のちに来日したイギリス公使・オールコックはちょっと値段が高いと思った日本の馬を、馬丁《ばてい》の意見を入れて買った。この馬丁は下田奉行のもとで働いていた男で、蹄鉄の打ち方をアメリカ人から学んでいたという。そのアメリカ人がハリスだった。

江戸から離れた下田にいて、少しずつ幕府役人の信頼を得ながら、新しい条約を結び、自らも神奈川、江戸へと進出していく。それがハリス流のやり方だった。「修好通商条約」の第四条に「阿片の輸入厳禁たり」と書かれている。中国では第二次アヘン戦争が起こり、英仏連合軍が北京を襲撃した。ハリスは海外情勢を幕府に説き、日本を守るためにはアメリカと条約を結ぶことが有効であると弁じた。「阿片の輸入厳禁」はアヘンを扱っていないアメリカにとって痛くもかゆくもない項目だが、これがあるだけで幕府は安堵する。

下田では、チンやカナリアを飼い、鳩やニワトリを育てる。何でもない犬の話をしながら幕府の信頼を勝ち取っていく。しかし実際は、温厚で物わかりがいいだけでもなかったようだ。そのことを書いておかないと落ち着きが悪い。

横浜開港をめぐって下田で交渉中、煮え切らない下田奉行（中村出羽守）に怒ってハリスは目の前の煙草の火入れを奉行の上の方に投げつけた。通訳はハリスが「バカ」というのを聞いた。灰は雪のように頭の上に降りかかり、同席の役人が刀に手をかけたが、奉行が押しとどめた。奉行は「ああ忍ぶべし忍ぶべし」とつぶやいた（同席の下岡蓮杖《しもおかれんじょう》 回顧談『横浜開港側面史』）。ヒュースケンが江戸麻布で攘夷派に殺害された後、英仏蘭の公使、領事館員は幕府の警備はあてにならないと江戸を引き払った。ハリスは江戸に残った。ハリスはふだんから部屋に閉じこもり、公使館の外にまったく出なかったので身の危険を感じなかった。訪問者が減ったおかげでハリスは気ままにラム酒が飲めるようになった（オランダ副領事『ポルスブルック日本報告』）。

間もなくイギリスが幕末の日本史の表舞台に現れ、辣腕《らつわん》をふるい始める。彼らイギリスの外交官は怒る。次に登場する駐日公使オールコックも、その次の公使パークスも、東禅寺襲撃事件で重傷を負ったオリファントも、条約締結のため来日したエルギン卿もみな、第二次アヘン戦争で清国と戦ってきた連中である。

4　英国公使オールコックと愛犬トビー

●外国人初の富士登山

イギリスの初代駐日公使・オールコックは一八五九年（安政六年）六月、軍艦で長崎を経由して江戸湾に入り、日本に着任した。アヘン戦争後の清国で上海領事、広東領事を務め、アロー号戦争（第二次アヘン戦争）では強硬派の外交官として辣腕をふるった人物である。オールコックによれば、日本は「外来者たちを迫害することにかけては熱心な、奇怪でもあり野蛮でもある人種の住まう一群の島々」からなり、「文明のすべての中心から遠く離れたところ」（『大君《たいくん》の都』山口光朔訳）にあった。「両刀を帯びた武士を別とすれば、日本の都会の唯一のやっかいもの」は「普通の犬」だった。当然のようにオールコックも江戸の犬にうるさく吠えたてられた。子どもと犬はどこにでもいた。酔っ払いも多かった。ヨーロッパにも酔っ払いはたくさんいるが、「ただ、幸いなことにわれわれの大酒飲みたちは、帯に日本の鋭利な刃物を差して」いなかった。酔っ払いにとくに危険な目にあわされるのは「犬と外国人」だった。犬は蹴飛ばされるだけではなかった。「背中をめった切りにされたり、もっと恐ろしい残忍な目に合わ《（ママ）》されたりして、びっこを引いている」犬をたくさん見かけた。

　オールコックは高輪の東禅寺にイギリス公使館を設けた。そこはかつてエルギン卿一行が宿舎にしたところだった。りっぱな並木道があり、高台からは江戸湾が一望できた。「地上の楽園」のような場所だった。ただ「その家屋は森の中の奥まったところにあって、攻撃するには四方八方があけっぱなし」だった。

「他の世界からこれほど孤立し、離れた異国で勤務することは、生きながら死者の墓に降りてゆくようなものだ、と感じる日がある」

「人は、群衆のなかでふと孤独感に襲われるときほど、深い孤独を感じることはない」

孤独な日本での生活を慰めてもらうため、オールコックは愛犬を連れてやって来た。

トビーという名のスコッチテリアだった。

一八六〇年（万延元年）八月二十五日、オールコックは江戸城で将軍・家茂《いえもち》と謁見した。

九日後の九月三日、オールコック一行八人は高輪の公使館を出発し、富士山に向かった。当時、結ばれていた日英修好通商条約によると、一般外国人は旅行できる範囲が限られていたが、外交官には日本中どこにでも旅行する権利があった。オールコックはその権利を主張し、前例のない外国人による富士登山を幕府に認めさせた。監視を兼ねて同行した幕府の役人、駕籠かき、人足《にんそく》を合わせると総勢百人、荷物運びの馬が三十頭という大行列にふくれあがった。オールコックもあきれるほどだった。実はこの行列の中にトビーもいたのである。

九月九日、村山《むらやま》（富士宮市《ふじのみや》）の興法寺《こうほうじ》に宿泊した。富士山は神仏習合の山で、この当時は修験道《しゅげんどう》の宿坊を利用して登頂するのが普通だった。オールコックが泊った興法寺は明治の神仏分離、廃仏毀釈《きしゃく》で村山浅間《せんげん》神社と名を変え、世界文化遺産・富士山の「構成資産」として現在に至っている。

翌日、一行は村山口登山道を経て山頂に向かった。この登山道は廃仏毀釈の影響を受けて廃道となり、今はその痕跡《こんせき》がわずかに残るだけだ。この日は六合目の山室《やまむろ》泊。

十一日早朝、熱いコーヒーを飲み、ビスケットをかじってから再び登り始め、悪戦苦闘四時間で山頂に到達した。登山にトビーも同行したかどうかわからない。記録に残っていない。一緒に登っても不思議ではないが、山に登らず待機させていたとも考えられる。

同行した陸軍士官・ド・フォンブランクが本国の新聞「タイムズ」に登頂記を寄稿した。

われわれは火口の最高点に進み、ここでオールコック氏は旗手としてイギリス国旗を掲揚し、われわれはこれに敬意を表して礼砲を放った。オールコック閣下が自分のリボルバー拳銃を5発火口に向け発射し、ほかの者も21発になるまでこれにならった。それから万歳を三唱し、〝ゴッド・セイブ・ザ・クイーン〟を歌い、富士山の雪で冷やしたシャンパンで〝女王陛下の健康〟に乾杯して式を終えたが、日本人はこんな突飛な宗教儀式は見たことがなかったので、びっくり仰天していた。（『外国新聞に見る日本』）

ここにもトビーのことは書かれていない。

●トビー、熱海に死す

富士登山を終えたオールコックは帰途、熱海に立ち寄り、九月十四日から二週間滞在した。温泉場としてその名は知られていたが、当時はまだ小さな村にすぎなかった。東海道の三島から険しい山道を越えなければ熱海には行けない。「外国人に対する敵意が政治の中心地から離れたところに果たして存在しているのか、それを実際に確かめてみたい」ことも熱海行きの動機だったとオールコックは述べている。日本人は本当のところ外国人をどう思っているのか、それを知りたかった。

一行は大名が泊る本陣に宿泊した。このころ熱海には大湯《おおゆ》と呼ばれる間歇泉《かんけつせん》があって、一日に六度ほど熱湯を噴き上げていた。「この閑静な温泉場でわれわれがおくった生活は、単調そのものであった」が、ここで事件が起きた。「いつもわたしの忠実な友であった愛犬のスコッチ・テリア」が熱湯を浴びて死んでしまったのである。熱海に来て十日目、九月二十三日のことだった。

> この愛犬の死すらが生ずる空白を理解するには、日本における外国公使の孤独な生活をいちどあじわってみなければ不可能であろう。私欲のない愛情と信用がこの世からなくなってしまった。ひじょうに孤独な生活をおくったことのない人びとにはとても理解できないような友情が断ち切られたのだ。(『大君の都』)

犬を庭の木陰に埋めさせてほしいと頼むと、「宿所の経営者」（本陣・今井半太夫）が自らやって来て、墓を掘る手伝いをしてくれた。「あらゆる階級の一団の助手たちが、あたかも彼ら自身の同族の者が死んだかのように、悲しそうな顔付きでまわりに集まってきた」。

トビーはむしろに包まれ、好物だった豆と一緒に墓に埋められた。頭は北に向けられ、その上に常緑樹の枝が一本差し込まれた。僧侶が水と線香を持ってきた。そして表面がでこぼこの墓石が立てられた。

「江戸という敵意にみちた土地」から出て、旅をして、江戸では話をすることさえできないさまざまな階層、職業の人たちと出会い、トビーの死をめぐって思いもかけない人々の好意に触れ、オールコックは一つの結論に達した。「日本人は、支配者によって誤らせられ、敵意をもつようにそそのかされないときには、まことに親切な国民である」——と。オールコックが日本人に好意を持ち始める分岐点となったのが、この熱海での事件だった。

「碑を建てたい」というオールコックの申し出も、本陣の今井は快諾してくれた。後日、イギリスの軍艦が二つの碑を熱海に運んできた。一つは富士登山と熱海訪問の記念碑である。碑の中央に、

RA羅多保津斗安留古津久英国美仁須登留

と漢字で記されている。RAはイニシアルで、「ラタホット（ラザフォード）アルコツク（オールコック）英国ミニストル（公使）」と読める。

その左右に「国命を奉じ、日本江戸に住んで一年四カ月、休暇をとり、無事万延元年七月十八日江戸を立ち、二十六日富士山に登り、二十九日伊豆の熱海温泉に来て入浴し、十四日間、山海のすばらしい景色を楽しんだので、この石を建て、のちの人にイギリス人がここに遊ぶのは吾輩より始まることを知らしめる」と漢文で刻まれている。

もうひとつ、高さ七十センチほどの碑には、

Poor Toby, 23 Sept.1860

と記されている。

今井は「プア・トビー（薄幸なるトビー）」と「富士登山と熱海訪問」、二つの碑をトビーの墓のわきに建てた。

室町時代の後半から江戸時代にかけて、唐犬《とうけん》と呼ばれた西洋犬が多数、日本に入って来ている。これはスペイン、ポルトガル、オランダ、イギリスなどが将軍や大名への贈り物として持ち込んだもので、自分たちが生活を共にするため連れてきたわけではなかった。日本でヨーロッパ人と生活した最初の西洋犬であるトビーは、こうして熱海に葬られた。トビーの墓のあった本陣は、その後、地震などで地形が変わり、も

との墓石は所在知れずになったが、二つの碑は熱海市上宿《かみじゅくちょう》町の湯前《ゆぜん》神社近くに現存している。温泉掘削《くっさく》の影響で、大正の中ごろには間歇泉はお湯を噴出しなくなり、今はかすかに蒸気が昇るばかりである。

5　東禅寺襲撃事件を知らせた犬

●日本の「街犬」は見事な犬

日英修好通商条約締結のため来日したイギリスのエルギン卿使節団は下田でハリスを訪問したあと、江戸に向かった。使節団はビクトリア女王から徳川将軍への贈り物として快速ヨット・エンペラー号と一緒にやって来た。ヨットといっても六十馬力の蒸気機関がついている。のちに幕府はこの船を軍艦に改造して蟠竜丸《ばんりゅうまる》と名付けた。明治二年の箱館戦争では旧幕府軍の主力艦として官軍の朝陽丸《ちょうようまる》を沈めた。のちさらに改造されて日本海軍の「雷電《らいでん》」となる。

下田も犬が多かったが、江戸に来るとさらにたくさん犬がいた。エルギン卿秘書官のオリファントは日本の犬についてよく観察している。

江戸の街には犬がはびこっている。コンスタンチノープルのみじめで汚らしい野良犬（curs）や、インドの宿なしの類《たぐい》ではない。つやつやして、よく肥えた図々しい獣で、主人はいないが、部落に育てられ、部落に反抗しているらしい。耳と尾を立てて傲然《ごうぜん》と走って行く。横町《よこちょう》で出会うと実に恐ろしい。（略）彼らは、種族として、これまで私が見たもっとも見事な街の犬（street-dogs）というべきである。（『エルギン卿遣日使節録』）

オリファントは日本の犬について、ある程度予備知識を持っていたと思われる。オランダ人が書いた日本報告記の中に日本の犬の暮らしぶりに触れたものがあるからだ。オランダ東インド会社社員で、長崎のオランダ商館員だったフィッセルは一八二二年（文政五年）に江戸を訪れ、帰国後、日本の風俗についてまとめた『日本風俗備考』を出版した。そこにはこう書かれている。

犬と猫は日本には非常にたくさんいる。とくに犬は街犬《まちいぬ》（町犬）と呼ばれているものに属している。実際には、だれも飼主はいないのだが、彼らは町中をさまよっている。そして、町角のある決まった場所で十分な食べ物を見つけることがで

きる。それらのどの場所でも、住民たちは犬を養うために余った食べ物を運んでくれる。（筆者訳）

この本は幕末にオランダから日本に輸入され、幕府の蕃書調所《ばんしょしらべしょ》で杉田玄白の孫・杉田成卿《せいけい》らによって翻訳されている。杉田は引用文の冒頭部分を「犬猫の属、甚だ多し、就中《なかんずく》、街犬最も多し」（『文明源流叢書第三巻』）と訳している。街犬はオランダ語で「straat（街）honden（犬）」、英語で「street dog」。文字通り街の犬を意味する。原書では「犬は街犬と呼ばれているものに属している」と書かれているが、杉田にとっては「街犬（町犬）」は改めて説明するような言葉ではないので、「街犬最も多し」と簡潔に訳している。

村犬や町犬の最大の仕事は吠えることだった。人々は彼らが優秀な番犬であることを期待している。もう一つの大きな仕事は子どもと遊ぶことである。子どもと遊べないような犬は共同体の一員として認められない。特定の飼主のいる犬もいるにはいるが、飼犬であっても放し飼いだから、ふだんから村犬、町犬と入り混じって生活している。

一般的に飼犬の比率は都市部から農村部に行くほど高くなる。現実問題として江戸のような大都市では、犬を飼えるような家に住んでいる町人はきわめて少なかった。長屋には犬を寝泊りさせる場所もなかった。犬たちはだれかの家の軒先や物陰をねぐらに定めて生活していた。

　里犬と飼犬の比率はどうなっているのか、具体的な数字をあげることはむずかしい。地域差も大きい。藩によっては都市の野犬対策のため犬を飼うことを禁じていたり、鷹狩の妨げになるため飼犬をつないでおくよう厳しく規制したりしていた。元禄十三年（一七〇〇年）、藤堂三十二万石の江戸藩邸から津（三重）の城下の犬について調べるよう国元に指示があった。生類憐みの令が出ていた時代である。江戸藩邸の問いに「町には飼犬はいないと町年寄は言っています。時々犬を見かけるが、どういうことかとお尋ねがありましたが、飼主のいない犬がやってくることがあり、お堀端の町裏に犬が何匹もおりますが、飼っているわけではありません。床下に住みつき、家主などは困っております」と奉行は答えている。津城下には寛永二十一年（一六四四年）に「犬猫は飼わないこと。御鷹を傷つけたら飼主の落ち度である」とお触れが出ている。城下町で犬を飼う人はほとんどいなかったと思われる。この調査の時、本来は村《むら》方《かた》（農村・山村・漁村）に属しているが、町方の奉行が管轄していた岩田、余慶《よけい》町、下部田《しもべた》、大部田《おおべた》の四地区（現在は津市）の犬についても江戸藩邸に報告している。「町には飼犬はいませんが、岩田に犬三十四匹、余慶町犬五匹、下部田犬十九匹、大部田犬三十二匹、合わせて九十匹おります。うち十六匹には持主がいます。七十四匹は無主です」(「勢陽後記」津市史)。

津の城下の外れの四地区には合計九十匹の犬がいて、七十四匹が「無主」だった。比率で約八〇%。これらの無主の犬はすべて村犬(町犬)だったと考えていいだろう。まったくの野良犬、野犬は、仮にいたとしてもうろうろしていたので、地区の犬の中に勘定されることはまずない。生類憐みの令が出ていた特殊な時代ではあるが、里犬と飼犬の比率が具体的にわかる珍しい史料だ。

一八六〇年(万延元年)、日本を訪れたイギリスの植物採集家・フォーチュンはその著『江戸と北京』で、日本の犬についての考察を加えている。「(日本の)犬たちは我々に敵意を示すただ一つの動物である」「哀れな犬たちは生まれながらに(日本人や中国人と)同じような感情を植えつけられているが、彼らと同じ偽善性は持っていない」と述べたうえで、次のように書いた。

昔のオランダ人の著述家は私たちに教えてくれる。

これらの町の犬(street dogs)は特定の個人に属しているわけではない。しかし、彼らは特定の通り(道路)の住人——いわば公共の財産なのである。そして彼らは、その住民からある種の迷信的感情で見守られている。彼らはこの国で唯一の怠け者なのだ、と。

　私は、オランダ人のこれらの見解を疑わしく思っているが、そうでなければ、わずかな真実はあるかもしれない。少数の犬たちは家も飼主も持っていないかもしれないが、大部分の犬たちはその両方とも持っている。（筆者訳）

　フォーチュンの犬に関する記述は、西洋人の旅行者らしい偏見に満ちている。犬は見かけない人物を警戒し、相手によっては敵意を示すのは当然である。偽善性を論じるような問題ではない。「大部分の犬たちはその両方（家と飼主）とも持っている」というのは誤りである。彼が出かけた江戸の郊外、その中でも駒込《こまごめ》や染井《そめい》の植木屋ではそうだったかもしれないが、町中には「両方とも持っている」犬など、まれにしかいなかった。イギリス人のフォーチュンには、特定の飼主がいない町犬の存在自体が十分に理解できなかったようだ。

　フィッセルの『日本風俗備考』も、フォーチュンの『江戸と北京』も邦訳本が出ているが、町犬、村犬の概念がない現代日本の訳者は、町犬を「野良犬」「野犬」「野良犬の類」と訳している。そうすると、「野良犬には飼主がいない」というような、言わずもがなの妙な文章が出来上がってしまう。これでは原文の意味が十分に通じないし、日本の犬の実情を正しく伝えたことにはならない。

●昼飯をもらった町犬の活躍

一八六一年（文久元年）六月、オールコックは長崎から江戸を目指してオランダ総領事と陸路を旅行していた。この旅のあと、二年間の休暇を取って帰国することが決まっていた。その間の代理公使は、極東でのイギリスの最高責任者・エルギン卿付きの秘書官だったオリファントが務めることになっていた。

オールコックが旅行中の六月末、オリファントは船で横浜に到着し、馬に乗って江戸高輪の東禅寺《とうぜんじ》に向かった。この寺の中にイギリス公使館が設けられていた。宿所は広く快適で、障子やふすまが物珍しかった。間もなくわかることだが、障子やふすまは襲撃するにも逃げ出すにも便利なものだった。幕府の護衛は百五十人もいて、公使館員が外出する時は護衛兼見張りがどこまでも跡をついて来た。

七月四日、オリファントは六郷川《ろくごうがわ》（大田区）の渡し場まで長崎帰りのオールコック一行を出迎えに行った。翌五日、オールコックは留守中に届いた荷物の整理などで忙しく過ごし、午後十一時ごろに寝た。風通しのため雨戸は開けたままにして、障子は閉めた。犬が勝手に入って来ることがあるからだ。障子の上半分は開く仕掛けなので風は入る。

その夜、公使館員たちは夜遅くまで起きていた。空が晴れ、彗星《すいせい》がよく見えたので、みんな庭に出ていた。

同じころ、幕府の要請を受けて二度目の来日をしたドイツ人医師（元オランダ商館員）で博物学者のシーボルトも赤羽橋（港区）の外国人接遇所で彗星を見ていた。七月五日の『シーボルト日記』には「祖国からの手紙を受け取る。彗星は大熊座の近くに見える」と書いてある。

オリファントは真夜中過ぎまで庭に出ていた。歌が始まったからだ。

われわれのうち幾人かが生命を救われたのは、その彗星によってかもし出されたその場の雰囲気のおかげでもあったろう。星を眺めながらわれわれは常ならずおそくまで起きていた。一行のうちのある者が美声の持主でもあり、歌のレパートリーも広く、また暖かく静かな夜でもあったので、真夜中すぎまで屋外に出ていたのだった。横浜から江戸へ馬に乗って帰ってくる途中の正午の休息の時、私は昼食の残飯を食べさせたことから、一頭の道に迷った犬に好かれるはめになり、この動物がいつまでも私についてきて、眠る時も私の戸口の敷居に横たわっていた。（オリファント『一八六一年の駐日英国公使館東禅寺襲撃事件』中須賀哲朗訳）

「道に迷った犬」というのはオリファントの勘違いだろう。犬好きの人について行って、食い物にありつき、ねぐらも確保し、あわよくばその家に居ついてしまおうという町犬は珍しくなかった。

そして、私が明りを吹き消して心地よい眠りに沈もうとした時、この犬が突然たけり狂って吠えはじめた。と同時に、夜警の危険の際に鳴らすがらがらの音が聞こえた。（略）私ははっきりと正面の戸口での乱闘の響きを聞いた。（同）

だれかが喧嘩でもしているのだろうと思って起き上がった。ピストルはテーブルの上のケースに入れてあったが、使用人が掃除して鍵をかけてしまった。護身用の剣の入った箱も開かなかった。引っ越してきたばかりで、まだ整理がよくできていなかった。オリファントは暗い部屋の中で狩猟用のむちを手にした。そのむちの柄は非常に重く、威力に不足はない武器だと考えた。

犬はけたたましく吠え、確かな危急の合図を送りつづけた。その犬のうしろを通って、食堂の行燈《あんどん》によってほのかに照らされた正面に通ずる廊下を進んで行った。（同）

あとでわかったことだが、攘夷派の水戸浪士十四人による襲撃だった。暗がりの中、刀を抜いた日本人の姿がぼんやり見えた。オリファントはむちで応戦したが、刀で切られ重傷を負った。日本人はもう一人いた。長崎領事のモリソンが物音を聞きつけ、二人の日本人にピストルを発射した。暗くて弾が当たったか確認できなかったが、物音がしなくなった。オリファントの傷の手当をしたのは元軍医でもあるオールコックだった。幕府の護衛はいったい何をしていたのかと彼は怒った。

護衛の者はみな、明らかに不意打ちをくらったのである。かれらはみな護衛部屋のなかでねむっていた。一五〇名のうち、ひとりも見張っていなかったとは驚きいったことだ。（略）（賊は）門が閉まっていることを知って、そのかたわらの塀をはしごでのぼったのだった。門番は、この音に目をさまして出てきたらしい。かれは、すぐに切り伏せられて即死した。それから、かれらは、長い道を約三〇〇ヤード通って、最初の中庭へ到達し、護衛の詰所を全部素通りして、途中で犬を一匹殺した。おそらく、この犬はほえて急をつげていたのだろう――この犬こそが、目をさましていた唯一の番兵だったのである。（『大君の都』）

医師でもあったシーボルトは翌朝早く公使館に駆けつけ、負傷者を手当てした。それから重傷のオリファントと頭に軽傷を負った長崎領事のモリソンを見舞った。オールコックは日本の護衛が役に立たなかったと怒ったが、襲撃者と闘わなかったわけではない。シーボルトのレポートによると、「刺客は三人殺され、一人が重傷を負った。日本の護衛のうち役人の馬丁が殺され、十八人くらいが重軽傷を負い、一人はその日のうちに死亡した」。寺の建て方が不規則で、廊下と小部屋が多かったことも公使館員には幸いした、とシーボルトは述べている（リハチョフ宛の書簡『文久元年の対露外交とシーボルト』）。

オリファントは後遺症がひどく、左手三本の指が動かなくなった。そこで帰国することになったが、その前にきわめて重要な使命が与えられた。イギリス公使館襲撃事件の四カ月前、ロシアの軍艦が対馬《つしま》に来て、島の一部を占拠していたのだ。しかも実力占拠されていながら、幕府も対馬藩も手をこまねいて見ているだけで、その事実さえ隠していた。

オールコックは幕府首脳に会談を申し入れ、老中・安藤信行《のぶゆき》（信正《のぶまさ》）、若年寄・酒井忠毗《ただます》との極秘会談が実現した。包帯姿のオリファント、イギリス東インド艦隊のホープ提督も同席した。幕府の了解を得たうえで、オリファントは軍艦に乗り込み、対馬でロシアとの退去交渉にあたった。クリミア戦争（一八五三―五六年）で英仏連合軍に敗れ、イギリスともめごとを起こしたくなかったロシアは、ほどなく対馬から軍艦を退去させた。

オリファントが日本に来るまでに見たアジア諸国の犬は、みじめで汚らしい野良犬ばかりだった。ところが日本の犬は町の人から餌をもらい、わがもの顔で道路に寝そべっているような「よく肥えた図々しい獣」だった。確かにオリファントが昼飯をやった町の犬は図々しくも跡をついて来て、昔からの飼犬のような顔をしてオリファントの部屋のあたりに住みついてしまった。

あの時オリファントが犬に昼飯をやらなかったら、犬が東禅寺について来なかったら、その犬が吠えたてず寝込んでいたら——歴史の向こう側では無数の「たら」がうごめいている。

第二章

横浜開港

1　横浜・神奈川犬事情

●「横浜では犬も買えます」

一八五九年（安政六年）七月一日、横浜が開港した。現在、横浜市は六月二日を開港記念日にしているが、これは旧暦の日付を採用しているためだ。

幕府が欧米各国と新たに結んだ修好通商条約では、開港地は東海道宿場町の神奈川だったが、街道筋でのトラブル発生を避けるため、幕府は東海道から離れた横浜村の一角を埋め立て、ここを外国人居留地とした。ハリスやオールコックは長崎の出島のように閉じ込められることを懸念し、「ここは条約にある神奈川ではない」と主張したが、幕府は「横浜も神奈川の一部である」と言い張った。外国の民間人、そのほとんどは通商目的のイギリス人だったが、彼らは横浜の方が安全で便利なため、幕府の用意した居留地を貿易の拠点にしてしまった。

横浜に入港したイギリス船トロアス号の船長ヘンリー・ホームズは神奈川・浄瀧寺《じょうりゅうじ》内のイギリス領事館に行き、領事代理に「横浜に入港した最初のイギリス船です」と報告した。『ホームズ船長の冒険』（横浜開港資料館編）によると、実際は六番目だったという。幕府は湿地を埋め立てて居留地とし、そこに二十余りの平屋の建物（バンガロー）を建てた。領事代理は、船長であるホームズを正式な代表として認め、ホームズは税関に隣接した一等地の借地権を手に入れた。借地権はホームズ船長から当時香港にあった極東最大の商社、ジャーディン・マセソン商会に売り渡された。その場所には現在シルクセンター国際貿易観光会館ビル（中区山下町）が建っている。

横浜の発展は目覚ましかった。日本の商人が集まって来て外国人目当てに次々と店を開いた。短期間での横浜の変貌ぶりにホームズ船長も驚嘆した。「横浜は喧騒《けんそう》をきわめていた。産物が街に続々ともちこまれ、あたらしい店が毎日開店し、すばらしい品物であふれ、それはついたばかりの外国人を驚かせ、賞賛させた」。

オランダの駐日副領事に任命されたポルスブルックは開港からまだ三週間もたっていない七月十八日、オランダ弁務官宛ての手紙に「横浜では、漆器も絹織物も木綿も、それに陶磁器や日本各地の産物、野菜、鳥、魚、果物、豚など、とにかく何でも買えます。立派な犬もにわとりも小鳥も買えます」（『ポルスブルック日本報告』生熊文訳）と書いている。

もともと彼は、江戸の町が嫌いだったから、余計に新興都市横浜が気に入った。江戸は「一日に四回は火事があり、そのほかの日は地震、日中は少なくとも家の回りは静かだが、夕方になると野良犬の鳴き声吠え声がし、それどころか勝手に家の床下に入ってくんくん言うのもいる。その上、蚊もたくさんいる」。江戸の町に何も思い残すことはなかった。「横浜はまったく新しいタイプの日本の都市になるだろうと、私は疑いません」。そしてそのとおりになった。

●犬がじゃまするヘボンの散歩

日米修好通商条約の第八条は、アメリカ人の信教の自由と教会建設を認め、踏絵の廃止を再確認している。ニューヨークで医院を開いていたヘボンは条約締結を知ってすぐさま、米国長老教会の宣教師として日本に行く決意を固めた。横浜開港の約二カ月前にニューヨークを出発し、喜望峰《きぼうほう》回りで香港、上海を経て神奈川に着いた。横浜開港からまだ三カ月半しかたっていなかった。

ヘボンは来日後、本格的な和英辞書を編纂《へんさん》し、ヘボン式ローマ字の発明者、明治学院の創設者（初代総理）として名を知られるが、彼の最終的な目的はキリスト教の伝道にあった。辞書を編纂したのも、日本語がわからないと日本人との意思疎通ができず、伝道に支障をきたすためだった。ヘボンは神奈川宿の本陣から少し離れた成仏寺《じょうぶつじ》を借りて宿舎とした。

日本人との会話の機会を求めて、ヘボンは町や田舎を散歩した。子どもたちが「オハヨー」「アナタ」「トジン（唐人）」「バカ」と声を掛けてきた。ヘボンを悩ましたのは、ここでもうるさくつきまとう犬だった。

一八六一年一月四日　ヘボン「神奈川日記」

わたしは相当の散歩家で、この国の美しい田園を散歩するのが大すきなのです。大体、森の中をよく歩きます。静寂がとてもすきなのです。小径《こみち》をみつけることは少しもむずかしくはありません。小径は数多く四方にわかれて、広い道路に出遭うとか、農家につきあたったりします。わたしは東海道をさけ、またできるかぎり市街の道路もさけております。色々とうるさいことがあるからです。それは犬なのです。犬はたいへん多くいて、飼い主がいないのです。しかしよく肥って、人に慣れていません。が外人をみるやいなやほえて逃げて行きます。犬のほえ声はつぎつぎに伝わって、街中にひびき渡るのです。わたしはこの騒音をさけます。

（『ヘボン書簡集』高谷道男編訳）

田園を散歩するのはヘボンの楽しみだったが、散歩の習慣のない日本人からすると、外国人がそこを自分たちの領土にするために下調べをしているようにも思えた。ヘボンには神奈川奉行所の目が光っている。人と話をすれば、役人は何を話したのか、その日本人を調べる。日本では相変わらずキリシタン禁制の時代が続いている。伝道の道は閉ざされたままだった。犬は確かに吠えてうるさいが、それは大した問題ではなかった。ほんとうにうるさいのは見張りの幕府役人だった。

外国人に対する偏見ははなはだしかった。「繕《つくろ》い物の職人を成仏寺に出すように」と神奈川本陣から職人仲間にお達しがあったが、だれも行く者がいなかった。「そのころ異人といえば畜生同様に心得ていて、異人に近づくと犬に吠えられるとか、愚にもつかない理由で断った」（洋服裁縫師・沢野辰五郎回顧談『横浜開港側面史』）。沢野が成仏寺に出た時は、足袋職人をしていたが、成仏寺でヘボンと同居していたブラウン宣教師夫人に洋服の仕立てを教えてもらい、のちには東京の宮家や公爵家から注文が来るまでになった。「鬼と思った仏様でした」と回顧談にある。

成仏寺の家賃は月十六ドル。ヘボンとブラウンが折半した。本堂にヘボン、庫裏《くり》にブラウンが住み、寺の御本尊は番人小屋に移された。成仏寺の住職は「毛唐人《けとうじん》は人間と犬との合いの子だなどと思っていた」。ところがどうして「日本人も及ばないほどのきれい好きで、庫裏でも本堂でも、塵《ちり》つば一つないほどきれいに掃除して、仏間へは決して不潔なものを持ち込まない。公徳心《こうとく》というものは日本人よりもはるかにまさっていた」（成仏寺住職回顧談『横浜開港側面史』）といっている。

医師でもあるヘボンは間もなく本陣近くの宗興寺《そうこうじ》で無料診療所をはじめ、一日に百人以上の患者を診るようになる。とくに眼科治療で有名になるが、診療所は幕府命令で閉ざされてしまう。和英辞書編纂の一方で、希望する日本人に英語を教え、長州の大村益次郎もヘボンに英語を学んだ。「ヘボン塾」やアメリカから来た宣教師バラ夫妻の「バラ塾」がやがて明治学院、フェリス女学院に発展していく。

バラ夫妻はヘボンから二年半遅れて来日し、成仏寺にヘボンと同居した。ヘボンのもと、マーガレット・バラもまず日本語を勉強することから始めた。ポニーに乗って出歩くのが好きだった。ぼろを着た子どもたちが「シンジョ、シンジョ」といって跡をついて来る。「シンジョ」は「進上」のことで、「ちょうだい」という意味だ。ヘボンが来た当初は、外国人から何かもらっても日本人はみな捨ててしまったが、バラのころになると、子どもたちの方から近づいてくるようになった。

東海道は人が多かった。歩道がないから、人とぶつからないように注意しなければならない。町はずれに来て、バラは少しほっとした。

空気の澄んだのどかな静けさと子供たちのにぎやかな歓声、犬の吠える声が、面白いほど対照的だった。この国の犬は外国人と見れば吠えつき、町には、きまって狼のようなすごいのがはびこっています。（バラ書簡集『古き日本の瞥見』川久保とくお訳）

猫とチンのこともバラは手紙に書いている。

日本のおおかたの猫には尻尾がありません。大きくてつやつやと肥えていますが怠惰で、ネズミをとって食べる気はないのです。（略）なぜ猫に尻尾がないのかまだ満足な説明を聞いたことがありませんが、白と黒の毛がもじゃもじゃの可愛いプードル犬（チンのこと）がなぜ獅子鼻をしているのかというのと同じようなものでしょう。この二つの動物が最も愛玩《あいがん》されています。（同）

神奈川（横浜）開港後、日本人は外国人が連れて来た洋犬のことを「カメ」と呼び始めた。その理由も手紙に書いている。

外国種の犬は多くないのですが、夜になると残飯整理のために飼われている狼のような犬どもと一緒に、遠吠えをしたり鋭く吠えたりして夜のくるのが怖いほどです。外国人が自分の犬に〝カム、ヒア〟（こっちへおいで）と呼びかけていますと、ここの人はそれが犬の名前だと思って〝あのカムヒアの足のはやいこと！〟などと言います。（同）

横浜開港以前は海外から来た中大型犬を「唐犬《とうけん》」と呼び、将軍や大名、旗本が飼っていたが、「カメ」という言葉が普及するにつれ、「唐犬」という言葉は消えてしまった。日本人は「カム・ヒア」を「カメや」と聞き間違えたのである。洋犬を「カメ」と呼ぶ時代は明治の日清戦争ごろまで続く。

●外国人を驚かせた「馬より速く走る馬丁」

横浜開港の翌々年、一八六一年十二月、リンダウという人物が横浜に上陸し、東海道神奈川宿から江戸に向かった。スイス時計組合から市場調査、条約締結の目的で日本に派遣されたプロシア人で、のちにスイス駐日領事に任命される。リンダウによると、開港して二年が過ぎた横浜には約二百五十人の欧米人が住んでいたが、そのほとんどがイギリス人だった。日本人は三千から四千人いた。横浜ではすでに競馬が行われていた。

欧米人は例外なく、シナ人（清国人）と日本人を雇っていた。地位的にはシナ人の方が圧倒的に高かった。使用人のトップはシナ人の「コンプラドール（仲買人《なかがいにん》）」だった。日本では「買弁《ばいべん》」と呼ばれた。彼らは片言の英語を話し、片言の日本語もできる。漢字も読める。商売上の交渉ごとは「買弁」がやった。「執事」もシナ人が務めた。「その狡智《こうち》、計算高さ、商売上手において日本人などは足許《あしもと》にも及ばない」とスエンソン（フランス海軍士官）が『江戸幕末滞在記』に書いている。その通りだったろう。

日本人の仕事は「小使」「別当《べっとう》」「門番」だった。日本人は計算はできず、家政をまかせられなかったが、「こうした性質の不在を、正直と率直、疲れを知らぬ我慢強さで補った」(スエンソン)

別当は馬丁《ばてい》とも呼ばれたが、彼らの仕事ぶりはほかの国では見られないものだった。リンダウが書いている。

彼はきちょうめんに馬の世話をする。だが人からよく評価される特質はといえば、それは走ることが上手だということである。主人が行くところへは、どんな速さであろうとも、別当の義務は、徒歩で先に行くということである。つまり馬の先頭に立つということである。(『スイス領事の見た幕末日本』森本英夫訳)

スエンソンも書いている。

主人を乗せて走る馬の前になり後ろになりして脇を走りながら、何マイルでもついてくる。疲れるどころか息も乱さない。全速力で走るときだけはさすがに、もともと薄着の服をさらに一枚一枚脱いでいき、肩にかけたり額に巻きつけたり、最後の一糸になるまでとってしまう。(『江戸幕末滞在記』長島要一訳)

馬が走れば別当も走る。時には馬の前を走る。現代日本人には信じられないが、本当のことだ。なぜ馬の前を行くのかというと、邪魔なものをどかすためだ。ポニーに乗ったM・バラでさえ人にぶつからないように注意しながら東海道を歩いたように、人通りの多い道路はとくに危険だ。いつ人にぶつかるかわからない。道路には犬も寝ている。どこで犬を踏むかわからない。だから事故を起こさないように別当は馬の前を走る。犬がいれば、追い立て、蹴飛ばす。

主人が鞍《くら》にまたがると、馬の足並みに合わせて別当も歩き始める。先導する幕府の役人がいなければ、別当は先に出て邪魔者を追い払う。リンダウが神奈川宿を通りかかると「日本の何処《どこ》ででも出会うあの狼犬の何匹かが、道の片隅で尖《とが》った鼻面を見せ、われわれが外国人であると認めると、うなり、吠えながら逃げていくのであった」。犬は見なれぬ者が来ると吠える。とくに外国人には吠える。「吠えながら逃げていく」のは蹴飛ばされたり、棒で殴られたりした経験があるからだろう。外国人でも慣れてくればだんだん吠えなくなる。

●昼間から町に寝そべる犬たち

イギリス国教会主教のJ・スミスは横浜開港の一年後、一八六〇年五月、長崎を経て神奈川に上陸し、それから江戸に向かった。江戸の町を馬で歩く時は別当が二、三人付き添った。

彼らはわれわれの馬と足並みをそろえた。そのうちの一人は、たいへんな人込みの通りに差しかかると、たいていわれわれの前にちょっと駈け出して行き、道路の真ん中でのんびりと寝そべっていたり、日なたぼっこをしている犬を追い払い、さもなければ通行のじゃまになるものを取り除いてくれた。（スミス『日本における十週間』）

吠えるどころか昼日中から道にゴロゴロと寝そべっている犬もたくさんいたのである。

プラント・ハンター（植物採集家）として日本に来たフォーチュンもスミスと同じような光景を見ている。

暖かい夏の午後、これらの動物たち（犬）が公共の道路でながながと寝そべり、明らかにぐっすり眠っている姿が見られるだろう。そしてわれわれのアテンダント（従者）はいつも彼らを蹴飛ばし、むち打ち、大変無作法なやり方で道路から追い払った。（『江戸と北京』）

江戸時代の犬の交通事故の記録を見てみよう。往来にゴロゴロしていて、大八車《だいはちぐるま》に轢《ひ》かれた犬の記録が綱吉時代の判例集『御仕《おし》置裁許帳《おきさいきょちょう》』に残っている。大八車は明暦の大火（一六五七年）のあと、建築資材や埋め立て用の土砂などを大量に運搬するために造られた。その由来は諸説あるが、町奉行の調査書（『町方書上《かきあげ》』）にあるとおり「芝高輪牛町の大工八五郎が発明し、大八車と呼ぶようになった」というのが正解だろう。新井白石もこの説である。大八車は江戸で急速に普及し、道で寝ていた犬がずいぶん轢かれた。『御仕置裁許帳』には大八車による犬の交通事故死の事例が十七件載っている。生類憐みの令のおかげで記録されたものだ。

貞享《じょうきょう》三年（一六八六年）九月、芝車町四丁目（港区）の大八車が米を積んで船町《ふなちょう》（中央区）を通りかかったところ「道中に犬臥《ふ》せ居候《おりそうろう》」を「敷殺候」――というのが『裁許帳』掲載の最初の事例である。大八車は重い荷物を積んでいるため、犬を見つけても急には止まれない。車を引いていた男は「不届き」を理由に牢屋に入れられ、八日後、赦免《しゃめん》された。

明治十年に来日し、大森貝塚の発見者として名高いモースは寝そべっている犬に石を投げてみた。「先日の朝、私は窓の下にいる犬に石をぶつけた。犬は自分の横を過ぎて行く石を見た丈《だけ》で、恐怖の念を示さなかった。そこでもう一つ石を投げると、今度は脚の間を抜けたが、それでも犬は只《ただ》不思議そうに石を見る丈で、平気な顔をしていた」（『日本その日その日』）。

モースが子どものころから知っている犬は、人が石を拾うかっこうをしただけで、あとずさりしたり、逃げ出したりした。モースは日本にダーウィンの進化論を初めて紹介した人物である。環境によって犬の性質が大きく違うことに驚いた。

2　外国人居留地の犬問題

●犬殺しに罰金一五〇ドル

横浜の外国人は護身用、愛玩用に好んで犬を購入した。開港から半年、一八六〇年一月二十四日（安政七年一月二日）、イギリスの領事が初めての領事裁判を開いた。この当時日本が結んでいた通商修好条約では、当該の外国人が日本で犯した犯罪について日本に裁判権はなく、それぞれの外国領事が裁判権を持っていた。不平等条約ではあるが、江戸の町でも町奉行の捜査の権限は各藩の江戸屋敷内に及ばなかった。領事裁判権を認めたことに日本側に違和感はなかったと思われる。

横浜居留地で最初に開かれた領事裁判は犬がらみの事件だった。犬を撃ち殺されたイギリス商人が撃ち殺したイギリス人を告訴した。イギリス領事のヴァイス大尉が法廷を裁いた。被告人は初め「犬を撃ち殺していない」といい、途中から「撃ったのは自衛のためだ」と主張を変え、最後には「告訴人が飼っていた犬ではない」と述べた。法廷はのしりあいになった。領事は被告人の有罪を認め、一五〇ドルの罰金と謝罪を命じた。罰金額は「横浜でのまともな番犬の相場」をもとに決めたという（ド・フォンブランク『馬を買いに来た男』）。

横浜開港後、外国人居留地の人口が増え、それにともない犬によるトラブルも増えた。放し飼いにしている外国人もずいぶんいたらしい。

横浜で発行されていた英字紙に犬探しの広告がたくさん載っている。

一八六三年九月二十六日「ジャパン・ヘラルド」――

「見つけて」

黒い斑点のある白のメス犬が行方不明です。どなたでもこの広告でナンバー54区画に彼女を連れ戻して来たら、謝礼を支払います。

この日はもう一本、広告が出ている。

「探し物　小さな日本の犬」
どなたでも同じ犬をナンバー51に戻してやってください。必要なら報酬を支払います。

一八六四年三月十四日「ジャパン・ヘラルド」――

「探し物」
大きなブル・テリア、名前はニップです。
どなたでもナンバー28に連れて来たら、必要なら謝礼を払います。

一八六四年六月十八日「ジャパン・ヘラルド」――

「探し物　茶と白のポインター・ドッグ」
名前はスポットです。だれでも下記（氏名）へ返した人に、必要ならふさわしい報酬を差し上げます。　フォーブス・メートランド英字紙で始まった犬探しの広告は、明治になると主舞台は邦字紙に移る。日本人に見てもらう方が効率が良かったのだろう。横浜の居留地にどのくらいの犬がいたかは不明だが、こういう広告を見ても、相当な数だったことがうかがい知れる。

●居留地自治規則の第一条は野犬対策

横浜の外国人居留地は人口が増加し、経済活動が活発になるにつれ、さまざまな問題を抱えることになった。一八六四年十二月に初めての借地人総会が開かれ、自治組織である参事会が設けられることになった。参事会のメンバーは二十六人で、居留地に占める国別の土地面積に応じて人数枠が決められた。イギリス十一人、アメリカ五人、フランス四人、オランダ二人、プロシア二人、ポルトガル一人、スイス一人だった。神奈川で犬に散歩のじゃまをされたアメリカのヘボン博士も横浜に住居を移し、参事会メンバーに選ばれた。条約は結んだが、通商を主目的とはしないロシア人はメンバーにいなかった。外国人ではあるが、日本と条約を結んでいない清国人はメンバーの資格がなかった。

参事会の当面のテーマはいくつもあったが、そのひとつが衛生問題だった。埋め立て地の横浜は排水がよくなかった。横浜在住のイギリス人で、明治になって自ら日本語の新聞「日新真事誌《にっしんしんじし》」を発行したJ・R・ブラックはその著『ヤング・ジャパン』の中で「(中国人の)下層階級の者が多数密集して移住してきた。たちまち彼らが埋めつくした居留地は、彼らの不潔さのために、見るに耐えないものになった」と述べている。自主的な警察組織を整備することも大きな課題だった。夜間の照明がないため、ガス灯を設置する必要もあった。そして何よりも急がねばならなかったのが野犬対策だった。ジャクモという人の息子が狂犬にかまれて死亡した。参事会は条例案の第一に「野犬対策」を掲げた。ブラックは「野放図に走りまわる危険な野犬に関するものだ。野犬は長年にわたって、公衆に多大の迷惑と害となっていた」と述べている。条例の第二は居留地内での食用動物の屠殺《とさつ》禁止、第三は居留地内での爆発物の貯蔵禁止だった。

野犬だと思って殺したら、実際には飼主がいたというトラブルが居留地で起きた。飼犬を殺された男が、殺したと思われる男を訴えた。

一八六五年七月十五日、「ジャパン・ヘラルド」——

「原告は以下の訴えを起こした。被告は原告の飼っている罪のない犬を撃った。賠償金二五ドルを要求する」

「被告の弁明によると、被告は複数の犬を殺害したことはあるが、原告の犬を襲ったり、殺したりしたことはない」

判決。「辛抱強い聞き取りと証拠の精査の結果、訴えは立証されなかった。それゆえ訴訟費用は原告の負担とする」

犬に関する二度目の訴訟は原告敗訴だった。ただし被告は過去に複数の犬を殺したことは認めた。居留地の犬はポインター、グレイハウンドなどの猟犬が多く、町中でごろごろしている日本の犬に比べると運動量が多い。これが野犬化すると、人の手で捕獲することすら難しくなる。ブラックが「野放図に走りまわる危険な野犬」というのは誇張ではない。

この日の「ジャパン・ヘラルド」は、この領事裁判の記事に続いて、参事会の条令を掲載しているが、第一条の「野犬対策」がすべてカットされ、第二条と第三条だけしか載っていない。居留地の領事団は七カ国で構成され、ブラックによると、ある小国の領事が反対して第一条は公布されなかったという。自治組織の参事会は自分たちの決定が領事団によって覆されたことに反発したが、結局はうやむやになった。第一条は「飼主のいない犬（野犬）を処分」する内容だったため、動物愛護の立場から異論が出たと私は想像しているが、具体的には確認できない。

一八六五年十月には、軽犯罪に関する参事会条令の中に「犬またはその他の動物に残酷なことをしたり、させたりする行為」を禁止する項目が設けられた。残酷なことをされる犬がたくさんいたということだろう。

●横浜大火で焼死した英書記官の犬

イギリス公使館の書記官、A・B・ミットフォードは一八六六年（慶応二年）十月に来日し、横浜の「白木の骨組みと紙で作られた、人形の家よりも少し大きい程度の、きわめて華奢《きゃしゃ》な家」に住んだ。着任一カ月後、横浜で大火があった。この時、外国人居留地の四分の一と日本人町の三分の一が焼失した。

ミットフォードが髭《ひげ》そり中に中国人の召使が「三分の二マイルほど離れたところで火事です」と知らせに来た。髭をそり終えた時には、ズボンをはき、上着を引っかけて逃げるだけの時間しかなかった。

私は大急ぎで犬を連れて飛び出したが、畜生の悲しさ、犬は物音と人混みに怯《おび》えて、燃えさかる家の中に逃げ戻ってしまった。翌朝、洋服簞笥《だんす》の灰の中に、犬の黒く焦げた骨を見つけたが、犬がそこに避難の場を求めて逃げ込んだのは明らかであった。一時間かそこらの間に、我々の住んでいた日本人区域には何も残って

いなかった。（『英国外交官の見た幕末維新』長岡祥三訳）

ミットフォードはオールコックのように犬連れで来日したのではないだろう。このころの横浜では、金を出せば中大型犬が簡単に手に入った。訳文中に「畜生の悲しさ」とあるが、イギリス人が「畜生」などというはずがないので、原文を調べると「poor beast!」（かわいそうな獣《けだもの》よ）と書いてあった。「畜生の悲しさ」には犬をさげすむニュアンスがあるが、原文にはない。意訳の範囲内だろうが、ちょっと気になった。

ミットフォードの上司はパークス公使である。パークスも犬を飼っていた。時代は少し下《くだ》るが、イギリス人の女性旅行家、イザベラ・バードがパークスの家の犬のことを書いている。

一八七八年（明治十一年）、東北から北海道への旅を終えたバードはパークス邸（イギリス公使館）に滞在した。パークスは箱根、パークス夫人は横浜に行って留守の日、夫妻の飼犬ラグスがバードにすり寄ってきた。

飼い主がここにいる時にはほとんど私を無視していたのに、今は私にべったりで、椅子に座っているとそばに横たわり、夜には私の炉の前の敷物の上で眠る。すっかりなつき、私から餌をもらい世話を焼いてもらえるのを期待しているのである。

（『完訳日本奥地紀行』金坂清則訳）

パークス夫妻は一八六七年（慶応三年）十月、富士山に登った。夫人は最初に富士山頂に立った外国人女性となった。

日本人女性で最初に富士山に登ったのは江戸深川の商人、鎌倉屋十兵衛の娘たつである。富士山は女人禁制の山だったが、「女も男も平等である」と主張する富士講・不二道《ふじどう》の小谷三志《こだにさんし》のすすめで天保三年（一八三二年）九月二十六日夜、雪の富士山頂に立った。

3　チンを欲しがる外国人

●チンはキング・チャールズ・スパニエルに似ている

日本が開国したあと、欧米では時ならぬチン（ジャパニーズ・ドッグ）ブームが起きた。とくにイギリスではチンを手に入れたいと熱望する人々が続出した。

イングランド王、チャールズ二世（一六三〇－一六八五）は犬好きで有名だった。

なかでもスペイン経由でヨーロッパに持ち込まれた小型犬を溺愛した。犬はキング・チャールズ・スパニエルと呼ばれた。しかし時代を経るにしたがい、品種の劣化が進み、イギリス貴族の間に、昔のようなキング・チャールズ・スパニエルを復活させたいと考える人々が出て来た。こうしてキャバリア・キング・チャールズ・スパニエルが作出《さくしゅつ》されたが、その過程で日本にこれと似た犬がいることが伝えられたのである。

エルギン卿使節団に同行したイギリス海軍のオズボーンによると、彼が乗船していたフェリアス号には帰国時、十三匹のジャパニーズ・ドッグが乗せられていた。上陸した船員は「漆器や小型犬」を買うため、「手元の金を洗いざらい」持っていくことを忘れなかったという。「これらの小さな日本のスパニエル犬は、チャールズ王の飼い犬の血統だと言われていて、今ではイギリスで非常に少なくなっていたので、新たに移入することは、きれいなペットや小型犬を喜ぶ独身女性たちには、少なからぬ喜びの源となるにちがいなかった」（『日本への航海』）。

チンの本当の原産地がどこなのか、いまだに正確なことはわかないが、当時の欧米人はキング・チャールズ・スパニエルと同系統の犬であることを確信していた。ペリーも、ハリスもそう考えていた。

同じ使節団のオリファントは「陶器に対する趣味も、漆器に対する熱望も、犬に対する熱狂に比べればものの数ではなかった」と述べている。「顔はまったく見られたものではない。目はどれもまるで頭からとび出しているようにひどく突き出している。額が張り出し、鼻はきわめて小さいので顔から突起しているというよりも、むしろおちこんでいるような格好である」（『エルギン卿遣日使節録』）。ひとつがいのチンの価格は五、六〇ドルもしたが、一行の多くの人々が三、四匹ずつ手に入れ、障子で作った犬小屋の中に閉じ込めた。

来日当初、日本を辛辣《しんらつ》な目で見続けていたオールコックでさえ、町に出て最初に探したものはジャパニーズ・ドッグだった。友人から頼まれた。「皿のような目をもち、鼻のない、口にくらべてあまりに大きすぎる舌を端にたらし、できれば白と褐色の二歳の二匹の日本犬を見つけなければならない。いうまでもなく、わたしの友人は犬道楽なのである」。オールコックが大坂で見たチンは一匹四〇ドルから五〇ドルした。そのとき同行していたイギリス人は「きわめて醜いというほかにはなんの取り柄もないこの小さな獅子鼻の目のぐりぐりした犬」にそんな大金を払おうとしなかった（『大君の都』）。

長崎でもチンは高かった。イギリスの初代長崎領事・ホジソンは「小犬は姿は醜いのですが、私は一匹買いたいと思いました。値段が大変高いので（五ポンドから一〇ポンドします）全くがっかりしてしまいました」と述べている（『長崎函館滞在記』）。

チンを欲しがったのは英米人に限らない。イタリア海軍中佐のアルミニヨンは、江戸で山羊や熊や猿やさまざまな鳥を売っている店を見た。中でも目を引いたのが「人間の掌《てのひら》ほどの」「牛のような目をした犬の怪物」だった。「この犬の唯一の特徴」は「不格好なことと、滅法、値が高いこと」だけで、一匹四〇ドルか五〇ドルした。「しかも世話が大変で、長い航路を経てヨーロッパまで運ぶのは難しい。マジェンタ号の士官たちはこの犬を数匹買い求めた」。子どもを産んだ狆もいて数も増えたが、パタゴニア西海岸（チリ）の運河に停泊中、寒さのために全部死んでしまった（『イタリア使節の幕末見聞記』）。

幕末、通商条約締結交渉のため日本を訪れたプロイセン（ドイツ）の全権公使オレインブルク伯爵一行も、日本で買い入れたチンを船（軍艦）に乗せた。「日本で購入した犬は持ち帰る途中死んでしまったが、奇妙なことに、その原因は出立してすぐ、故国でよく起こる流行病にかかったからであった。ツー・オレインブルク伯の所有になった、とりわけ優れた一頭は長い旅によく耐え、今日なお元気である。もっとも美しい犬は日本においてすら高価である（略）」（『オレインブルク日本遠征記』）。

チンはきゃしゃで、か弱い犬だった。病気になりやすく、寒さに弱い。欧米に船で運ぶ途中、多くのチンが死んだ。イギリス国教会主教のＪ・スミスも「日本の小さな愛玩犬が大事にされ、かわいがられるのは、いろいろな理由による。そういった犬は日本において高値を呼んでおり、その純血を保つため細心の注意が払われている。（略）

この犬はとても体がきゃしゃなうえ、寒さに敏感であり、病気になりやすい」(『日本における十週間』)。

一方では、欧米人のチンに対する熱狂やチンそのものに嫌悪感を示す人も多かった。フォーチュン(前出、植物採集家)は「この国の愛玩犬は日本人と外国人に非常にありがたがられている」が、「すでに述べた大きな種類(の犬)のように、それらは外国人に対して持っている強烈な憎悪が著《いちじる》しい」(『江戸と北京』)。チン全般が外国人に対する憎悪が著しいわけではない。犬を嫌う人はことさら犬に嫌われる。

オールコックと一緒に富士登山をしたド・フォンブランクは「いま日本犬に対するブームが起こっているが、わたしは日本犬を高く評価しない。日本犬はどうもブレニム・スパニエル種の子孫のようである。が、原種から相当退化したものである」と述べている(『馬を買いに来た男』)。

明治の初め、外国人女性として初めて日本の奥地(東北、蝦夷《えぞ》)を旅行したバードもチンにいい印象を持たなかった。「彼女たち(裕福な日本家庭の本妻と魅力的な妾)のそばには憎々しげな〝狆〟がいた。キング・チャールズ・スパニエルの鼻を押し潰したような顔をした犬である。人工的に小型化されたこの犬は透明なガラス玉のような目をし、とても怒りっぽく、ひ弱で、暖かそうな毛でおおわれていた。このような感じの悪い抱き犬が日本中で〝婦人の愛玩犬〟になっているのである」(『完訳日本奥地紀行』）と述べている。妻と妾が同じ家に暮らすことは上流階級ではしばしばあることだった。チンのいる妻妾同居の家を訪問し、バードは「日本の妻は金持ち階層よりも貧しい階層の方が幸せだ」という印象を受けた。日本の奥地で働きづめで働く、貧しい階層の日本の妻たちを彼女は見ている。貧しい家の妻はむしろ幸せな「夫の協働者」だと思った。

●英国軍に略奪されたペキニーズ

チンにはわからないことがたくさんある。原産地が不明な上、江戸時代には何種類ものチンがいた。明治時代の日本研究家、チェンバレンが書いた外国人向けの事典『日本事物誌』には「パグ・ドッグズ（狆）」という一項目が設けられ、「チンの起源ははっきりしないが、この種は南方の薩摩に源をたどることができることからすると、おそらく琉球を経て入って来た中国のパグの血を受けている可能性がある」（筆者訳）と推測している。

パグはチンの近縁種と考えられている室内犬である。第二次アヘン戦争で英仏連合軍が北京に攻め入り、郊外の離宮・円明園を破壊した時、自殺した皇帝の叔母のそばに五匹の犬（パグ）が残されていた。これをイギリス軍が持ち帰った。この北京攻撃の直接のきっかけは清国政府と交渉に当たっていた外交官らが清軍の捕虜になり、拷《ごう》問《もん》を受け虐殺されたことにある。その捕虜の一人がパークスで、拷問に屈せず生き延びた。北京攻撃のイギリス軍司令官はエルギン卿だった。

五匹の犬は戦利品だった。これがのちにイギリスで新しい犬種として固定され、ペキニーズとなる。五匹のうちの一匹はビクトリア女王に献上されたが、この犬には「ルーティ」という露骨な名前がつけられた。あえて日本語に訳すと「戦利品ちゃん」である。この中国宮廷パグの発見が外国人、とりわけイギリス人のチン熱をさらにあおりたてた。チェンバレンはこの五匹の中国宮廷パグのことを念頭に置いて、日本のチンについて書いている。

チェンバレンは東京の帝国大学で日本語（国語学）を教え、自国語のように日本語を話したという。日本の事物についての記述は正確である。チンが「中国のパグの血を受けている可能性」はあるにしても、それもまた一つの説、可能性でしかないことを彼はよく理解している。チンといっても日本にはいろいろなチンがいた。チェンバレンは「今あるようなそのような違いは、ブリーダー（飼育家）がしばしばやるように、ほかの小さな犬を交配させることから起こっているのだろう。なぜならこの品種はあまりに繊細なので、ほかの堅固な血統から補強しなければ、それ自身では幾世代もの間、繁殖させることができない」と述べ、いくつもの品種が生まれる背景を説明している。

●いくつもあったチンの種類

滝沢馬琴は『南総里見八犬伝』の中で「今の小狗に八種あり」と書いている。「小狗」とはチンのことで、馬琴はわざわざ「ちぬ」と読み仮名を振り、その語源は「ちいさいぬ」で、それを略して「ちぬ」となったと述べている。しかし、これも一つの説でしかない。

その八種とは「つまり、ちゃんぱけ、かぶり、小がしら、しかばね、りうきう、さつまたね、まじり」である。馬琴はそのひとつひとつに簡単な説明を加えている。

つまり　毛が詰まって長くない。
ちゃんぱけ　占城《ちゃんぱ》（インドシナ半島の王国名）毛のことだろう。
かぶり　頭の毛が長く垂れて、顔をおおう。
小がしら　頭が小さく、目が大きい。これを上品とする。
しかばね　鹿骨《しかばね》なり。やせて脚が長い。これを下品とする。
りうきう　琉球から来た小狗《ちぬ》なり。
さつまたね　琉球と薩摩の小狗を掛け合わせたもの。耳は垂れない。形は丸い。
まじり　小狗と地犬が交わって生まれたもの。

このほかに紅毛狗（オランダ犬）と交わって生まれたものがある。『南総里見八犬伝』のストーリーとチンの種類は全く関係がないが、小説の中であえて書いたということは、ほんとうのチンはどういう犬なのか疑問に思う読者が多かったということだろう。文筆だけで生計を立てていた馬琴の読者サービスだ。

江戸麹町《こうじまち》の狆医者（姓名不明）が書いた「狆飼養書」（『古事類苑《るいえん》・動物部』所収）には「オランダ物は大きくて見苦しく、薩摩種は地犬のようで形がよくない。江戸で掛け合わせた狆には、上田筋、大島筋、溜屋筋、平松筋、浅草山谷筋などいろいろある。渡来物、京大坂、長崎そのほか各地に狆はいるが、江戸のように小さくて良いものは、ほかにいない」と書いてある。ここでいう「筋」とは「系」といいかえてもいい。チンとはこんな犬だとひと口でいえるほど簡単ではない。

チンの絵はたくさん描かれている。葛飾北斎のチン、写生力では江戸時代随一といっていい渡辺崋山《かざん》が描いたチン、吉原の花魁《おいらん》と一緒に描かれたチン、マネが一八七五年（明治八年）に描いた「ＴＡＭＡ（タマ）」という名の「ジャパニーズ・ドッグ」（ルノアールも同じ犬を描いている）、それぞれに違う。別種の犬のように見える。チンとは何者なのか。江戸時代から謎だった。

●「犻」という字の謎

水戸黄門漫遊記でおなじみの格さんには安積澹泊《あさかたんぱく》というモデルがいた。澹泊十歳の時、清国への抵抗運動を続けていた旧明国《みんこく》の儒学者・朱舜水《しゅしゅんすい》が志を果たせず、日本に亡命した。徳川光圀《みつくに》の招きを受け、水戸藩に身を寄せた朱舜水に澹泊は漢学を学んだ。のちに諸国を遊歴し、水戸藩彰考館《しょうこうかん》の総裁となり、『大日本史』の編纂に携わった。和漢の書に通じた大学者である。晩年、老牛居士《ろうぎゅうこじ》を名乗り、教えを乞う人があれば拒むことがなかったという。

寒川《かんかわ》儀太郎という人物がチンのことを疑問に思い、老牛居士に書簡で尋ねた。寒川は膳所《ぜぜ》藩（滋賀県大津市）の漢学者・寒川辰清《たつきよ》と同一人物と思われる。その返信が喜多村信節《のぶよ》著『嬉遊笑覧《きゆうしょうらん》』に載っている。

薩摩より出で候犬の一種、チンと申し候、正字《せいじ》御尋ねに御座候。すべてかようのこと、心にとめ申さず、一切覚え申さず候。（薩摩から来た犬の一種をチンと呼び、正しい漢字をお尋ねですが、そのようなことはすべて心覚えがなく、一切記憶にありません）

当代随一の学者が「一切覚え申さず候」と言い切る。中国にも日本にも、小型愛玩犬を指すチンという言葉がなかったのである。寒川は「狆」という漢字の正字を尋ねている。「狆」は日本で作られた文字「国字」ではないかと疑っている。澹泊が「一切覚え申さず候」というのは、もともとの漢字にそういう文字はない、と言っているのと同じだ。

諸橋轍次《もろはしてつじ》著『大漢和辞典』を引くと、狆という字があるにはある。「貴州・雲南地方に住む蕃族《ばんぞく》名」と説明がある。ほかに用例はない。使用頻度の少ない、きわめて特殊な文字なのだ。しかも読み方は「チュウ」である。この字を「チン」と読むことはできない。

「蕃族名」と無関係に狆という漢字は日本で作られ、江戸中期には普通に使われるようになった。幕府の文書にも登場する。将軍吉宗の時代、長崎出島の記録『通航一覧』に「享保十年八月四日、阿蘭陀《おらんだ》馬三疋、孔雀《くじゃく》二羽、鷲《わし》二羽、小之青音呼《あおいんこ》鳥、紅音呼《べにいんこ》鳥一羽宛《ずつ》、紅雀四羽、文鳥七羽、狆一疋、中犬三疋、狩犬一疋、長崎に来る」と記されている。長崎に持ち込まれた鳥獣の図（『唐蘭船持渡鳥獣之図』）に「狆犬」「阿蘭陀狆犬」の絵もあるが、鼻先のとがった巻尾の犬で、チンのイメージとはだいぶ違う。当時は幅広く小型の愛玩犬をチンと呼んでいた。

「狆」という言葉が使われ始めても、江戸時代の知識人はなかなかなじめない言葉だったようだ。馬琴が「ちいさいぬ→ちぬ」説を小説中で述べるということは、「ちん」という言葉、「狆」という漢字の成り立ちに疑念を持っていたことの表れでもあった。江戸後期の随筆『傍廂《かたびさし》』には「チンといひて、狆の字をあてたれど非なり」とある。著者の斎藤彦麻呂は独断の説が多い国学者だが、彼も「狆」という言葉に疑問を感じている一人だった。

南方熊楠《みなかたくまぐす》（博物学者）は大正十五年（一九二六年）の『月刊日本及《および》日本人』で「徳川氏以前の書物にチンという語は見えない。支那人はすわれというのを進坐（チンツァ）といい、犬に坐れというのはチンせよという。また賃を与えて（チンに）種々の芸を演ぜしめる。このいずれかから徳川時代にチンと呼び始めたのだろう」（「狆について」要約）と自説を展開した。

戦国武将の大内義隆《よしたか》がチンを飼っていたという話が、確かな事実としてチンの解説書に書かれている。熊楠もそう書いている。出典は江戸中期、香川宣阿《せんあ》著『陰徳太平記』（全八十一巻）である。戦国期、山口にいた大内義隆は戦いに敗れ、七歳の息子新介も逃げる途中、追手に囲まれる。新介が家臣に尋ねる。「桃花犬は敵に討たれてしまっただろうか、私を探しているだろうか」。短い会話をかわしたあと、新介は家臣に首を切り落とされ果てる。「桃花犬」には「チンノイヌ」と仮名が振ってある。結論だけ言うと、『陰徳太平記』は作り話の多い通俗小説で、内容はあてにならない。著者・宣阿の父、正矩《まさのり》は毛利・吉川家《きっかわ》（岩国藩）の家老だった。正矩は中国地方の戦国武将興亡記『陰徳記』（全八十一巻）を著したが、出版を果たさないまま亡くなった。宣阿は父の遺志をついで『陰徳太平記』を出版したと語っているが、巻数は同じでも内容は相当に改ざんされている。父の書いた『陰徳記』には桃花犬の話はまったく出てこない。桃花犬をチンノイヌと読むのは、息子の独断と思われる。

●狆はなぜ「チン」と読むのか

奈良時代にチンに相当する小型犬が大陸から日本に持ち込まれている。それ以前にも天武天皇時代に新羅から「狗」が贈られた記録がある。「狗」とは同じ犬でも小型犬を意味する。貴人たちが小さな愛玩犬を飼うことはかなり古い時代からあった。

太宰春台《だざいしゅんだい》（儒学者）の書といわれる江戸中期の暴露本『三王外記《さんのうがいき》』に、「王は拂林狗を好む」とあって、拂林狗（ふつりんく）にチンと仮名が振ってある。王は五代将軍・綱吉を指す。拂林（菻）狗は、東ローマ帝国（拂菻）から唐の初代皇帝・高祖《こうそ》に贈られた極小犬のこと。高祖が喜んで、「唐に来る時はいつもこの犬を持って来るように」と東ローマの使者に命じた。日本では、拂菻狗こそチンの中のチンと考えられてきた。

村瀬栲亭《こうてい》という儒学者がまとめた辞典『芸苑日渉』（文化四年）には、チンと読みがつけられた犬がほかにもある。

馬鐙狗（ばとうく）馬のあぶみに入るほど小さい。東ローマ帝国産。拂菻狗と同じ。

猧子（かし）楊貴妃の愛犬。康国《こうこく》＝サマルカンド（ウズベキスタン）から贈られた。

波斯狗（ぺるしあく）ペルシア産で、北斉《ほくせい》の南陽王がかわいがった。

羅江犬（らこうけん）唐の太宗《たいそう》皇帝の死後、絶食。皇帝陵のそばに葬られる。

諸橋『大漢和辞典』は獅子狗、哈吧《はぱく》狗（北方の小狗）などもチンだとしている。

チンという言葉の古い用例としては、寛文七年（一六六七年）に北村季吟《きぎん》が編んだ句集『続山井《やまのい》』所載の三河藤川（岡崎）の人、重昌の句があげられる。

珍花《ちんか》とてあひすべいかの犬桜
喜多村信節『嬉遊笑覧』は「珍花はチンを含めり」とこの句について短く記している。句の解釈はけっこう難しい。「珍しい花だから愛しましょうよ犬桜」というのが表の意味。「べいか」は小犬のことで、「べか犬」ともいう。「チンか、それなら愛すべいか、（同じ犬仲間の）犬桜」という言葉遊びの句でもある。寛文十一年（一六七一年）刊の中川喜雲《なかがわきうん》作『私可多咄《しかたばなし》』に白妙という名の矮狗（わいく＝小さな犬）の話が出てくるが、矮狗には「べいか」と仮名が振られている。このころはまだチンという言葉が一般的でなかったことを示唆する。

朕《ちん》は皇帝の一人称である。古代中国、東魏《とうぎ》の孝静帝《こうせいてい》が部下の高澄《こうちょう》の反逆にあい幽閉された。孝静帝は酒をすすめられても飲まない。そこで高澄が悪態をつく。「朕朕《ちんちん》狗脚朕《きゃくちん》」。「朕朕、おまえは小犬の脚の朕だ。（逃げられないぞ）」。喜多村は「落とし噺みたいな話だが、これはチンの名義（語源）ではない。おもしろいので記録しておく」と述べている。

チンの話は最後に私の説をあげて終わりにしたい。チンがなぜチンというかは諸説あるが、チンはやはり「朕」と関係あるのではないか。藤堂明保《あきやす》『学研漢和大字典』の「中」の項に「在野に対する宮中を略していうことば」とある。「中」は宮中を指す隠語としても使われる。「朕」に飼われている犬という意味で、だれかがチンと呼び始め、「狆」という字（国字）を作った。だから本来は「チュウ」と読むべき「狆」を「チン」と読むのではないか。

4　斬られる犬たち

●フォーチュン、「犬の刀傷」に憤る

幕末、日本に来た外国人は刀傷《かたなきず》のある犬をあちこちで見かけた。犬の刀傷は、欧米

でも、インド、東南アジア、中国でも見られない、日本独特の異様な現象だった。「両刀を帯びた武士を別とすれば、犬は日本の都会の唯一のやっかいものだ」とオールコックが言っている。どちらがやっかいかは言うまでもない。武士だ。それも酔っ払って、威張り散らしている武士だ。彼らは「まっ赤なふてぶてしい顔つきをし、足もとをふらつかせながら、武器をもたぬ人びとや犬たちに脅威を与える」。オールコックは町中で背中をめった切りにされた犬やびっこをひいている犬をたくさん見た。

J・スミス（前出、イギリス国教会主教）も刀傷を受けた犬をよく見かけた。「それは大名行列を妨げた折、家臣によって斬られたときの傷であった」と述べている。そういうことがなかったとはいわないが、白昼、大名行列の中の侍が犬を斬って歩いて行くとも思えない。追い払えばすむことだ。犬を斬ったところで刀の汚れにしかならない。大名行列のじゃまをすれば斬られるかもしれないという話がどこかで犬の刀傷と結びつけられたような気がする。

犬の糞と侍がこわくては江戸へ来られぬというのは江戸に来た上方《かみがた》商人の常套句《じょうとうく》である。商人の心意気である。内心どこかで江戸を軽んじている。虚勢でもある。刀は犬を斬る道具ではないはずだが、おかしな奴はいつどこにでもいる。オールコックがいうように酔っ払った武士も危ない。まして世の中の気分は攘夷一辺倒。犬に虚勢を張るような、はねっかえりの武士が出没してておかしくない。
　プラント・ハンター（植物採集家）として来日したフォーチュンは犬の刀傷についても独自の考察を加え、なかなかユニークな見解を披歴している。

（江戸の町では）多くの犬にヤクニンたちの鋭い刀の跡がはっきりと見てとれた。たとえ少数の人々に犬が神聖なものだとみなされているにしても、神聖な感情は普通の人々にひどく虐待されることから犬を守れない。すべてがそのことを示している。半分飢餓状態だったり、いまわしい病気にかかっていたり、あわれな実例に出合うことは珍しくない。そのような動物たちが公共の道路で寛大に扱われていたという事実は、彼らが迷信的感情で見られていたに違いないという確信に導く。（『江戸と北京』筆者訳）

「ヤクニン」が犬を斬ったとする根拠は不明である。その他の部分も解説がないと、わかりにくい。
　イギリス人のフォーチュンは、オランダ人が書いた書物を読んで日本に来ている。彼が見ているのは一八六〇年、万延元年と翌年の江戸である。一方、オランダ人の書物に書かれているのは、その百七十年前、元禄時代の江戸である。その二つを比べているからわかりにくい。「少数の人々に犬が神聖なものだとみなされている」というのは綱吉時代の話であるのに、「オランダ人の書いていることはおかしい。犬が虐待されているではないか」と百七十年後のフォーチュンが憤《いきどお》っている。彼は綱吉の死後、ただちに「生類憐みの令」が廃止されたことを知らない。

●笑い話「生類憐みの令」

前述のオランダ人の書物とは、オランダ長崎商館の医師だったケンペルの『日本誌』である。ケンペルが日本の犬についてどんなことを書いているのか、抜粋しておこう。

長崎の住民には、住民同様に扱われている犬の数も加えるべきかも知れない。もっとも、犬を鄭重《ていちょう》に扱う度合は、他の町とくに他の幕府将軍直轄地ほどではない。往来の到るところに多数の犬が寝そべっていて、馬が通ろうが人が通ろうが退こうともしない。（略）

犬をいじめたり、殺したりすると、死罪に問われる。（略）戌年生まれである現在の将軍が迷信に捉われて、犬を特別に大切にする〈生類憐みの令〉を出したためである。1匹の死犬を埋めるために山に担《かつ》いで上がったある町人が、やり切《なだ》れなくなって将軍の戌年生まれを小声で嘲《あざけ》ったところ、傍にいた人がかれを宥めて口を噤《つぐ》ませ、将軍が午年《うま》生まれでなかったことを天に向かって感謝させ、〈もし午年だったら、犬どころか馬を担いで埋めに行かなければならず、それこそ大変なことじゃないか〉と慰めたという笑い話がある。(『日本誌』今井正訳)

余談を少々。午年の笑い話は面白いが、その内容が綱吉に知れたら大騒動に発展していたことだろう。馬を引き合いに出して綱吉をからかったら大変なことになる。将軍になる前の綱吉は「松平右馬頭《うまのかみ》綱吉」が正式な名だった。「馬」は綱吉を指す隠語だった。『元正間記《げんしょうかんき》』という実録本によれば、町奴《まちやっこ》(町人の侠客《きょうかく》)の唐犬《とうけん》権兵衛が中山勘解由《かげゆ》(火付盗賊改《あらため》)に捕らえられた時、なぜ唐犬という畜生のような名をつけているのか聞かれた。唐犬が答えた。「公方《くぼう》様、館林《たてばやし》におられましたころ右馬頭様と申されました。そのわけを教えていただけたら、唐犬のいわれを申し上げましょう」。『元正間記』はひそかに読まれ、講談のネタ本になった。水戸黄門が綱吉をいさめるため犬の毛皮を将軍に贈ったという話もこの本に書いてある。作り話である。唐犬の尋問も作り話だが、馬が綱吉の隠語だったことは間違いない。元禄七年(一六九四年)に「馬が物を言った」とあらぬ噂を流した罪で浪人・筑紫団右衛門が処刑された。この時の捜査は史上最大規模で、調書を取られた江戸町民の数が信じられないくらいすごい。『徳川十五代史』には「三十五万三千五百八十二人」、『撰要永久録』(お触書の記録)には

「三十五万三千五百八十八人」とある。あおりを受け、馬の後脚がヒヒンと鳴いたという落とし噺《ばなし》を作った落語家・鹿野武左衛門が島流しにあった。馬の話を鹿野が書けば馬鹿になる。

余談をもうひとつ。ケンペルは江戸城を訪れ、将軍綱吉に謁見《えっけん》し、綱吉の要望で歌を歌った。大奥の女もその場にいた。「何の歌か」と綱吉から歌詞の意味を聞かれ、ケンペルは答えた。「将軍とご家族に幸福と泰平と祝福をもたらしますようにと申し上げました」。本当は「その数知れぬ黄金も（幼なじみの）いとしいフロリメーネに比べれば何の価値もない」と歌ったのだという。これも知られたら国外追放ものだったろう。

話は戻る。フォーチュンは犬が「普通の人々によりひどく虐待されている現実」を見た。かつて犬が「公共の道路で寛大に扱われていたという事実」とまったく違っていた。その違いは「迷信的感情」で見ているか、いないか、によるものだという「確信」に導かれる。「迷信的感情」がなくなったから犬が虐待されていると、自分ひとりで「確信」してしまった。おそらく彼は日本人から犬について納得のいく説明を得ることができなかったのだと思う。幕末になっても幕府の役人は外国人から「生類憐みの令」のことを聞かれると、「そんなことは知らない」とか「それはどういうことか」

とかいってとぼけることが多かった。御政道のこと、公方(将軍)さまのことは、批判であろうとなかろうと、口にすることさえはばかられたのである。だから正しい情報は一介の旅行者である彼らには伝わらない。蹴飛ばされたり、刀で斬られたり、あたかも日本中の犬がひどく虐待されているようにフォーチュンは書いているが、そういうことがしばしばあったにしても、多くの犬たちはさまざまな人たちから餌をもらい、道路でごろごろしていた。「公共の道路で寛大に扱われていたという事実」は程度の差こそあれ、幕末でも変わらなかったが、フォーチュンは虐待の事実の方ばかりに目が行った。

日本の犬は中国人や日本人と同じように、西洋人に対して敵意を持ち、愛玩犬(チン)でさえそうだ、というのがフォーチュンの説だった。ケンペルの本を読み、日本はイギリスよりも進んだ動物愛護の国なのかもしれないと期待を抱いて、彼はやって来たのかもしれない。動物愛護がイギリスの国会で問題になり始めたのは十九世紀に入ってからだった。綱吉より百年以上遅れている。イギリスでは一八二二年に牛の虐待禁止法、一八三五年には「馬、牛、ラバ、ロバ、羊、犬とその他の家畜」の虐待禁止法が制定された。フォーチュンが来日したころのイギリスは虐待禁止からさらに進んで、道路や公園に動物のための水飲み場を作る愛護運動が始まっていた。犬の虐待防止の先進国であるはずの日本に来て見れば、なんのことはない、虐待常習国ではないか、という落胆まじりの憤りがフォーチュンにはあったように思う。

●伊藤博文暗殺目撃者の「犬斬り話」

室田《むろた》義文《よしあや》は、伊藤博文がハルビンで暗殺された時、現場にいた人物としてその名を歴史にとどめている。伊藤に同行した時の肩書は貴族院議員。水戸藩出身の元外交官である。下関に本店を置く百十銀行の頭取や北海道炭坑汽船の社長も務めた。

明治四十二年（一九〇九年）十月二十六日、伊藤はハルビン駅ホームでロシア儀仗《ぎじょう》兵《へい》を観閲《かんえつ》している最中に撃たれた。室田の方へよろけてきた伊藤は「やられた」と一言いった。室田は列車の貴賓車に伊藤を連れて行き寝かせた。「もう、いけない」と伊藤がいうので、室田は「私には弾丸の経験があります。死にはしませんよ」と励ましたが、伊藤は「僕の方が（弾丸の）数は多いよ」と応えた。受けた銃弾は三発。医師が駆けつけ手当てをしたが、重傷だった。伊藤は意識を失いかけている。気つけのため、室田がコップにブランデーを入れ伊藤の口元に持っていくと、わずかに頭を上げ、こくりと飲んだ。間もなく昏睡《こんすい》状態となり、銃撃三十分後に死亡。射殺犯としてホームにいた安重根《アンジュングン》が逮捕された。伊藤の致命傷となった銃弾は右肩から腹部の方に向かっており、安以外の別の人物が駅二階の食堂から撃った、と室田は確信した。安が持っていたのは短銃で、伊藤の体内から見つかった銃弾はフランス騎馬銃のものだった。

室田は長生きし、昭和十三年に九十二歳で亡くなった。死後、財団法人常陽明治記念会から出版された『室田義文翁譚』に伊藤暗殺時の話が詳しく載っている。室田が直接語った回顧談ではないが、事件についての室田の見解を示したものだろう。

同じ本の中に、若いころ室田が犬を斬った話が書いてある。水戸浪士らによる井伊大老暗殺事件（桜田門外の変）があって、まだ間もないころのことだ。

小石川伝通院《でんづういん》の近くに新家《しんけ》半之丞という水戸藩士が住んでいた。白という犬を飼っていたが、いつも室田の家の犬にいじめられていた。それが悔しくて、新家はある日、室田の犬を捕まえて麻縄でしばり、棒で殴った上に、白をけしかけて咬ませ、家の前に放り出した。

新家は藩の小姓頭取の家柄である。うかつなことでは手を出せない。室田は知らないふりをして時の過ぎるのを待った。一カ月ほどたった。小石川の藩邸近くの坂道を通りかかった時、前方に新家の白がいるのを見つけた。目を合わさないようにして坂道を上り、犬の横を通り過ぎようとしたその瞬間、脇差しを抜いて斬りつけた。刃先が犬の首元に入ったが、犬は逃げてしまった。太刀は持っていなかった。あと三寸長ければ首を斬り落とせたのに、と室田は残念に思った。

新家は血まみれで家に戻って来た犬を見て、室田の仕業だと思ったが、証拠がない。

いろいろ聞き廻ってみると、犬が斬られたころ問題の坂道を歩いている室田を見た人がいる。「やはりあいつだ」。新家は室田の家に談判にやって来た。室田は「知らない」と言い張る。「知らないものは知らない」とつっぱねる。「坂道を歩いていた」と言われても、「天下の公道、歩いて何が悪い」と言い返す。らちがあかないまま新家は家に帰った。

幕末の水戸藩は佐幕派と勤皇派の血なまぐさい内紛が続いていた。明治元年、戊辰戦争のさなか、当時「諸生党」と呼ばれた水戸の佐幕派が水戸城を襲撃し、三の丸の弘道館を占拠した。犬を斬られた新家半之丞は弘道館で諸生党と戦い戦死。二十三歳だった。犬を斬った室田義文は会津に向かう軍の中にいて、水戸城襲撃の報に引き返し、わずか八人で弘道館に奇襲をかけた。当時二十二歳。この戦いで右肩に銃弾を受けたが、手術が成功し生き延びた。「私には弾丸の経験があります」とハルビンで伊藤博文に言ったのは、そのことである。

自慢にならない犬斬り話が、実話として後世に残ることなどめったにない。室田が伊藤博文暗殺事件の目撃者でなかったら、この犬斬り話も残らなかったに違いない。

●犬死の時代

無駄に死ぬことを犬死《いぬじに》という。幕末は犬死の時代だった。志士の一人が「それは犬死である」といえば、「同じ死ぬのに犬死もなにもあるものか」と別の志士が反論する。そうかと思えばまた別の志士は「犬死が今こそ必要なのだ」と力説する。

犬死の用例をいくつか書き出しておこう。

○幕末、尊王攘夷運動の中心人物だった水戸藩主・徳川斉昭《なりあき》は万延元年（一八六〇年）八月に死去し、棺《ひつぎ》が水戸に送られた。その時、三人の長州藩士が棺のお供をして水戸に下って来た。その一人、「山形某」の言葉を床井《とこい》親徳《ちかのり》という水戸藩士が書きとめている。

「山形は医者にて慷慨《こうがい》、義を好むもの也。（山形はいう）我は元より犬死して国家に報ぜんとす。犬死の人有りて後にこそ生を捨て、義を取者《とるもの》もあるべし。我は犬死を期するもの也」（『秘笈《ひきゅう》日録』）

犬死する者（無駄に死ぬ者）がいるから、そのあと「義」のために命を捨てようという者が出てくる。犬死は決して無駄ではない、というのだ。実際、長州藩や水戸藩では犬死をいとわず、多数の人間が尊王攘夷のために死んでいった。

○明治時代、銀行、製紙、紡績、鉄道その他、多数の会社を興した渋沢栄一は若いころは過激な尊王攘夷家だったが、徳川一橋《ひとつばし》家の用人に日ごろ渋沢の面倒を見てくれる人がいて、心ならずもその人のやっかいになっていた。知人が起こした事件のことで、渋沢について幕府から一橋家に問い合わせがあった。「いつ幕府の為に捕縛されて犬死をしなければならぬか判らぬ。死は怖れぬが犬死は希望すべきことではない」。渋沢の志は幕府転覆にあったが、「節を屈し」捕縛を避けるため、こともあろうに一橋家の家臣となってこの難を逃れた。当主は水戸の徳川斉昭の息子・慶喜《よしのぶ》。のちの十五代徳川将軍だった（『青淵《せいえん》百話』）。

○新撰組の近藤勇、土方歳三は鳥羽伏見の戦いに敗れて東下《とうか》し、甲陽鎮撫《ちんぶ》隊を組織して山梨・勝沼《かつぬま》で官軍と戦い、またも敗走した。近藤は千葉・流山《ながれやま》まで来て切腹を決意したが、ここで土方に止められた。「土方ノ曰ク、此処《ここ》ニ割腹スルハ犬死ナリ」。結局近藤は出頭して刑死、土方は北へ向かい、箱館五稜郭で戦死する。「犬死ナリ」の言葉は新撰組隊士だった近藤芳助の『新撰組往時実戦談書』の中にある。近藤は明治維新後、川村三郎と名前を変え、自分の過去を明らかにしないまま神奈川県会議員、横浜市会議員を務めた（浅田康夫「横浜市会の新選組生き残り―川村三郎」）。

犬死という言葉は、鎌倉時代に書かれた軍記物『保元物語《ほうげんものがたり》』や『平家物語』に出てくる。これが古い。『保元』では、わが子・源義朝《よしとも》のだまし討ちにあった為義《ためよし》が「さては犬死せんずるにこそ」（犬死するのか）と嘆き、『平家』では、源頼朝の軍勢に攻められた木曽義仲が女との別れを惜しみ、部屋から出てこないため、家来から「犬死せさせ給なんず」（犬死してしまいますよ）とせきたてられる。犬死は武士の台頭とともに一種の流行語となったと思われるが、その由来について簡単に私見を述べておきたい。

平安時代、内裏《だいり》ではしばしば犬狩が行われた。史料上、確認できる最も古い犬狩は花山《かざん》天皇（九八四年即位）の即位式の前に行われた。前例にまったくないことなので、側近の蔵人《くろうど》があぜんとしたという（『小右記《しょうゆうき》』）。

次の一条天皇（九八六年即位）は『枕草子』に書かれた翁丸の一件で知られる。犬の翁丸は天皇のかわいがっていた猫を襲ったため、蔵人が打ち懲らした後、島流しにされた。どこに流されたのか、岡山・犬島説など江戸時代からいろいろな議論があったが、国文学者・萩谷朴《はぎたにぼく》が、この当時淀川の中州《なかす》に犬島があったことを示す史料を発見し、この島に犬を島流しにしていた可能性が強まった。

後三条天皇（一〇六八年即位）は、翁丸を追放した一条天皇の孫にあたり、大の犬嫌いだった。この時の犬狩は内裏にとどまらず、京の町から諸国にまで波及して犬が殺され、天皇自身が驚いて中止を命じたという（『古事談』『中外抄』）。

犬狩は天皇の命を受けて、蔵人頭《くろうどのとう》が責任者となって行う。その手順は蔵人の手引書

『侍中群要《じちゅうぐんよう》』に記されている。宮中を警護する近衛府の武官が仰せを受け、蔵人たちが犬の追い立て役となり、宮中警護の滝口《たきぐち》の武士が犬を狩り捕り、別の役所の官人が犬を島に放流する。この作業は犬の抵抗にあい、相当に手こずったようで、のちに「凶暴な犬は胡床《こしょう》（折りたたみ式の椅子）をもって首をはさむ」と規則が付け加えられた。

承徳《じょうとく》二年（一〇九八年）、堀河天皇（一〇八六年即位）の時の犬狩では、蔵人の源家時が文指《ふみさし》（文挾《ふみばさみ》）で犬を激しく打ち、文指を折ってしまった。文指は天皇に文書を差し出す時に使う杖に似た道具で、その晩、あわてて文指を作り直した（『中右記《ちゅうゆうき》』）。このころ犬狩のやり方はだんだん手荒になり、蔵人や武官はみな弓を持っていた。

鎌倉時代の初め、順徳天皇（一二一〇年即位）が書いた『禁秘抄《きんぴしょう》』には「狩り出された犬は所々に待ち構えた滝口の武士が弓で射る」と明記されている。同時に犬狩の規則から「放流」（島流し）の語も消えた。蔵人やその部下にとって犬狩は嫌な仕事だったらしい。わざと遅刻して犬狩に加わる者さえいた。縁の下に入って犬を追い立てる役は下働きにさせるようになった。「弓で射る」というのは犬を殺すということだ。犬死という言葉は内裏での犬狩に起源を持ち、武士の流行語として定着していった、と私は考えている。

武士の世の犬死はさておき、本物の犬死の時代が間もなく始まる。明治新政府が文明開化の一環として「畜犬《ちくけん》規則」を設け、犬を「飼犬」と「無主《むしゅ》の犬」に分け、里犬

（町犬、村犬）の撲殺を始める。日本の犬たちは激変の時代を迎える。

第二章

犬たちの明治維新

1　天皇が自由に犬を飼い始めた時代

●「外国人は犬猫同然」と攘夷派に襲われたパークス

江戸時代の天皇は御所の外にほとんど出なかった。寛永三年（一六二六年）に後水尾《ごみずのお》天皇が二条城に行幸《ぎょうこう》し、将軍徳川家光、大御所秀忠と会って以来、文久三年（一八六三年）に明治天皇の父である孝明《こうめい》天皇が上賀茂・下鴨神社に詣《もう》でるまで、二百数十年も行幸がなかった〈慶安四年〔一六五一年〕に後光明《ごこうみょう》天皇が御所の隣の仙洞院《せんとう》〔仙洞御所〕に父親の後水尾上皇を訪ねたことはある〉。

明治天皇が即位したのは慶応三年（一八六七年）一月九日、満で十四歳の時だった。元号が明治になるのは翌年の九月だから、明治天皇ではなく、正しくは天皇睦仁《むつひと》である。慶応三年十二月九日、朝廷は王政復古を宣言し、同月二十七日、天皇は御所の外に出て薩摩、長州、芸州、土佐四藩の兵士約二千人の調練を観閲《かんえつ》した。御簾《みす》のうちに閉じこもっていては、近代国家の君主たりえない。実在する人間として藩兵の前に姿を現すことが近代的君主としての第一歩だった。明治元年（一八六八年）九月二十日、天皇は京都を出発し、東京（江戸）に行幸した。総勢三千三百人の大行列が二十四日かけて東海道を下った。明治新政府による一大デモンストレーションだった。

東京行幸の半年前、官軍が錦の御旗を押し立て、江戸に向かって進軍していた慶応四年（一八六八年）三月三日、イギリス公使パークスと書記官ミットフォードは京都御所で明治天皇に謁見《えっけん》した。横浜の大火の時、家に戻った犬を焼死させてしまったあのミットフォードである。二人は佐賀藩主・鍋島直大《なおひろ》の案内で謁見の間に入った。天皇は椅子にもたれかかるように座って待っていた。

我々が部屋に入ると、天子は立ち上がって、我々の敬礼に対して礼を返された。彼は当時、輝く目と明るい顔色をした背の高い若者であった。彼の動作には非常に威厳があり、世界中のどの王国よりも何世紀も古い王家の世継ぎにふさわしいものであった。（略）眉は剃られて額の上により高く描かれていた。頬には紅をさし、唇は赤と金に塗られ、歯はお歯黒で染められていた。このように、本来の姿を戯画化した状態で、なお威厳を保つのは並たいていのわざではないが、それでもなお、高貴の血筋を引いていることがありありとうかがわれていた。（ミットフォード『英国外交官の見た幕末維新』長岡祥三訳）

パークスとミットフォードは三日前の二月三十日に、フランス公使、オランダ公使とともに参内《さんだい》し、謁見の予定だったが、参内の途中、パークス一行は二人の攘夷派日本人に襲われた。護衛の武士に負傷者が出たため謁見は中止になり、この日に延期された。天皇から歓迎と遺憾《いかん》の言葉があった。

貴国帝王安全なるや。朕《ちん》之を喜悦《きえつ》す。自今《じこん》両国の交際、ますます親睦、永久不変を希望す。去る三十日貴公使参朝途中、不慮の儀出来《しゅったい》、礼式延引遺憾の至りに候。今日改めて参朝、満足に存じ候。

ささやきに近い声だったという。そばにいた皇族が同じ言葉を声高に繰り返し、それが英語に訳された。通訳はイギリス帰りの伊藤俊輔（博文）だった。

襲撃事件のあと、天皇の使者がすぐに宿舎にやって来て、お見舞いと遺憾の意を伝えた。不意の襲撃でイギリス護衛隊に十数人の負傷者が出たが、パークスはいっさい賠償を要求しなかった。

事件は京都・知恩院を宿所にしていたパークスの行列が御所に向かう途中起きた。槍を持ったイギリス騎馬護衛隊を先頭に、パークスと書記官のアーネスト・サトウ、そのあとに土佐藩士・後藤象二郎《しょうじろう》と薩摩藩士・中井弘蔵（弘《ひろし》）、次にイギリス護衛隊、ミットフォード、さらに千五百人以上の日本人兵士が続いた。行列の先頭が右に曲がり、やや細い道に入ろうとしたところで、抜き身の刀を手にした二人の日本人が襲いかかった。騒ぎに気づいた中井が馬から飛び降り、すぐさま現場に向かい、敵と渡り合った。中井は長袴に足を取られてつまずいたが、すんでのところで身をかわした。そこへ後藤が駆けつけ、飛び起きた中井が首を斬り落とした。もう一人は刀を振るいながらミットフォードの方へやって来た。刀の刃音とピストルの発射音が交錯した。血まみれの男は民家の庭先に逃げ込み、塀をよじ登っているところをミットフォードに引きずり降ろされ、捕まった。殺された犯人は京都・桂村の村医者の息子、捕まったのは奈良・平群《へぐり》の僧侶だった。いずれも過激な攘夷論者だった。ミットフォードは重傷の僧侶に直接尋問し、事件の詳細について本国の「タイムズ」紙に寄稿したが、襲撃の動機は理解しがたいものだった。

襲撃の理由は全くばかげたもので、私たちには理解できなかった。あるフランス士官が言ったことだが、日本には外国人を見ると、牡牛が赤いぼろ切れを見たときのようにいきり立つ一派があるという。百年前に伊勢の神官が、日本の子どもは神であり、他の世界の人々は犬や猫であることを証明した文書を書いたが、その言葉を彼らは信じこんでいるのである。犬や猫が町を、御所を、神聖なる天子のおられる所を汚してよいものか、というのである。（『パークス伝』高梨健吉訳）

外国人を犬か猫のように考える排外主義者はどこにでもいた。彼らの最大の巣窟が京都だった。天皇が「夷狄《いてき》」と会うことなどもってのほかだった。海外の駐日公使と会うことは会ったが、その形式は謁見だった。天皇が会ってやったというのが伝統的復古主義者の考えだった。明治二年夏、英国ビクトリア女王の二男（王子）、エジンバラ公が来日することになった。今度は謁見というわけにはいかない。国賓として迎えるかどうか、議論は分かれた。

●新政府、イギリス王子を「狗吠え」で出迎え

明治新政府（太政官政府）ははじめ京都に置かれ、明治元年九月の東京行幸とともに、東京に移されたが、エジンバラ公来日直前の政府要人の顔ぶれを見ると公家や復古主義者がかなりの数を占めている。イギリス公使パークスは故国に出した手紙（クラレンドン伯宛）の中で「岩倉前首相（岩倉具視《ともみ》、当時太政官政府大納言）と会談したとき、はじめ殿下の歓迎で政府は非常に憂慮した、と彼は語った」（『パークス伝』）と述べている。エジンバラ公を歓迎するにあたって、今から見ればずいぶんと奇妙なことが行われた。お祓《はら》いをしてから天皇に会うことになったのである。復古主義者を納得させるための折衷《せっちゅう》案だった。その準備計画がパークスに伝えられた。

一、殿下の日本到着に先だち、その平安な航海を漢神《カンジン》に祈願する。
二、殿下の横浜上陸に際しては、二十一発の祝砲を打つ。（ママ）儀仗兵《ぎじょうへい》は捧げ銃《つつ》をする。
三、殿下が江戸の宿舎に向って出発する前日に、道路を清掃し修理する。その安全な旅行のために道祖神《どうそじん》に祈願する。
四、殿下の江戸到着予定日に、品川で宗教儀式を行い、すべて悪霊を払う。（略）
五、殿下の宿舎には英国国旗と日本国旗を並べて掲揚する。
六、殿下が宮城《きゅうじょう》の門を入られようとする時、幣《ぬさ》の儀式（お祓い）を行う。
七、第三門、すなわち宮殿玄関の直前の門で殿下は馬車から下り立ち、先触れの声によって静粛をうながす。＝以下略（『パークス伝』高梨健吉訳）

初めに出てくる「漢神」については、原文に注がついている。「カンジン（Kan-jin）、文字通り中国の神。これは朝鮮を通じ中国以外には外国との交際がなかった時代の、きわめて古い儀式の復活である」。この注はパークス自身によるものだろう。「中国の神」と明記されているが、宮中で祭っているカンジンは韓神《からかみ》だから、こちらの方が正しいように思う。カンジンに航海の安全を祈願するのは遣唐使時代以前のやり方だろう。それを復活させた。スーパー復古主義だ。さらに道祖神にお願いし、悪霊払いをし、皇居ではお清めのお祓いをして迎える。最後の「先触れの声」とは「犬の鳴きま

ね」である。『明治天皇紀』には

第三門に入りて下車するや、隼人《はやと》（非《ひ》蔵人《くろうど》奉仕）等吠声《はいせい》を発す。

とある。古代、隼人は九州南部の大隅と薩摩に一大勢力をもつ部族（国）だった。その彼らが犬のように吠えるというのだ。狗吠《いぬぼ》えは狗吠《くはい》ともいう。どういう時にするのか、『延喜式《えんぎしき》』（平安時代）にその詳細が記されている。

①元日の朝廷②即位の時③蕃客《ばんかく》（外国の客）が来た時④天皇が遠出し、国境、山川道路の曲がり角にさしかかった時⑤行幸で宿を発つ時。近くに行幸の時は吠えない

主なものは以上五つである。

エジンバラ公が皇居を訪問した時の狗吠えは「③蕃客が来た時」に相当する。この時の狗吠えを悪霊払いだと解釈している人がいるが、同意できない。お祓いはすでにすんでいる。狗吠えは延喜式にのっとった蕃客出迎えの儀式である。吠え方も決まっている。

左側の隼人が「本声」を発し、右側の隼人がそれを受けて「末声」を発する。これを大声で十回、小声で一回やり、最後に一人が細い声を二回発し終わる。

本声、末声がどういう声なのか、わからないが、隼人の長老である大衣《おおきぬ》隼人が今来《いまき》隼人に吠え方を教えると延喜式に定められている。今来とは、最近九州から来た隼人という意味のようだ。

狗吠えについて、自説を少々述べておきたい。

かつて大唐帝国の辺境の地に狗吠えする強力な国家があった。吐蕃《とばん》（チベット）である。『旧唐書《くとうじょ》』吐蕃伝に次のように書いてある。

挨拶するのには、かならず両手を地につけ、犬の鳴くような声を出し、身をまげて二度礼して終わる。

吐蕃の狗吠えは、唐では有名だった。六三四年、吐蕃は初めて中国に使者を送った。吐蕃の王は唐の皇族を妻に迎えたいと要望し認められたが、結局実現しなかった。これに怒り、吐蕃は現在の四川省に攻め入った。六四一年、唐の太宗《たいそう》皇帝は争いを避け、一族の文成公主《ぶんせいこうしゅ》を妃として吐蕃に送り出した。衝撃的な蕃族への降嫁《こうか》事件だった。

チベットは犬の多いことで有名な国で、歴代のダライ・ラマは子どもの時からチンによく似た小型犬と一緒に育てられ、主権者の座に着くとマスチフのような大型犬が門番の役を務めていた。蔣介石の命を受けて、鎖国中のチベットに入った劉曼卿《りゅうまんけい》という女性は「(チベットの)犬は知らない人間を見ると嚙みついて傷を負わせる」「(ダライ・ラマの)犬も大きいのは、小さな驢馬《ろば》ほどもある」(『西康・西蔵踏査記』)と述べている。明治時代、仏典を求めてチベットに潜入した黄檗《おうばく》宗僧侶・河口慧海《えかい》、真宗大谷派の能海寛《のうみゆたか》も犬にかまれて重傷を負った。古代から近代に至るまで、チベットは犬の国であり続けた。

話を隼人の狗吠えに戻そう。その由来は『日本書紀』の中に書かれているが、この吐蕃の狗吠えを日本の説話の中に取り入れた、というのが私の説である。「大唐帝国と同じように、日本の辺境にも狗吠えの国がある。それが隼人の国である」という物語を創作した人物がいるのだ。『日本書紀』の編纂《へんさん》者である。その編纂を命じた天武天皇に始まり、持統、文武《もんむ》、元明《げんめい》、元正《げんしょう》と続く五代の天皇の意思がそこにある。『日本書紀』神代《かみよ》の「海幸山幸《うみさちやまさち》」説話の中に隼人が狗吠えを始めた理由が詳細に述べられている。

「兄(海幸)の釣針をなくした弟(山幸)は新しい釣針を作って返すが、受け取りを拒絶される。困り果てた山幸は釣針を探すため、海辺で会った老人の助けで竹籠に入って海底に行く。そこで海神《わたつみ》の娘・豊玉姫《とよたまひめ》と出会い、失くした釣針も鯛の口から見つかる。山幸は豊玉姫と結婚してこの世に戻り、海神から授かった潮満珠《しおみちのたま》、潮涸珠《しおひのたま》の威力で兄をこらしめる」

この説話によると、山幸と豊玉姫の孫が神武天皇となり、海幸は南九州（薩摩・大隅）の隼人の祖となった。神武系集団による隼人征服譚《たん》である。いじわるな兄海幸はどうなったか、『日本書紀』は次々と異説を述べて話を展開させる。

一書にいう。「これからはあなたの俳優《わざおぎ》の民となります」。歌舞《かぶ》を演じるというのだ。また一書にいう。「子孫、八十代先までも狗人《いぬひと》になります」。狗吠えするというのだ。また一書にいう。「鼻にふんどしをし、手や顔に赤土を塗り、このように身を汚しました。永遠にあなたの俳優となります」。以後、赤土の色は隼人の色となる。

隼人は呪力《じゅりょく》をもって朝廷に仕えたというのが隼人研究者の有力説である。狗吠えや赤土の色に呪力の存在を見る。果たしてそうなのか、疑問がある。実は赤土を顔に塗るのは吐蕃の人の風習だった。妻に迎えられた文成公主がこの風習を嫌い、吐蕃の王が国中に命令して一時やめさせたと『旧唐書』吐蕃伝に書いてある。唐の都に伝えられた吐蕃の風習が『日本書紀』の神話の中に取り込まれた可能性がきわめて高いといえるだろう。

隼人は、仁徳《にんとく》、履中《りちゅう》、反正《はんぜい》、允恭《いんぎょう》、安康《あんこう》、雄略《ゆうりゃく》天皇と続く、いわゆる倭《わ》の五王

——中国の史書に讃《さん》、珍《ちん》、済《せい》、興《こう》、武《ぶ》と五人の王（天皇）の名が記されたこの時代、武力集団として政権中枢近くにいたと思われる。『日本書紀』にそう読み取れる記述が多々ある。天皇に跡継ぎがなく、敦賀《つるが》から応神天皇の五代孫（継体《けいたい》天皇）が迎え入れられ即位してのち、天皇周辺から隼人の名は消えてしまう。その後、南九州でしばしば反乱を起こした隼人は、律令時代には衛門府《えもんふ》や兵部省の管轄下に入り警備の兵士となる一方で、辺境の民として朝廷の儀式の中に組み込まれていく。文武天皇三年（六九九年）に「種子島、屋久島、奄美大島、徳之島の人々が土地の産物を初めて中国に献上した」（『続日本紀《しょくにほんぎ》』）。ここでいう「中国」とは日本を指す。日本版中華思想である。日本が唐のような大帝国であることを海外に示すためには、隼人をはじめ、服属した辺境の民の存在を必要としたのである。

『日本書紀』は、神功《じんぐう》皇后（応神天皇の母）を邪馬台国の卑弥呼と同一人物であるかのように記述している。卑弥呼は女王国の南にある狗奴国（くなこく、くぬこく）と戦って死んだ。その国こそ隼人の国であり、狗吠えさせるべし、というのが『日本書紀』編纂者、すなわち天皇の意思だった、と私は考えている。

しかし、隼人が朝廷に仕えていたのははるか昔のことだ。エジンバラ公を出迎えるにしても、だれも狗吠えする者がいない。そこで御所に出入りする神職（非蔵人）がその代わりを務めた。「あんなに恥ずかしかったことはない。狗吠えはあの時一度きりでやめになった」と狗吠えした人の回顧談を読んだことがある。何の本だったか調べてみたが、とうとう見つからず、出典不明の確かな回顧談としてここに載せておく。天皇をめぐる前時代の呪縛は少しずつ解かれていく。

●明治天皇、赤坂仮皇居の庭で犬を飼う

明治六年（一八七三年）に皇居（旧西の丸）が炎上し、赤坂離宮（現在の迎賓館、東宮御所）の仮皇居に天皇は移った。東京に来て犬を飼い始めたのはこれ以降のことだ。明治天皇に三十六年間仕えた日野西資博《ひのにしすけひろ》（元侍従）は『明治天皇紀』編纂者の質問に「陛下は犬が御好きで赤坂仮皇居の時分にはたくさんおりましたが、みな御庭で御飼いになっておりました」と答えている（『「明治天皇紀」談話記録集成』）。

犬を庭で飼っていたのは、天皇の居住する建物が狭かったせいでもある。赤坂離宮は旧紀州家中屋敷で、皇居の火災で転居したころは、屋敷の主要な建築物はすでに撤去され、わずかに残った昔のままの建物を仮皇居にあてた。当時女官をしていた下田歌子（歌人、実践女子学園創立者）は「それはそれはお狭いものでございました」と語っている。皇后の部屋でさえ十畳一間だった。ただ庭は広大だった。うっそうと木が茂り、夏には蟬の声で天皇の声が聞き取れないほどだった。

あれ（蟬）も露の命でたちまち死んでしまうそうだ。思うだけ鳴かせておけよ。声が聞こえなければもう少し中の方に入って、話を聞こうではないかとおっしゃいました。

歌子が恐れ入っていると、すぐに天皇が歌を詠んだ。

人ことのしげさ聞くにはまさりけり軒端《のきは》にすだく蟬のもろ声

「しげさ」は「繁さ」。いろいろわずらわしいことをいう。

「いくら蟬の声はやかましくても何も一向害にはならぬ、けれども人の悪いことをやかましく言うのは、これは害になるからそれはやめねばならぬ、こういう御歌で、誠にどうも有難いことです」（下田歌子「月の夜光」『明治天皇聖徳奉頌《ほうしょう》講演集』）

このころ犬の世話は女官がやっていたが、ある時、下田歌子が右手を犬にかまれ、軽いけがをした。以来、天皇は女官に犬の世話をさせるのをやめさせた（高桑駒吉『明治大帝』）。

広大な庭に外国から贈られた犬や献上された犬を放していた。

明治天皇御製《ぎょせい》――

きのふけふ庭に放ちし犬の子の人なれゆくもあはれなりけり（明治十六年）

庭に放した犬の子が人に慣れていく。その様子を興味深く天皇は見つめている。明治十七年ごろにはオーストリア皇帝から二匹の犬が贈られた。オスは「ゼーロ」、メスは「ミーロ」と名付けられ、仮皇居の庭で飼われた。しばらくして「ゼーロ」は病気になり、獣医が手当てをしたが、亡くなってしまった（『明治天皇御逸事』）。

赤坂仮皇居時代には、天皇の仁慈《じんじ》（いつくしみの心）は禽獣にまで及ぶという「伝説」がすでに出来上がっていた。明治九年（一八七六年）六月、東北巡幸の折、日光・中禅寺湖畔で村民から生きた大鹿が献上された。天皇は下賜《かし》品を与え、村人を返したあと、侍従に「鹿は放してやりなさい」と命じた。巡幸に供奉《ぐぶ》していた土方久元《ひじかたひさもと》（元土佐藩士、伯爵）は感激して「更見深仁及麋鹿」（更に見る深き仁の麋鹿《びろく》〈大きな鹿〉に及ぶを）と漢詩に詠んだ（『明治天皇聖徳録』『仰ぎまつる明治天皇の御聖徳』『明治聖代志』『明治天皇史』ほか）。

古来、聖帝の徳は鳥や獣にまで及ぶといわれてきた。生き物の命を慮《おもんぱか》るその姿こそ、聖帝のあかしだとされた。

仮皇居の空井戸に野生のタヌキが落ちたことがある。「助けなさい」と天皇にいわれた侍従が井戸の底に入るのをためらった。「タヌキが生きているのだから人が入れないはずがない」。天皇の言葉に侍従が重い腰を上げ、助け出した。そのタヌキも飼育したが、二カ月ほどで死んだ。

ウナギやコイは蓋つきの桶に入れられ、ウズラのような鳥は籠に入れられ献上された。天覧のあと、天皇はこれらの献上品を食べようとはしなかった。魚は池に、鳥は庭に放させた。その話を聞いて副島種臣《そえじまたねおみ》（元佐賀藩士・参議・外務卿）が「恩、禽獣に及ぶとはこのことか」と涙を流した（『明治天皇の聖徳』）。副島は征韓論に敗れて下野《げや》したが、明治十二年に天皇の侍講《じこう》に呼ばれ、十九年まで務めた。

ところが、ここで問題が起きた。献上された生き物を庭に放つのはいいが、池が魚であふれてしまったのだ。元薩摩藩士で、西郷隆盛の盟友だった吉井友実《ともざね》は天皇の側近として長年仕え、宮内大輔《だいふ》を務めた。天皇の信頼も厚く、吉井が意見を述べることになった。「陛下の恩沢は禽獣に及ぶとは申しますが、ひるがえって考えますと、献上した者の心は、新鮮な魚鳥を召し上がっていただきたいということにあります。禽獣への御愛憐《あいれん》が過ぎますと、献上者の誠意を入れられなかったことにもなってしまいます。これでは大君《おおぎみ》の御度量とは思えません」。天皇は微笑して「今後は食膳に上らせて臣下の誠意を味わいましょう」と答えた（坂本辰之助『明治天皇』）。

禽獣をめぐるそれぞれの話は事実だったに違いない。しかし、逸話として語り継がれ、書き継がれていくうちに、これらの逸話は現実と微妙な食い違いを見せ始める。天皇は皇居吹上御苑や赤坂仮皇居に兎《うさぎ》や鹿を放し、狩を楽しみ始めたである。

●君主のたしなみとして仮皇居で兎狩

明治四年（一八七一年）十二月、宮中における肉食の禁が廃止された。

明治天皇は十九歳まで肉食（獣肉食）をしなかった。狩もしなかった。献上された魚や鳥を放すことは、天皇としては自然な行為だった。ふだんの食膳には魚や鳥の煮付け、照り焼き、塩焼きが並んでいたが、肉食解禁で牛羊に始まり、豚、鹿、猪、兎も少しずつ食べ始めた。「近代国家の君主」であるために肉食は避けて通れない道だった。刺身はいつまでも食べなかった。西洋の王侯貴族も刺身は食べないから、これには何の問題もなかった。

天皇はすんなりと肉食を始めたわけではない。大久保利通が「日本人は肉食をし、牛乳を飲み、卵を食わぬから知恵も出ない、長命もしない、発明もできない」と天皇に申し上げた時、天皇は「よくわかったが、よく考えてみよ。弘法大師のような僧侶たちは（肉食をする）破戒僧ではなかった。肉を食わなくても千載《せんざい》に残る自分の抱負を実行できた。欧米とは気候、人種、風土の違いもある。よく内外の状態を調査してやるように」とお沙汰があったという（千葉胤明《たねあき》「聖訓一斑」『明治天皇聖徳奉頌講演集』）。

天皇が実際に初めて牛肉を食べたのは明治五年一月二十四日だった。肉食の禁が解かれたことによって、「仁慈、禽獣に及ぶ聖帝」であることとの乖離《かいり》は大きくなっていく。

狩は西洋王侯貴族のたしなみである。明治天皇が狩を楽しみ始めたのは明治十三年（一八八〇年）のことだ。『明治天皇紀』によると、この年の十二月十六日、吹上御苑（現皇居）で近衛諸兵の演習のあと、鹿狩の対抗競争が行われた。近衛隊士官、兵卒三十人が「赤隊」、宮内省の侍従、馭者《ぎょしゃ》ら三十人が「白隊」になり、二頭の牡鹿を馬場に放し、どちらが早く鹿に綱をかけるか競った。

同二十五日には赤坂仮皇居で近衛兵の操練天覧のあと、野兎を放し、近衛兵に追わせた。終わって将校、兵卒にぶどう酒、みかんジュース、菓子を賜《たまわ》った。翌明治十四年一月十六日には外苑（神宮外苑）で近衛兵の兎狩を天覧し、捕獲者十五人にメリヤス肌着、ハンカチーフ、近衛将校四十数人にみかん六十五箱を賜った。兎はこの日の膳に供せられた。

それからしばらくたって、ちょっとした事件が起きた。近衛隊歩兵少佐の比志島義輝《ひしじまよしてる》（元薩摩藩士、のち陸軍中将）が御所警備当番として仮皇居に行った時のことだ。侍従に「これから兎狩をします。兵を出して下さい」といわれた。比志島が「ここにいる兵は御所の守衛に来ております。ほかの任務につかせることはできません」と断ると、侍従は「これまでほかの将校はだれでも出しています」と気色《けしき》ばんだ。「他人のことは知りません。御兎狩に兵を出すことはできません」と重ねて断った。すると侍従は「それならばよろしい。そのままお上《かみ》に申し上げる」といって奥に消えた。しばらくして、「きょうの御兎狩はお取りやめになりました」と連絡がきた。なにかおとがめがあるのかと思い、待っているところへ山岡鉄太郎（鉄舟、当時宮内大書記官）が現れ、「君の言葉で、お上は兎狩をお取りやめ遊ばされた。じつによく言ってくれた」と感謝された。その夜、比志島は侍従を通じて天皇からお菓子を賜った（児玉四郎『明治天皇の御杖』、渡辺幾治郎『明治天皇の聖徳・重臣』）。

比志島の一件があってから赤坂仮皇居での兎狩は一度も行われなかったが、明治天皇が狩をやめたわけではなかった。今度は西洋の王侯のように外に出て狩を始めたのである。

二月六日、上馬《かみうま》（世田谷区）に行幸、兎狩を行った。東伏見宮、伏見宮、北白川宮を従え、狩場で下馬。侍従や近衛将校その他の配置について自ら指示した。天皇に供奉するもの五人、追い立て役の勢子《せこ》が七組総勢三十七人、網を張って待ち構える網掛け二組各十人。午前中に兎が一羽捕獲されたが、午後は収穫がなかった。ほかに狸が一匹捕まった。

●天皇の兎狩と西郷の死

近代国家の君首として、狩はたしなみの一つではあったが、無理に範を西洋に求める必要もない。日本に西郷隆盛という良き先達《せんだつ》がいた。西郷は鹿児島でも東京でも、いつも犬を連れて狩に出かけた。なぜ明治十三年の時点で、明治天皇は狩を始めたのだろうか。西南戦争で自刃《じじん》した西郷に対する哀惜《あいせき》の念が、天皇に狩を始めさせた気がする。西郷の死から天皇の狩に至るまでの三年間は、天皇自身が心の整理に必要な時間だったように思える。

西郷が鹿児島・城山《しろやま》で死んだのは明治十年九月二十四日だった。その翌日、天皇は皇后や女官に「西郷隆盛」という題で歌を詠《えい》じさせた。ただし、と天皇が条件をつけた。「西郷の罪科をそしらないで詠ぜよ。今回の暴挙のみを論ずる時は維新の大功を覆うことになるから注意せよ」(『明治天皇紀』『明治天皇の聖徳・重臣』)。天皇の仰せによって、賊徒の死を悼む歌を詠むのは異例だった。その時に皇后が詠じた歌——

薩摩潟しつみし波の浅からぬ
はしめの違い末のあわれさ

薩摩潟に沈んでいった波は浅くはなかった。初めの少しの食い違いが最後にあのような哀れな結末になってしまった。

天皇の心情をよく反映した歌だったろうと思う。

西郷は文政十年（一八二七年）生まれ。数え五十一歳（満四十九歳）で亡くなった。明治天皇は嘉永五年（一八五二年）生まれ、二十五歳年下である。親子ほど年の離れていた二人は信頼関係で結ばれていた。明治四年十二月、西郷は鹿児島の叔父宛の手紙の中で「主上《おかみ》（天皇）は英邁《えいまい》の御質にて至極御壮健。天気さえ良ければ毎日馬に乗る。政府、諸省の長官を召し、御政事の得失を討論し、かつ御研究遊ばされる。変革中の一大好事《こうじ》はこの御身辺のことです。全く尊大の風習は散じてしまい、君臣水魚の交わりに立ち至り申すべきことと存じ奉り候」（要約）と述べている。明治六年四月、のちに習志野原と天皇から命名された千葉・大和田村の大演習に近衛兵を引き連れて行幸した時、大雨の中、天皇の寝所となった野営地のテントの外で寝ずの番をしていたのが西郷だった。

明治六年は征韓論で政府が揺れた年だった。征韓論は明治新政府が対馬藩を通じて朝鮮に送った国書を朝鮮国王が受け取り拒否したことに始まる。当時の朝鮮は強硬な排外鎖国主義者の大院君《だいいんくん》（国王の父）が実権を握っていた。朝鮮は開国した日本を「無法の国」と呼んだ。「洋夷」の武力の前に節を屈したと日本を侮蔑した。断髪し、洋服姿になった日本人はもはや日本人ではないとし、釜山《プサン》の日本施設・倭館《わかん》での商取引も停止した。参議（閣僚）の板垣退助（土佐）、江藤新平（佐賀）は即時出兵を主張したが、西郷は「断然使節を先に立てるべきだ。私をその使節として遣わしてほしい。死するくらいのことはできる」と述べた。

八月十七日の閣議で、西郷の派遣が認められ、翌日箱根にいた明治天皇に太政大臣三条実美《さねとみ》が奏上《そうじょう》し、勅許《ちょっきょ》を得た。西郷は大いに喜び「生涯の愉快、此事に御座候」と板垣宛の手紙に書いている。ただし勅許には訪欧中の岩倉具視が帰国後、熟慮ののち行くようにと沙汰が付け加えられた。岩倉帰国後の閣議はもつれ、最終的に十月二十四日、天皇の裁決が出て使節派遣は中止となった。そして西郷は下野《げや》し、鹿児島に戻った。

『明治天皇紀』明治六年十二月三十一日の項に「この年、天皇酒をたしなみ、時にその量を過ぎることがあった」と記されている。十二月の初めごろ、ドイツ人医師、ホフマンの忠告を受け入れ、「日々晩餐《ばんさん》に取らせらる、和酒を葡萄《ぶどう》酒に改め、かつ一瓶」に減らした。

征韓論争と西郷派遣勅許、それに続く西郷、板垣、江藤、副島、後藤（象二郎）の参議辞職。中でも西郷が鹿児島に去ったことのショックは相当に大きかったと推察される。

征韓論争のさなか西郷の体調はすぐれなかった。肩や胸が痛んだ。明治六年六月六日、天皇は西郷のもとに医師ホフマンを送り込んだ。このころ西郷は渋谷・金王町《こんのう》にある弟・西郷従道《つぐみち》の別宅に住んでいた。現在の青山学院の西側から渋谷警察署裏手のあたり、広さは二万坪あった。ホフマンの見立てでは「中風」だったが、肥りすぎで血の巡りがよくない西郷に下剤を処方した。「一日に五六度づゝもくだし候」と鹿児島の叔父宛の手紙にある。これが効いて朝夕、犬を連れて兎狩に出られるほどまで回復した。[注2]

天皇には、西郷を死なせてしまったという悔悟《かいご》の念があったように思われる。西南戦争が終わって三年、天皇はひそかに、西郷と同じことをやってみようと思ったのではないか。兎狩をすることによって、西郷の人生の一部を追体験しようとしたのではないか。明治天皇の心の奥底にいる西郷隆盛の姿を見落とすと、突然兎狩に熱中し始めた天皇の心の動きの肝心な部分を見失ってしまう気がする。

初めて野外での兎狩に出た明治十四年（一八八一年）二月六日、天皇は午前八時四

注2　西郷の病気は、蚊が媒介する寄生虫病、フィラリアによる陰のう水腫だったと考えられている。当時はフィラリア研究が始まったばかりで、どういう病気なのか解明されていなかった。象皮病《ぞうひ》も同じフィラリアによる病気で、日本では明治九年にドイツ人医師・ベルツが患者血液中のミクロフィラリアを確認した。フィラリアの特効薬エバーメクチン（アベルメクチン）を発見、開発した大村智は二〇一五年にノーベル生理学・医学賞を受賞した。

十分に仮皇居（赤坂離宮）を馬に乗って出発、午前十時に三軒茶屋（世田谷区）に着いた。午前九時ごろ、かつて西郷がホフマンの治療を受けた屋敷の前を通った計算になる。天皇が西郷のことを思わないはずがない。

●多摩での大規模な狩行幸

明治十四年二月、天皇は本格的な狩をするため、多摩に行幸した。侍従が下見し、行在所《あんざいしょ》（宿所）を定め、勢子の手配をした。侍従が勢子を務めることもあった。この狩の様子は当時の侍従長・山口正定《まささだ》の日記（「野鶴亭日乗」）に詳しいので、要約しておく。日記は児玉四郎著『明治天皇の御杖』（昭和五年刊）の付録として掲載されている。天皇は世田谷・上馬兎狩行幸の翌日、本格的な狩旅行をするための下見を侍従長に命じている。

七日　晴
明八日より八王子辺へ狩場見分として出張仰せつけられる。
八日　美晴
午前六時、参朝。八王子に向う。連光寺村（多摩市）で兎狩の場所を見分す。日暮れ八王子着。

九日　晴
高尾山《たかおさん》付近の兎狩連山跋渉《ばっしょう》。土地の猟師の話では、猪二頭、子六匹を連れて歩いていた。狩すれば、必ず一、二頭獲《と》れるだろうとのこと。喜び躍る。青梅《おうめ》に宿す。
十日　晴　春暖
青梅から山に入る。猪兎ともに不猟とのこと。所沢に投宿す。
注＝天皇はこの日、吹上御苑で「近衛隊練兵天覧及び兎狩天覧」。
十一日　晴
午後二時帰京。直ちに参朝。
十二日　晴
参朝、拝謁。猪・兎狩の見込を言上《ごんじょう》。龍顔《りゅうがん》（天皇の顔）ことに麗《うるわ》しく、即時に来たる十八日東京御発輦《ごはつれん》（出発）、八王子辺へ猪狩、と行幸仰せ出だされたり。

山口侍従長の報告を聞いて明治天皇は大変喜んだ。即断即決で狩に行く日を決めた。この日記には書かれていないが、十日に天皇は皇居吹上御苑で近衛隊の練兵と兎狩を天覧している。いよいよ実際に山野に出向き、野生動物の狩を体験できる。天皇は狩行幸を心底楽しみにしていたようだ。

十五日　晴

午後、吹上禁苑に行く。本日御買上げの猟銃打ち試ししたるに、十に九は命中せり。

「御買上げの猟銃」とあるからには、天皇が購入したものだろう。試し撃ちは山口侍従長が行った。このころ天皇はもっぱら狩を見て楽しんでいたが、猟銃を購入したことから考えると、自ら銃を手にして撃ったのかもしれない。天皇が狩をして鳥獣の命を奪うことに、周辺にはばかりがあり、公表されなかっただけではないか。明治四十四年に東伏見宮が天皇の名代《みょうだい》として英国王の戴冠《たいかん》式に参列した時、同行した東郷平八郎（海軍大将・元帥）は天皇から猟銃の購入を仰せつけられ、帰国後、雉打ち銃一丁と猪打ち銃一丁を奉呈《ほうてい》した。天皇はその銃の精巧なことに感じ入ったという（『明治天皇御逸事』）。

十六日　飛雪紛々

（先発隊として）連光寺村（多摩市）に至り、雪山を踏んで兎を猟す。日暮れまでに兎六匹獲たり。

注＝連光寺村での案内役・富沢政恕《まさひろ》の日記『向岡《むかいのおか》行幸記』によると、兎狩に出た地元民は五十数人。この日の賞与として総額で九円五十銭が下付された。捕獲した兎のうち無傷の五匹は天覧のため、ただちに赤坂仮皇居に運ばれた。

十七日は狩の準備。十八日には伏見宮ほか皇族、政府要人が一足早く現地入り。猪が一頭仕留められ、夜、みんなで腸を煮て酒を飲んだ。翌日が狩天覧の日である。

十九日　快晴
北白川宮、山縣《やまがた》（有朋《ありとも》）参議など来る。猪子連れ八匹、山奥にあり。三匹討ち止める。
注＝天皇は宇津貫《うつぬき》村御殿峠《ごてんとうげ》（八王子市）で兎狩を見る。狩りたてられ、逃げてきた兎一匹、山岡鉄舟が抱き留め、天覧に供した。この兎は宮中で飼育された。

二十日　微雪
猟師七十五人にそれぞれ賞与金を施す。夜、府中の行在所に至る。聖上、ことのほか御満悦にて、酒肴《しゅこう》を拝領する。猪狩の始末を言上する。兎狩の聖談を拝聴する。
注＝天皇は連光寺村で兎狩。地元の村々から百五十数名が狩の奉仕に出た。五羽捕獲。案内人の富沢に金三十円、総計で七十八円が賞与として下賜された。

よほど気分爽快だったのだろう、一週間ほどして天皇から再び侍従に八王子へ兎狩出張の仰せがあった。侍従長の山口は「過日の狩で麦畑を踏み荒らし、重ねて兎狩に行くとなれば世評もどうか心配になります」と言上し、天皇も思いとどまったという。

侍従長は世評を気にかけている。天皇の意思とは関係なく、世間に流布し始めた「仁慈、禽獣に及ぶ聖帝」像とのギャップはさらに広がっていく。

●現明治神宮にあった天皇の猟犬飼育場

明治十四年（一八八一年）、御遊猟場掛《かかり》が置かれ、翌年、連光寺村一帯は御遊猟場に指定された。十五年と十七年にも天皇は府中に行幸し、連光寺村で兎狩をしている。何か思うところがあったのか、その後は山野での狩行幸の記録がない。この時期、浜離宮と新宿御苑に鴨池が開設され、鷹匠《たかじょう》を置いた。十七年一月に浜離宮に行幸し、鴨猟天覧の記録がある。

ところで多摩に兎狩・猪狩行幸に出た時、赤坂仮皇居には猟犬が何頭かいたはずなのに、なぜ連れて行かなかったのか。推測ではあるが、その理由はだいたい察しがつく。猟犬を猟で使うには、調教・訓練をしなければならない。猟犬が喧嘩をしたり、獲物を勝手に追い散らかしたり、食ったりしたのでは使い物にならない。連れて行かなかったのは猟に使える犬がいなかったせいだろう。

現在明治神宮がある場所は、江戸時代は井伊家の下屋敷だった。廃藩置県後は代々木御料地となった。明治二十年、ここに天皇の犬飼育場が作られた。二十一年、御遊猟場掛は狩と猟場を管理する主猟局となり、二十六年には猟犬の飼育を担当する「御手元犬飼養《いぬかいやしないかた》方」が設けられた。「御手元」というのは「天皇の手元」という意味で、猟犬が天皇の飼犬であることを意味している。初代の「御手元犬飼養方嘱託」は主馬《しゅめ》局の馬医・寺田三郎が務めた。犬飼育の専門家ではない。犬の病気治療が目的だったのだろう。

坂本辰之助著『皇室及皇族』（明治四十二年刊）には「陛下はまたことのほか、猟犬について御趣味をもたせられ、明治二十年、特に思し召しをもって、代々木なる二十五万坪の御料地に猟犬の飼育場を設けられたほどで、年々若干の猟犬を出している。現今の飼方役なる溝口幹知《みきとも》の談によると、明治三十四年以降すでに七十六頭を飼育したが、そのうち二十三頭は御用に立つものであった」と記されている。

飼方役（御猟犬犬舎《けんしゃ》主任）の溝口は猟犬飼育の専門家である。代々木御料地の犬飼育場は、内々では「犬舎」と呼ばれていた。間もなく天皇は赤坂仮皇居から皇居新宮殿に移る。その前に仮皇居内の猟犬をどこかに移す必要があったのだと思われる。犬舎には、六百円で買い上げたフランスの猟犬もいたが、多くは献上、贈呈された犬だった。フランスのほかイギリス、ロシア産のセッター、ポインターなどが一頭ずつ檻に入れられ、溝口が調教管理した。このころの犬は寄生虫病や皮膚病にかかるものが多く、病気になると、一匹一匹病状について上申し、侍従が見回りに来ることもあったという。イギリスの動物園長から贈られた雄のブルドックはドイツのビスマルクに顔が似ているので、ビスと名前がつけられた。天皇のそばに仕える出仕の子どもたちも、たいていは天皇があだ名をつけたというから、多分ビスも天皇の命名だろう。

天皇がだれかに犬を下賜したことがある。その時の御製――

おくらせし人よりさきに人の家にやりたる犬はかへりきにけり（明治三十七年）

人に犬をあげることになって、犬を連れて行かせたが、人が戻って来るよりも犬の方が早く戻って来てしまった。これだけすばやく戻って来るのは座敷犬ではない。よく調教された猟犬だったと思われる。

代々木御料地の猟犬は明治四十年代に入ると、分散飼育されたらしい。雑誌『銃猟界』（明治四十五年五月号）掲載の「御猟犬　馴養談《じゅんよう》」で、溝口は「新宿御苑内に雉狩の犬、千葉の御料牧場に兎狩の犬、伊豆の天城《あまぎ》・京都の雲が畑《はた》に猪狩の犬を飼っている。新宿御苑内の猟犬舎には雉専門の猟犬が九頭いる。その多くは後藤（新平）男爵、中村（是公《これきみ》）満鉄総裁らが献上したドイツのポインター、イギリス・アイルランドのセッターです」と語っている。この時の溝口の肩書は「新宿御苑犬養人《いぬかいびと》」だった。

●新宮殿の「表」の犬と「奥」の犬

明治二十二年（一八八九年）、天皇は竣工《しゅんこう》した新宮殿（明治宮殿）に赤坂仮皇居から移った。皇居は「表」と「奥」に分かれている。「表」は天皇の公的空間である。「奥」は天皇の私的空間である。日常の執務は「表」の「常御殿御学問所《つねのごてん》」で行う。その学問所の庭に「御犬除角柵《おいぬよけかくさく》」が設けられた。工事概算書（宮内省文書）に「御犬」と明記してあるから「天皇の犬」のための設備であることがわかる。「表」の庭で飼っている犬が座敷に上がったり、縁の下から出て行ったりするのを防ぐためのものだろう。両開きの出入口が四カ所に設けられ、工事費は概算三百七十八円余だった（『東京市史稿・皇城篇』）。

「奥」と「表」は杉戸と長い廊下で隔てられている。「奥」の庭にも別の犬がいた。「皇后宮常御殿」に面した中坪（中庭）の「御犬溜り」の周囲に木戸門のついた塀や角柵が設けられた。工事費概算は九百四十一円余だった。警視庁巡査の月給が六円から十円、大警視（警視総監）、東京府知事の月給が三百五十円の時代である。

元典侍《てんじ》（女官）の小倉文子《おぐらふみこ》は「中庭にも大庭にもたくさん御犬がおりましたが、（明治天皇の）崩御前にたいてい亡くなりました」と述べている。

新宮殿では座敷犬も飼った。

明治二十七、二十八年に日清戦争があった。戦いに敗れ、責任を取って自殺した清国北洋艦隊の提督・丁汝昌《ていじょしょう》の飼っていた犬が天皇に献上された。順という名前がつけられた。遼東半島の軍港・旅順の順である。天皇は毎日午前十時ごろ「表」に出て、執務を始め、昼食時にいったん「奥」へ戻り、その後また「表」に出て、書類を見たり、報告を聞いたりした。天皇は急用があった時のため、用事のあるなしにかかわらず午後七時半までは「表」にいて、それから「奥」に帰った。順の世話は侍従がしているが、天皇が「表」にいる間、順もずっとそばにいて、かわいがられた。日清戦争の始まった年、九歳で出仕した石山基陽《もとあき》は「敵将ながら武人の鑑である丁提督の愛育した犬であるということが余程御意《ぎょい》に召されたのではなかったでしょうか」と述べている。

同時期、「奥」にはボンというテリアがいた。この犬は「表」には出てこない。二匹の犬はまったく没交渉だった。「奥」と「表」は世界が違った。

坊城俊良《ぼうじょうとしなが》（元侍従）は明治三十五年、数え十歳の時、侍従職出仕として天皇に仕え始めたが、その時すでにボンがいた。皇居の中は天皇を中心に動いている。ボンはそのことを知っていて、自分まで偉いような気になっている。坊城のような出仕の子どもは何人かいて、普段は「奥」と「表」の連絡係をしていた。ボンはいつも天皇のそばにいて、用事があって子どもが奥に行くと、退出する時に必ずワンワンいって追いかけて来る。ボンは飼主である天皇に対する独占欲が強かったのだろう。子どもはボンにとってライバルなのだ。子どもが気づかれないようにそっと退出しようとしても、犬は飛び出して来て吠える。「奥」と「表」の間の杉戸を閉めても、足音が消えるまで吠え続けていた。「陛下は一度も犬を叱って下さったことはない」とこの時期、出仕していた園池公致《そのいけきんゆき》（のち白樺派小説家）が述懐している。明治天皇は愛犬家ではあるが、犬のしつけはさっぱりだったようだ。

明治三十六年、大阪で内国勧業博覧会があった時、天皇が皇居を留守にした。坊城ほか出仕の子どもたちが「お留守の間に少しかたきをとってやろう」と「奥」へ入っていくと、ボンは尻尾を巻いて恭順の意を表す。いじめるわけにもいかず、頭を撫でて「次からは吠えるなよ」と教えさとしてやった。ところが天皇が帰ると、ボンはまた威張りだし、前よりもかえって吠える。その後も留守のたびに同じことをやってみたが、留守中はおとなしく、帰って来るとまた威張りだす。その繰り返しだった。ボンは十年ほど天皇のそばで暮らし、死亡した。一説には、あまりうるさいので皇后の意見を入れて外に出したともいう。

ボンがいなくなって、少し犬の飼い方が変わった。次の犬は「表」で寝泊まりし、午後三時ごろ、そばに来るよう呼ばれた。犬はその時間を覚えていて、呼ばれると廊下を飛んで行った。天皇のわきに置いてあった座布団にちょこんと座り、かわいらしかったと坊城は語っている。この犬は伏見宮が渡欧した時にお土産に持ち帰り、天皇に贈った犬で、名前を花といった。花は「奥」にも出入りした。

このころ「奥」には六という犬もいた。「二匹ともたいそう利口な御犬でありました」と元典侍・小倉文子が回想している。

(六は)夜分九時ごろになりますと、御道具掛の女嬬《にょじゅ》(下位の女官)へとお預けになりますが、その退出時刻などもよく存じておりまして、その時刻がまいりますと、聖上《おかみ》にご挨拶をして、自分から部屋の方へスタ〳〵と歩いていきます。翌朝、女嬬に連れられてまいりますと、いきなり聖上のお傍へと走って行き、うれしそうに御膝の上の所へ手をかけて、牛乳を召し上がっていらせらる聖上に、おすそわけをお願いします。聖上はこのご遠慮のない振舞いを、にこ〳〵ご覧になりながら、別の御器に御分け与えになるのでした。(「雪の日、雲の空」『明治大帝』)

六は天皇崩御の翌年亡くなった。花は皇太后の飼犬となり、皇太后崩御のあとは小倉文子が頂戴し、大正六年に亡くなった。

●千年続いた「六畜の穢」の束縛からの解放

神武天皇が実在したかどうかの議論はさておき、神武以来、最もたくさんの犬を飼った天皇は明治天皇だったように思われる。古代律令制の時代には、主鷹司《しゅようし》という役所があって鷹狩に使う犬を飼っていたが、それらは天皇個人の飼犬というよりも、役所の飼犬だった。

奈良時代、聖武天皇のころは天下国家の安寧《あんねい》、飢饉《ききん》や洪水の鎮静、肉親の健康回復などを祈って次々と生き物を放した。仏教の影響である。歴代の天皇は何度も放生《ほうじょう》の詔《みことのり》を出している。聖武の前の元正《げんしょう》天皇が養老五年（七二一年）に出した詔には「およそ天子の座につき、世の中に臨めば、仁は動植物に及び、恩は鳥獣もこうむる。聖帝周公《しゅうこう》や孔子は仁愛を優先し、老子や釈迦は深く殺生を禁じる。よろしく鷹司の鷹と犬、大膳職《だいぜんしき》の鵜、諸国の鶏猪《けいちょ》を放すべし」とある。犬も放生した。天皇が犬を飼うことは難しい時代だった。

平安京に遷都した桓武天皇から半世紀ほどの間は、天皇自身が何度も狩に出かけ、犬も飼っていた。一例をあげる。桓武の三代あと、淳和《じゅんな》天皇は契丹《きったん》から二匹の渤海狗《ぼっかいく》（大狗）と二匹の矮狗《わいく》（小型犬）を贈られ、天皇の庭園である神泉苑で渤海狗に鹿を追わせてみた。結果はどうだったかというと「中途にて休む」(『日本紀略』)。途中で鹿を追うのをやめてしまったのである。

藤原摂関家が朝廷で絶大な権力を握り始めた清和天皇のころから、天皇は次第に狩から遠ざかり、「六畜《ろくちく》の穢《え》」という新しい法律ができる。

六畜とは唐の律令制で定められた「馬牛羊亥犬鶏」の家畜を指す。亥とは猪ではない。豚である。干支の亥は中国や東南アジアではみな豚だが、日本だけがイノシシになってしまった。漢語の「猪」がそもそも豚を意味し、イノシシは「野猪」という。古い時代、日本には豚がいなかったと考える人たちがいるが、誤りであると断言しておく。平安時代に豚をペットとして飼い、あきれられた人の話が『中右記《ちゅうゆうき》』に出ている。本居宣長をはじめ多くの学者が「猪とは豚である」と述べているが、世間の常識は簡単にはくつがえらない。

清和天皇は九歳で即位した。母は太政大臣・藤原良房《よしふさ》の娘。外祖父の良房は摂政となり、朝廷の実権を握った。このころから天皇の神聖化、清浄化が進められ、天皇の周辺が穢《けが》れることを嫌った。『延喜式』(九二七年)の中に、穢れに触れた時の物忌みの定めが記されている。「人の死に触れたら物忌み三十日、出産は七日。六畜の死穢に触れたら物忌み五日(ただし鶏は除く)、お産は三日、その肉を食べれば三日」と明文化された。鶏は六畜ではあるが、獣ではないため、穢れの対象から外された。のちに鹿や猪の肉を食うことも穢れに加えられた。

「六畜の穢」でやっかいなのは犬だった。座敷で飼っている犬が死んだり、お産をしたりすれば、建物全体が穢れ、そこにいた人は穢れに触れたことになる。縁の下で知らない犬が死んでいたり、お産をしても穢れになる。

『延喜式』には明文化されていないが、犬が骨肉片をくわえて来ることを「咋《く》い入れ」といい、これも穢れに加えられた。獣類の骨肉片は三日、腹部まであれば五日の物忌みとなった。犬は人の死体もくわえて来る。疫病が流行した長和四年（一〇一五年）八月、皇太后（藤原彰子）の屋敷に犬が子供の死体を咋い入れた。人の死体だから物忌みは三十日となった。人の骨肉片の場合は七日の物忌みだった。

穢に触れた場合は玄関口に立て札をして、来客を断り、定められた期日の間、物忌みをする。知らずにその家の中に入った人も穢に触れたことになる。私が調べたところでは、平安時代だけで内裏《だいり》は少なくとも約百二十回の犬の穢に見舞われている。物忌みの間はすべての行事、神事が中止になり、よそから人も入れない。

明治五年二月、出産にともなう穢れ・物忌みが廃止された。

明治六年二月、人の死や葬令、六畜による穢れ・物忌みの制が廃止された。明治天皇は千年も続いた犬の死穢《しえ》、産穢《さんえ》、咋い入れの束縛から解放された最初の天皇だった。

やっと近代国家の君主として欧米並みに犬を自由に飼える時代が到来したのである。

三月二十日、天皇が断髪した。薄く塗っていたおしろいも同時にやめた。女官たちは何も知らされていなかった。「女官等皆驚歎《きょうたん》す」と『明治天皇紀』は記している。

2 「カメ」の時代、始まる

●明治人はなぜ洋犬を「カメ」といったのか

明治の初め、日本の犬たちはかつてない大変革に見舞われた。明治維新、文明開化によって日本人の犬に対する価値観が変わったのだ。町や村でたむろするこれまでの生活が否定され、かつての里犬（町犬、村犬）は、洋犬に対して地犬《じいぬ》と呼ばれ、西洋の犬よりも数段低い存在に見られ始めた。

安政六年（一八五九年）六月、横浜が開港し、外国人の居留地ができて、米英露仏蘭五カ国との商売は「勝手次第」となった。外国人は一つには護身のため、一つには長い船旅と異国での生活をなぐさめるため、犬を連れてきた。当時の日本人は洋犬をカメと呼んだ。翌万延元年（一八六〇年）の錦絵「武州横浜名所図」に「外国戌《いぬ》名ヲ

「武州横浜名所図」。犬の頭の左側に「外国戌名ヲ加め」と記されている
（国立国会図書館蔵）

加《か》め」と早くも記されている。

明治文化の研究者として多大な功績を残した石井研堂《けんどう》は大著『明治事物起原』に書いている。

邦人、洋犬を呼びてカメとなすは、洋人の、犬を呼ぶに、来たれ〳〵（Come in）といえるを聞きて、犬のこととなし、転訛《てんか》して、ついにその名となししなりという。面白き語源なり。

カメの語源カム・イン説である。

歴史・書誌学者の森銑三《せんぞう》は『明治東京逸聞史』で次のように書いている。

「明治三年、洋犬」江戸戯作者の系統に属する魯文《ろぶん》の『西洋道中膝栗毛』がこの年に成った。旧態依然たる戯作ではあるけれども、そのつもりで見て行くと、さすがに新しい時代のその中に反映しているものがないでもない。「異人館の洋犬」の「洋犬」に、カメと振仮名してある。カム・ミイの訛《なま》りのカメが、もう一般語となっている。

カム・ミイ説である。

「カム・イン」「カム・ミイ」と犬に声をかけるのを聞いて、西洋の犬はカメと呼ぶのだと思った人もいただろうから、両説が絶対に間違いだとはいわないが、正解とはいえない。幕末、横浜で刊行された英米人向けの日本語会話の本には、犬のことを「カム・ヒア」と明記してある。日本人が「カム・ヒア」を「カメや」と聞き違え、犬がカメになってしまったのだ。アメリカから来たマーガレット・バラが「あのカム・ヒア（犬）の足の速いこと」などと日本人が話しているのを耳にした話はすでに書いた。カメの語源問題は第五章「ポチの誕生」でもう一度触れる。

新聞、雑誌は「洋犬」に「カメ」とルビを振って日常的に使用したが、日清戦争が始まるころにはルビが消えてしまった。カメの時代は四十年ほどしか続かなかったが、その間に日本の犬事情は一変していた。実はまわりじゅうどこもカメだらけになっていたのである。

●「カメ」はなめる

すさまじきもの　昼ほゆる犬（『枕草子』）

夜、遠くで吠える犬はまだがまんできる。昼吠える犬のうるさいこと。不快な奴。

しのびてくる人、見しりてほゆる犬（同）

忍んで来るあの人のこと、知っていながら吠える犬。無粋な奴。

犬は吠えるものだとばかり思っていたが、カメは人の顔をべろべろなめる。気持ち悪いし、許せない。日本には、そんな犬はいなかった。

○八州《はっしゅう》廻りの回顧談　江戸時代、八州廻りといえば泣く子も黙った。水戸藩領を除く関八州《かんぱっしゅう》（関東）を巡回し、悪人どもを捕まえた。国定忠次も八州廻りに追い詰められ、お縄になった。れっきとした幕府の役人である。

八州廻りの一人、宮内公美は明治になって旧幕時代の仕事について質問を受けた。「ハルリス（ハリス）という人にはひどい目にあいました」。寒空に尾行したが、結局巻かれた経験がある。宮内は幕末の一時期、横浜に探索に出ていた。このころ横浜では蚕卵紙《さんらんし》が重要な輸出品だった。蚕卵紙というのは蚕の卵《かいこ》が産みつけられた和紙である。蚕の卵なら何でもいいというわけでもない。蚕蛾《かいこが》のオスとメスを選抜して掛けあわせてある。西洋人は病気に強く、品質のいい絹を吐き出す蚕を求めた。第一代雑種（F1雑種）はいい絹を吐くが、次の世代になるとメンデルの法則どおり品質（形質）にばらつきが出てしまうので、蚕卵紙は毎年買わねばならない。現在の神奈川県庁のある場所に運上所（税関）があり、蚕卵紙の枚数を数えて税金をとった。

「その節、おかしかったのは、こちらの役人は座って机の上で計算しているところへ、西洋人がやって来ると、カメも後からついて来て、座っている侍の顔をなめるので、これには小役人も閉口だと言っておりました」（『旧事諮問録《きゅうじしもんろく》』）

○黙阿弥「ざんぎりお富」　実際カメの中には人の顔をよくなめるのがいる。なめる犬の話が早速芝居になった。

明治五年、新富町《しんとみちょう》の守田座初演、河竹黙阿弥《かわたけもくあみ》作「ざんぎりお富」の一場面（要約）――

〽帰る燕《つばめ》に来る雁《かり》を、待つ夜は辛き鐘の声……

女が腰掛に腰を掛け、端唄《はうた》を聞いている。茶色の異国の犬が出てくる。女は犬をなでたり、手を取ったりしてかまってやる。唄の切れ間、犬は女に抱きつき、口をなめる。女、犬を突き倒し、

お磯　え丶、このカメめ、ふざけた事をしやがる。

犬に手桶の水を掛ける。犬びっくりして門口へ逃げる。そばで立ち止まって唄を聞いていた男にとっぷり水がかかる。

清七　あ丶冷たい。何をするのだ。

お磯　まことにお気の毒な事をいたしました。犬が悪さしましたゆえ、水を掛けてやろうと存じまして、ついあなたへ掛けましてござりまする。どうぞご免なされてくださりませ。

〽身に知る秋の村雨に、濡るるも恋の縁の端

お磯と清七はやがて恋に落ちる。黙阿弥、新時代の趣向を早速歌舞伎に取り入れた。いくらカメでも、女の口をなめるとは許せない。お磯、怒って当然——というのがこの時代の気分だったろう。

○服部誠一『東京新繁昌記』 ついこないだまで攘夷、攘夷といっていたと思ったら、世をあげて文明開化の時代に突入した。服部誠一は二本松藩（福島）の儒官の家に生まれた。明治五年、開成学校教授となる。同七年刊行の『東京新繁昌記』がベストセラーになった。「蛙《かえる》は空を舞う鳶《とび》に及ばない。蟻《あり》は燕に及ばない。しかし、これは才能が劣っているのではない。知力が劣っているのではない。いまだ開化していないせいなのだ」と服部は力説する。冗談かと思えば、そうでもない。文明開化期の高揚した精神は少々の論理の飛躍などはものともしない。庶民にはこれが受けた。では、犬はどうか。犬またしかり。

かの亀子《かめこ》の富貴を見よ。〈洋犬を称して加免《かめ》という。けだし「来」の原語（カムのこと）なり。〉肥肉《ひにく》を食らい、暖席に臥《ふ》し、あるいは美人の膝に睡《ねむ》り、あるいは阿娘《あじょう》（若い娘）の口を吸う。同じくこれ犬なり。いずくんぞその幸福なる。欧州は犬といえどもまた能《よ》く開化す。ゆえに人と能く親睦するなり。

カメは美人の膝に眠り、若い娘の口を吸う。これもカメがよく開化しているせいだという。ベストセラーとはいうものの、開成学校の教授でもこの程度なのか、と言いたくなる内容だ。開成学校はのちの東京帝国大学である。

〇落語「手飼いの犬」 続きまして、四代目柳亭左楽《りゅうていさらく》の新作落語「手飼いの犬」（明治三十一年口演《こうえん》）を少々はしょって一席申し上げます。

明治になって昔の大名はみな華族様になりまして、時代はどんどん進んでおりますが、華族の中にはなかなか進もうとしない、ずいぶん鷹揚《おうよう》な方もおりました。

殿「これ三太夫、どうもお月様はけっこうであるな」

三「おそれながら申し上げます。貴方は帝国の貴族でいらっしゃいますから、月は月でよろしいかと存じます」

殿「ハー、そうであるか。コラ〳〵三太夫、月はどうじゃ」

三「冴えわたったようにみえます」

殿「シテ、星めらは……」

星にめらはないかと思いますが、私もさる華族の家に呼ばれまして、「サー、これへ……」と襖《ふすま》をズーッと開けると、何十畳という大広間。後へ金屏風が立って、その前にふとんを敷いて、落し噺《ばなし》を聞こうとそのお方がおります。前には御近親の方がズーッ、私がおじぎをして前へズーッ。

ひょいと横目でみると、お手飼いのカメ。どこの国から参ったか知れませんけど、毛並みの良い、何十円もしようというカメが、首のまわりに金の鈴をつけております。カメも私のそばへ参りまして、つむり（頭）を嗅いだり、口のまわりをペロ〳〵なめます。私だってカメに頭をなめられたり、ほっぺをなめられていい気持ちはしませんから、こん畜生と叱ろうと思ったのですが、お手飼いのカメでありますから叱るわけにはいきません。失礼になるからカメに上手《じょうず》をつかいました。

左「こんにちはカメちゃん、こんにちはカメちゃん、あなたなめるのはおよしあそばせ」

と言ったが、畜生ですからペロ〳〵なめます。気味が悪くって七転八倒の苦しみです。

殿「コラ〳〵、だれかおらんか。左楽はカメが嫌いじゃによって洗ってとらせろ」

湯桶とたらいが出てきます。

家（家令）「さぞ気味が悪かったでしょう。さあ、頭をお洗い、頬をお洗い……」

私も殿様の前ですから少しひかえておりますと、
殿「コラ〳〵、左楽の頭ではない。カメの舌を洗ってつかわせ」（『明治大正落語集成』）

●洋犬を飼うのは文明開化のステイタス

明治五年九月十二日、新橋―横浜間の鉄道が開通し、新橋（汐留《しおどめ》）駅で盛大な記念式典が行われた。現在の鉄道記念日（鉄道の日）は十月十四日だが、これは新暦に換算した日付。開通式の時点ではまだ新暦は使われていない。新暦になるのはこの年の十二月三日で、この日が一八七三年の一月一日になった。

実は記念式典より早く、五月七日に品川―横浜間が仮営業を始めている。一番列車は横浜を午前八時に出発し、午前八時三十五分に品川に到着した。料金は上等一円五十銭、中等一円、下等五十銭だった。この時の「手廻り荷物運賃等」の規則に面白いことが書いてある。犬の運賃規則が定められている。

犬一疋に付、片道賃銭二十五銭を払うべし。併《しか》し旅客車に載《の》するを許《ゆ》るさず。犬箱或は車長《しゃちょう》の車にて運送すべし。尤《もっとも》首輪、首綱、口網《くちあみ》を備えて相渡すべし。

犬の運賃は二十五銭。人間の下等運賃の半分だった。明治の初め、犬を鉄道に乗せようと思う日本人はまずいない。犬の運賃・運搬規則は外国人のために設けられたものだろう。

江戸時代には、犬と散歩をしたり、旅行したりする習慣がなかった。久留米の有馬の殿様は将軍綱吉から唐犬を頂戴し、参勤交代の行列の先頭に立たせて江戸と久留米を行き来したが、これはわれわれが考える旅行とはまったく違う。

天明元年（一七八一年）、酒井雅楽頭忠以《うたのかみただざね》（姫路藩主）が将軍家の使いとして京都に行く時、チンがまとわりついて離れないので駕籠《かご》に載せ、江戸大手町の屋敷を出た。「品川まで」と思っていたが、とうとう京都まで一緒に来てしまった。これが天皇の耳に達した。「畜類ながらその主人の跡を追う心の哀れなり」とチンに従六位の官位が与えられた（根岸鎮衛《やすもり》『耳袋』）。これが江戸時代の犬連れ旅行の最長記録だろう。

犬連れの鉄道利用者がどれほどいたかはわからない。九月の全線開業時には犬の規則は消えている。利用者が少なかったのだろう。

ある町内で昔ながらの町犬が集まって相談した。文明開化の世の中になって、さあどうする、というのだ。

「犬仲間はとかく旧弊がぬけないで、例の通り、わずか垣根一重か下水溝ひと筋を境にして、隣町のものといがみあいをするのが癖で、目と鼻の間ほどの地でも、わが町内へ他町のものが来ると、仇敵《きゅうてき》のようにかみつけるというのは、あまり開けぬことでござる」

「近ごろ西洋犬の種がふえて、さすがにきゃつらは、開化の国から来ただけあって、わずか一町半町の境をあらそうようなけちな事はない。（略）わずかな境をあらそうたり、西洋装束《しょうぞく》の人にほえついたりする様な、不開化な事はやめて、かの西洋犬の流儀に、自主自由の権で、どこまでも勝手に駆け歩く事ときめてはどうじゃ」

この意見は結局「隣町は餌が少ない。境がなくなるとこちらが損する」と反対論が出て、採用されなかった。「この犬のような偏固な事をいうていては、いつまでも開ける瀬はないというものでござる」（加藤祐一『文明開化』、明治七年）。

「開化の犬と不開化の犬のはなし」と題がつけられた創作である。

五円、十円、二十円と高い金を出して洋犬を買う。洋犬至上主義。金持ちばかりではない。名もない町の連中も洋犬を買い、育てる。そのかたわらで家族が腹をすかせている。横浜毎日新聞の論説子は嘆き、怒った。

車力《しゃりき》甲某は斑毛《まだらげ》の洋犬を飼い、土工乙某は米利堅《メリケン》産出の黒犬を飼い、（略）おのれの弊衣《へいい》悪食を恥じずして、犬の美食、傲慢《ごうまん》に誇り、妻児の飢食《きしょく》を憂えずして、家犬の飢色《きしょく》あるを憂え、人畜の分《ぶん》を忘れて、衾褥《きんじょく》を共にする。（明治九年五月三日、

論説)

人畜の間にはそれぞれの分というものがあるはずなのに、それさえ忘れて同じ布団に寝ている。妻子よりも犬の空腹を心配する。これは洋風の弊害である。「人畜混乱」は嘆かわしい限りだ。この年の四月、神奈川県は一頭五十銭の犬税を徴収し始めたが、「社会の風儀」を正すため、犬税は登録時の一時的な税ではなく、年税または月税にすべきだ――と論説子は主張した。

箱根・木賀《きが》の亀屋は、明治の中ごろ火事にあって衰退したが、かつては箱根でも三本の指に数えられた一流旅館。湯治に行った男が横浜で発行していた仮名読《かなよみ》新聞に投書した。新聞編集人は戯作者・小説家として名高い仮名垣魯文《かながきろぶん》。神奈川の新聞だから、当時は神奈垣魯文と名乗っていた。

亀屋に泊った方の中に、いずれの華族様か官員様か存じませんが、べっぴんさんを連れなされ、御愉快の様子。召し連れられた一尺くらいのカメの首たまに付けてある迷子札が山吹色に光っておるので、真鍮《しんちゅう》にしてはあまりによい照りだと存じて、ある時私の座敷へその犬が出かけてきましたゆえ、カメや〳〵と呼ぶと、膝の上にやって来たから、その札を手にとってよくよく見ると、これはいかに極上の天文小判。これまでは猫に小判と申す事は聞きましたが、犬に小判はコリャ珍聞《ちんぶん》。一つしみったれた事というのは、この首輪を夕方になると取りのけていちいち仕舞います。そのくらい大切なら木札でも付けておけばよいのに、こんな真似をする人は定めし馬鹿題へ利口鍍金《めっき》をしたのかもしれません。（明治八年十一月十九日）

「馬鹿題」は「馬鹿だい」という皮肉か。明治の悪趣味成金は始末が悪い。小判を首に下げてもカメがうれしがるはずがない。やっぱり「馬鹿だい」。

愛玩犬の狆は別として、日本の里犬（町犬、村犬）には値段がない。金を出して飼うものではなかった。だが、カメには値段がついた。

明治九年、兵庫でカメを盗んだ男が捕まった。盗んだ物の値段によって罪の軽重が問われる。犬は外国人某のもとに無事帰ったが、価格を尋ねると「五十ドル」だという。これでは罪が重くなると、裁判所は犬の「評価」のやり直しを命じた（『近代世相風俗誌集・太政官時代』）。

同年暮、下谷車坂《したやくるまざか》に住む耶蘇《やそ》教の講釈師の女房、カメを抱き、すす払いで家の外に出した荷物の番をしていた。そこへ浅草の方から馬車が来た。「ぜひカメをもらいたい」とたっての願い。神田錦町二丁目の宮様だという。女房は犬を差し上げた。その御礼が金五円。「カメは出世をしたのですから、お礼には及びません」と金は受け取らなかった（「仮名読新聞」明治十年一月四日）。

ある伯爵家では七頭の猟犬を飼っていた。猟犬の食料費は月額三十五円。「これだけで中流家庭四人の一カ月の生活費に匹敵する」と黒岩比佐子『明治のお嬢さま』に書いてある。明治政府要人や貴族の成金趣味はあきれるほかはない。

「川村純義《すみよし》氏がさきに海軍卿たりし頃、米国人より購《あがな》いたる一頭の猟犬は百三十八ドル、また徳川武昭君が英国より求めたる犬は百六十五ドル」（「毎日新聞」明治十九年六月二十四日）。川村は元薩摩藩士、海軍中将（没後、大将に昇進）。為替レートなどを換算してごく大ざっぱに計算すると、一頭二百万円くらいか。

このころの成金は、カメに牛肉を与えた。

当代随一の人気落語家、ステテコの円遊こと三遊亭円遊の新作落語「地獄旅行」（明治二十五年口演）——

「モシ今度生まれ変わったら金満家の若さんか何かになって馬に乗って学校へ通うような訳にはいきますまいか」

「そんな者にはなれない。ワレは今度犬になるぞ」

「兄弟、オレは犬だとよ。犬なれば可愛らしいカメになりたい。奥さんの膝にのったり、グルッと廻ってお預け、チン〳〵をして、牛を食べたい」（『明治大正落語集成』）

カメは役に立つ。文明の国から来た犬はさすがに違う、と日本人は驚いた。

洋犬の芸はさまざまあるなかにも、頼んだ人の荷物をくわえて跡先に付きまとい、主人が橋の上から川の中へ物を落とす時、そらと口でいうよりはやく川へ入り物をとる。途中にて盗賊にあえば命限りに仇《かたき》のすねにかぶりつき、（主人は）人間に勝りしういやつと、口でばかりはお褒めなさらぬ。ふだんは肉食のうまいものを賜り、同じ床に寝起きす。（万亭応賀《まんていおうが》『新制兎美断語《しんせいとびだんご》』、明治六年）

正岡子規も『洋犬ノ説』（明治十二年）で述べている。

洋犬は和犬より怜悧《れいり》なること、遙《はる》かにその右に出づ。然《しか》れども和犬もかつて用をなさなかったわけではない。和犬は山猟の助けとなり、また賊の番となる。洋犬は人の溺るゝを救い、または埋没するを助け、あるいはこれを使役し、橇《そり》を引き、器物の水に沈み、また険所へ落ちたる等拾い上げ、和犬功ありといえども洋犬に及ばざる。

和犬の顔を立てながらも、子規でさえ洋犬の優れていることを認めざるを得なかった。確かに水が好きな洋犬がいる。享保十三年（一七二八年）九月、長崎奉行・渡辺出雲守は出島に行った。「蘭館に入り、水門の辺りにて、犬の水中にて物を探す芸などを見た」（『長崎洋学史』）。

●犬の入浴お断り

東京府知事から「犬を風呂屋に連れて行くな」という奇妙なお達しが出た。東京日日新聞（明治六年十月十四日）に載っている。

湯屋浴場へ畜犬（飼犬）引き参り、浴せしめ候者がいるとの風聞があるが、万一そのような所業におよぶ者がいれば、必ず差し止めること。もし言うことを聞かない場合は、すみやかに邏卒《らそつ》（巡査）番人へ告知致すべきこと。
右の趣《おもむき》、湯屋渡世の者どもへ洩らさず伝えるべきこと。
明治六年十月十三日、東京府知事　大久保一翁《いちおう》

東京府知事の大久保は元幕臣で、勝海舟の盟友だった。相当カンカンになっている感じがする。江戸時代に犬を風呂屋に連れて行くなんていうことは絶対になかった。式亭三馬《しきていさんば》の『浮世風呂』では、朝まだ暗いうちに銭湯に来た男が犬の糞をふんづけ、寝転んでいた犬に蹴つまずきそうになる。風呂屋の前で犬が蹴飛ばされることはあっても、入浴することはない。府知事のお達しでは、「風聞」となっているが、実際に犬連れ入浴したおかしなやつがいたのだろう。

「風聞」情報の出所は警察庁・警視庁の前身である内務省警保寮だった。お達しの出る五日前、十月八日付で東京府に文書が届いている。

官員あるいは書生体の者ども、浴場まで畜犬を引き来たり、浴せしめ候者これある趣き、風説相聞こえ候。もとより諸人入浴のため設け置く場所において、混《こん》じて畜獣を浴せしめ候はこれあるべからざる事にて、その不体裁、論の待たざる儀

にこれあり。（東京都公文書館蔵）

と記されている。

「官員あるいは書生体の者ども」とあるからには、けしからんやつは一人ではなかったようだ。湯屋浴場に連れて行かれた犬はカメに違いない。カメは西洋文明の中で育った特別な犬で、そんじょそこらにいる、どこの馬の骨かわからない地犬とは違う――と思っている人間が明治の初めにはたくさんいた。文明開化のこの時代、カメを飼っているだけで、いっぱしの文明人、文化人だと勘違いする。社会現象なのである。ただ実際に湯船に犬を入れたかどうかというと疑問符が付く。江戸（東京）の湯屋のお湯は肌を刺すように熱いのが普通で、のんびりと犬が湯につかれるようなものではなかったからだ。

「犬の銭湯」は東京ではただちに禁止されたが、神奈川では禁止されなかったようだ。明治七年六月二十七日、横浜で鉄道線路を横切ろうとした犬が汽車に轢《ひ》かれて死ぬ事故があった。横浜毎日新聞によると、高島町の貸座敷の主人が八円で買い求めた洋犬で、雇い人が桜木町《さくらぎちょう》の桜湯に犬を連れて行った帰りだったという。当然犬も風呂場に入ったことになる。

明治九年五月四日、横浜毎日新聞に掲載された投書によると、横浜の色町の女性は「どこの洗場（銭湯）にでも洋犬《かめ》を連れて来て入浴をさせる」という。「どこの洗場にでも」というのだから、一人や二人ではなかったようだ。

3　消える里犬

●「畜犬規則」の衝撃

明治維新は犬の飼い方まで変えた。犬は「飼犬」と「無主の犬」に分けられ、かつての町犬や村犬はすべて「無主の犬」、すなわち野犬として処分されることになった。

明治の犬に関する諸施策はイギリスを手本にして実行された。その源をたどれば、幕末の幕府遣欧使節団に行きあたる。福沢諭吉『西洋事情』には「（英国の）犬一疋の税は十二シリングなり」、福田作太郎『英国探索』にも「犬を飼候者、一ヶ年一疋に付、拾弐《じゅうに》シルリンク」と書いてある。英国では犬と飼主の関係が明確で、しかも税金を払っていた。日本では考えられないことだった。税金を払うということは、飼主がいるということでもあった。

明治四年十月、東京府に邏卒（巡査）の制度が導入され、その後、各府県にも邏卒が置かれた。明治五年四月、横浜で出版された『邏卒勤方問答』の中には「犬の事」という項目があり、ロンドンではどうしているか問答が載っている。

問　邏卒は府内の往来筋を徘徊《はいかい》する犬を取り押さえる権限がありますか。
答　しかり。もしその犬の飼主これなき時は則《すなわ》ちこれを取り押さえる権限あるなり。
問　鼻綱（引綱のこと）なき犬を市中に見る時は、邏卒これを取り押さえることができますか。
答　しかり。飼主が鼻綱持参の上、右の犬を渡す。引き留め置きたる諸雑費は飼主ことごとく払う。
問　取り押さえた犬の首飾りに飼主の名あるときはどうしますか。
答　書面にして飛脚屋に託し、飼主方に差し送る。
問　某の犬、府内にて人を咬み、または咬みつかんとする時、地方官にこれを殺すべき命を下す権限がありますか。
答　もとよりその権あり。取締邏卒その命に従い殺すなり。

明治五年八月二十六日、外国人居留地を抱える神奈川県は、飼犬に名札を下げるよう布達した。

近来犬が増え、中には悪犬がいて往来の人などにかみつき、不慮のけがをしたものもいる。右はまったく飼主のいない迷犬のたぐいであろうから、本日より十日のうちに飼犬はことごとく飼主の名前、町名などを書いた札をつけること。これからはしるし（印）のない犬は見つけ次第、邏卒が処置する。

九月十二日に外国人を招いて新橋・横浜間の鉄道開業式典が予定されており、「名札のない犬の処置」は「無主の犬」を人前に出さないための処置だったと思われる。単に捕獲したのか、悪犬は撲殺したのか「処置」の具体的内容はわからない。

悪犬退治の動きは京都、大阪にも広がっている。京都では同年四月と七月の二度「市街悪犬狩獲」の布達、大阪では十月に「標札のない悪犬は見当たり次第、巡邏の者が追捕《ついぶ》する」と布達が出ている。

庶民の日常生活に関する新たな条令、違式詿違《いしきかいい》条令も同年十一月に東京で施行され、順次各府県に広げられた。現在の軽犯罪法に相当する。「風呂屋の混浴営業」「裸体、腿脚《ももあし》の露出（ふんどし姿）」「立小便」などなど、かなり西洋人の目を気にした取り締まり規則だといえるだろう。「闘犬や犬をけしかける行為」も禁止された。
翌明治六年四月、犬にとって衝撃的な「畜犬規則」が東京府から布達された。名札のない犬は悪犬、狂犬でなくても邏卒がその場で打ち殺してもかまわないというのである。

一 畜犬（飼犬）には首輪をつけ、飼主の住所氏名を木札に明記し付けること。ただし無札の分はすべて無主とみなし、これを殺すべし。
一 狂病にかかる犬はその飼主、これを殺すべし。
一 道路に狂病の畜犬がいれば、邏卒、番人、そのほか誰にてもこれを殺すべし。もしこのために費用がかかれば、飼主が支払うべし。
一 猛犬は鉄鎖などをつけ、家畜を害するなどの憂いがないよう注意すべし。
一 畜犬、他人の家畜を害する時は、飼主が相応の賠償金を出すべし。
一 畜犬、人を殺傷する時は誰にてもこれを打ち殺し、飼主は怠慢の責任を逃れることはできない。かつ相応の賠償金を支払わせる。

同様の畜犬規則は各府県ごとに布達され、時間差はあるが、全国で施行される。ただ一つ畜犬規則をまったく無視した県がある。西郷隆盛が下野した鹿児島県だ。犬のことだけでなく、明治新政府は税制、人事を含めて鹿児島県を特別扱いにし、独立王国の様相を呈していた。西南戦争で多くの血が流されるまでこの問題は解消されなかった。

路上にたむろする野蛮な犬たちを一掃したいというのは新政府の確固たる方針だった。狂犬病対策はその目的のひとつだったが、基本的には犬と人との関係の欧米化、言い換えると、里犬（町犬、村犬）の存在を否定し、個人によるすべての犬の飼犬化を図った。このことが洋犬至上主義を助長した。東京府が各区長、戸長《こちょう》に布達した文書には「里犬の殴殺」と書かれている。一方では、洋犬の野犬化も始まり、これもまた新たな問題となった。

●横浜、野犬撲殺に乗りだす

神奈川県では、明治七年十月に狂犬・悪犬の撲殺が始まり、トラブル防止のため飼犬に首札を付けるよう布達が出された。しかし、罰則があるわけでなく、首札を付ける人はまだ少なかった。

以下、横浜毎日新聞の記事を抜粋、要約する。

東京府下ではこの令（畜犬規則）が厳しく、畜主の名の書いてない犬はいない。しかるに本港（横浜）は名札を首にする犬を見ること、実に少ない。どういうことか。（明治七年十一月二日）

本港弁天通り二丁目にニウフォンドランド（ニューファンドランド）種の大犬がいる。今は無宿だが、性来温和の質で、近所の子どもにかわいがられていた。この犬、外国種なのに洋服を着た人を吠える。巡回の邏卒は毎度困り、去る十一日、警保本営詰めの邏卒二十人で突然犬に迫れば、疾風の如く、逃げ回る。大工職・根本梅次郎の庭に逃げれば、邏卒の面々垣根を乗り越え、大犬を無二無三《むにむさん》に撃殺した。同家の壁はこわれ、扉を破り、植木鉢はみじんに砕けた。これは暴行と言わざるを得ないのではないか、と長い論文が本紙に投ぜられた。（同八年五月十三日）

明治八年九月、神奈川県は「野犬が増え、人民の障害が少なくない。無印の犬は時々撲殺するので、飼犬には飼主の住所氏名を記した首札をもれなく付け置く」よう各戸長に布達した。狂犬・悪犬だけでなく、飼主不明の無印の犬は撲殺されることがあるというのだ。この時点では、布達の表現はまだやわらかい。

明治九年四月には「すべての飼犬は犬税を払って鑑札《かんさつ》をつけ、鑑札のない犬は野犬同様に撲殺する」と県からお達しがあり、犬税の支払いと鑑札の着用が義務化された。犬税は一頭につき五十銭。県の「飼犬免許鑑札」は表に飼主の住所氏名を書き記す木製の札だったが、飼主の都合で金属製の札に付け替えることも認められた。周知期間を置いて、野犬の一斉撲殺開始日は「五月十六日」と住民に伝えられた。

野犬撲殺にともなうトラブルは各地で起きた。鑑札を付けていて犬殺しにやられたケースもあった。名札を下げているが、飼主の住所姓名を明記してない時はどうするか。そのほかにも判断の難しい事例があった。

横浜末吉町の路上で高橋徳蔵という人の飼犬が犬殺しに棒で殴られた。徳蔵の女房が「鑑札があるのに」と怒ったが、鑑札は持っているだけでつけていなかった。犬殺しは立ち去ったかと思ったらまた戻って来て、犬の脇腹を殴って消えた。飼主は「死にきらないから二度目を打った。裁判にする」と騒いだ。近所の「藪どっこい耄碌婆《もうろくばばあ》」に犬をみせたら、一週間で犬が全快、赤飯を炊いて近所に配った。

これで一件落着と思ったところに地区の出張所から「犬殺しと引き合せるので、犬を連れてくるように」と連絡があった。会って犬殺しの話を聞くと、こういうことだった。

「犬は地犬七分の合いの子で、鑑札を付けてなかった。それで一打ちしたが、鑑札があるとわかって、そうだったのかと思ったが、死んだ子の年を数えてもしかたないと、そのまま行きかけて、しかし、もしかしたら生き返ることもあるかもしれないと思い直し、戻って犬の脇腹に活の一術を打ち込んだ」

二度目は生かすための「活」だった。犬も元気になったことではあるし、事情もわかって、女房その他ひいき連中も納得、「愛犬もチン〱」。（明治九年六月二十一日「横浜毎日新聞」要約）

俗に餅は餅屋という。東京から来た平吉という犬殺し、巡査に従い、無鑑札の犬三十二頭を打ち殺せり。寿町一丁目、鋳掛《いかけ》屋留吉の飼犬は鑑札に似た札をつけていたため、こいつは偽物と思い、一棒のもとに打ち殺された。女房と娘が警察に行って、「わたし方の飼犬はかねて鑑札を願い出ていましたが、本鑑札ができるまでと町会所から渡された仮鑑札をつけていましたのに、なぜむごたらしく殺しなされた」と涙ながらに訴えた。警察は犬殺しの平吉を呼び、事の次第を尋ねると、「なるほどその犬は殺しましたが、間違いでありましたら、ただ今生かして返します」と棒を携え、犬の傍らに行き、一打ち打つと犬はたちまち起き上がり、尻尾を振り〳〵歩きだし、母娘のそばに来たゆえに、犬は両人に引き渡されたり。

（同十一月二十日、同）

横浜住吉町の仕立屋は飼犬の木札をもらい、絹の袱紗《ふくさ》に包んで仏壇に上げ、「家内繁盛犬属安全」を一心こめて祈っていた。ある日、犬殺しが札をつけてない犬を見つけ、眉間《みけん》を一撃すると犬はそのまま倒れた。仕立屋の犬だった。仕立屋は木札を持って町会所へ行き、犬殺しの不法を訴えた。町会所は「仏壇の中まで犬の保護は届かぬ」といって、仕立屋をさとした。（同七月五日、同）

横浜平沼町で子ども定次郎を咬み倒した数十匹の悪犬退治が行われた。前代未聞の大活劇だった。

ころは明治九年十月七日、朝霧深き平沼川をはさみ、犬打ち棒を小脇にかかえた荒くれ男十四、五人。定次郎の仇《かたき》たる、王様のあだ名持つ強犬生け捕りにし、あらんかぎりの悪犬を草を分けても殺しつくそうと、ゴミ捨て場に落とし穴の箱を埋め込み、その中へあまたの牛肉魚肉入れ置き、四方八方より取り囲み、阿修羅王の荒れたるごとく、犬をやたらに打ちまわり、遂に六十一匹を殺したり。しかれども第一に目がけし王様の見えず、山蔭草中川渕まで手に手を尽くして探し回り、王様も身を隠されず、ついには一声高く吠えだして死にもの狂いに飛びかかる。その様は富士から飛び出す手負い猪。男たち、ここは戦いふんばりどころと、とうとう犬を殴殺したり。（同十月十日、同）

横浜の外国人居留地でも、新たな野犬対策が講じられることになった。神奈川県と外国領事団が協議し、明治十年二月、居留地に新規則が公布された。

一　犬を有する外国人は持主の住所氏名を書いた首輪などを犬に付ける。
二　持主不明の犬が居留地を脱走した時は、警察官は堺町第一号警察屯営《とんえい》に設けた獣欄《じゅうらん》（おり）に犬を収容する。一週間以内に持主が現れれば、持主は犬一日につき二十五銭を支払う。
三　獣欄に入れ、一週間以内にだれからも請求のない犬は殺害、もしくは犬の種類により価値ある時は競売にかけ、売却する。（要旨）

外国人が関係していると思われる犬は、飼主不明でも直ちに撲殺されず、一週間警察の獣欄に入れられた。居留地は各国領事団が司法権を持ち、日本の警察権が及ばなかったため、この規則では居留地を脱走した犬が対象になっている。領事団は、脱走した飼主不明の犬が競売された時は、その売り上げを獣欄の経費に充てることも認めた。

衆人の見ている前での野犬の撲殺は残酷すぎると外国人にきわめて評判が悪かった。そのため政府もほうっておけなくなり、明治十四年五月、警視総監・樺山資紀《かばやますけのり》名で「畜犬規則」の改定が布達された。

畜犬取締規則

第五条　警視庁ハ無標《むひょう》ノ犬ノ徘徊《はいかい》スルヲ捕ラへ、庁内ノ獣欄ニ入レ置キ、一週間畜養セシム。

他の各府県も順次、同様に規則が改正された。しかし、野犬の捕獲は簡単にはいかない。そこで、「捕獲困難な野犬は撲殺する」と追加の布達が出た。

樺山は元薩摩藩士。西南戦争では政府軍の熊本鎮台参謀長。のち上野・西郷隆盛像建設委員長となる。

●明治七年、最後の犬の伊勢参り

明治七年九月、東京新和泉町《しんいずみちょう》（中央区人形町）の古道具屋が名札を付けていない白い犬を見かけた。殺されたらかわいそうだと思い、自分の名前と町名を書いた札を付けてやった。ある日、その犬が伊勢参りをすませ、お札や銭をもらって古道具屋のもとに帰って来た。いったい何があったのか、その詳報が明治七年十二月十八日の横浜毎日新聞コラム「江湖雑聞」に載っている。

〇犬の伊勢宮に参る事は古くより多くいい伝えたるが、この頃聞きしは最《いと》珍しきものというべし。東京新泉町（新和泉町）七番地に古道具屋渡世、角田嘉七という者あり。去る九月中、府令ありて、無主の犬は打殺さるゝ事有りし頃、嘉七が家の前に一頭の白犬来たりしを見てあわれに思い、己が名と町名を書きたる札をかの白犬の頸《くび》に付けやりしが、その後何人《なんぴと》か連れ行けん、東海道の駅に出たるが、伊勢参宮の犬なりという者有りしに、人々珍しき事におもいて、銭を与え首に結び付けしかば、次第に銭多く成りしを以《もっ》て之を金《かね》にかえ、好事《こうず》のもの更に一冊の帳面を作り、白犬参宮の由《よし》を記し、施与《ほどこし》の金をつけて宿々に継ぎ送る。是を奇とする者、銭を与え、宿賃食料（食費）を取らずして、人を付け、件《くだん》の帳面を持《じ》し、是を送りしかば、桑名の渡しは更なり（もちろん）、その余、山川 滞《とどこお》る所なく行き過ぎ、十一月九日、終《つい》に神宮に至りしかば、神宮の人々大いに奇とし、即ち神前に拝せしめ、途中にて施されし金銭を以て神宮に献じ、大麻《たいま》（御札）を受け、剣先御祓《おはらい》三十二枚を授くるもあり。又《また》一書を付けて参宮終りし由を記し、帰路におもむかしむ。

江戸時代、伊勢参りする犬がしばしば現れた。最初の犬の伊勢参りは明和八年（一七七一年）四月十六日に記録されている。伊勢神宮外宮《げくう》の神官、度会重全《わたらいしげまさ》がその時の様子を『明和続後神異記』の中で詳細に書いている。犬は不浄をもたらすとして、伊勢神宮では古くから犬を中に入れないようにしていたが、山城国久世《くぜ》郡槇島《まきのしま》（京都府宇治市槇島《まきしま》町）からやって来た犬が外宮の本宮《ほんぐう》前で拝伏し、内宮《ないくう》でも同じように拝伏したという。もちろん犬が自分の意思で伊勢参宮するはずがないので、周りにいた人がそう思ったというだけのことだが、信心深い江戸時代の人はそうは思わなかった。そういう先入観を持って見ていると、時々同じような犬が現れる。『甲子夜話《かっしやわ》』の著者・松浦静山《まつらせいざん》（平戸藩主）も、滝沢馬琴の息子も、伊勢松坂の国学者・本居内遠《もとおりうちとお》も単独で伊勢に向かう犬の姿を目撃している。みんな、そんなことがあるはずないと思いながら現実に犬は伊勢神宮へスタスタ歩いて行く。『耳袋』の著者、江戸町奉行の根岸鎮衛《やすもり》に至っては「犬が参宮するのは珍しくないから書き残すまでもない」といっている

（仁科邦男『犬の伊勢参り』）。

それらしい犬を見ると、不思議だ、伊勢神宮のご神徳か、と評判になり、みんなで応援し始める。食べ物を与え、宿を提供し、施行《せぎょう》の銭まで紐《ひも》に通して首につけてくれる。神宮のお祓いも油紙に包んだりして、犬の体にくくりつけられる。荷物が多くなれば人が付き添って運んでくれる。古道具屋の角田嘉七は見も知らぬ犬を伊勢参りさせる気など最初からなかったが、勝手に伊勢参りをすませて帰って来てしまった。何と大黒さんと恵比寿さんの像四体まで一緒に運ばれてきた。コラム「江湖雑聞」の記事は続く。

この日、度会《わたらい》郡西河原町（三重県）に至りしに、柳原某、大黒恵美須の像四体を与え、件《くだん》の帳簿と共に一包にし、且《か》つ犬の首札に新泉町とありしを以て東京に有しとも知らず、熊谷《くまがや》県（埼玉）にさる名ありという者有しに、かの地を指して次第に継ぎ立て送りしかば、日ならずしてかの地へ至りしに其人無し。さらば東京新泉町なるべしとて、又前の如く継ぎ送り本月十三日、第四大区四七小区扱所に至りしに、十四小区に告げ、且つ白犬を角田嘉七へ引渡せるとぞ。この時犬の持来りし行李《こうり》一つ有りて種々の物入れたり。途《みち》にてお施し得し金、合せて六円金も有りしとなり。

犬は衆人環視《しゅうじんかんし》の中を歩いて行く。いったん熊谷まで来たものの、どうもここではないということになって、東京新泉町に向かって犬は歩き始め、実際は人に導かれ、無事古道具屋の元へたどり着く。沿道の人々からの贈り物が行李一つ分あったというからすごい。「畜犬規則」がきっかけで、飼主のいない犬が東京と伊勢を往復した。これを最後に犬の伊勢参りは途絶えてしまった。

●御料牧場開設のための野犬狩

慶応二年（一八六六年）十二月、幕府は鷹匠《たかじょう》、鳥見役《とりみやく》、翌年三月に鷹場《たかば》を廃止した。徳川吉宗が復活させた鷹場の制度は百姓に大きな負担をもたらした。橋や道路の修繕に始まり、狩の妨げになる物、時には案山子《かかし》まで撤去させられ、労役に駆り出され、鷹匠や鳥見役による下見や訓練があるたびに宿を用意し、過剰な接待を求められた。応じないとあとが怖かった。権威を笠にどんな嫌がらせをされるかわからない。

江戸から五里までが将軍家の鷹場（御拳場《おこぶしば》）、十里までが御三家の鷹場、さらにその外側に鷹匠が訓練するための捉飼場《とらえがいば》（とりかいば）が設けられた。犬や猫も勝手気ままに飼えなかった。鷹場の鳥を追い散らかしたり、捕まえて食ったり、そんなことがあったら大変なことになる。紀州家の鷹場があった現在の埼玉県では「無犬村」が各地にあった。

一番問題なのは狩に使う鷹そのものが犬猫にやられてしまうことだった。

鷹匠の側からすると猫も危ない。山形・上山《かみのやま》での話だが、綱吉の「生類憐みの令」が出る直前、貞享《じょうきょう》二年（一六八五年）にこんなことがあった。「二月九日、生居《なまい》村で鷹が鳥を捕まえ降りてきたところを村の猫が走り来て鷹を食い殺した。鷹匠は翌日、その猫に鷹狩りの犬をけしかけたが、猫は激しく怒り、犬も捕まえることができない。鷹方の者が力をそえ、やっと食い殺させた」（『上山三家見聞日記』）。江戸時代の猫はネズミを捕らせるため十分に食わせてもらえず、たいてい腹をすかせていた。狩への執念が今ごろの猫と違う。鷹匠が来ると、猫もつないでおかないとうるさかった。

見方を変えると、野犬の増加防止に鷹場が果たした役割は大きかった。江戸時代、現在の千葉県には小金《こがね》の牧、佐倉《さくら》の牧、という広大な馬の放牧場があったが、その一帯は幕府と水戸家の鷹場でもあった。江戸時代は「近年飼犬一疋もこれなく候」（成田・土室村）という「無犬村」もあった。逆に「小金、佐倉牧にて野馬《のま》出生の時節、百姓飼犬多く出、野馬に掛かり（略）、生育のさし障りに相成り候」（葛飾郡）とお触れが出たこともある（『富里村史』『柏市史』）。犬をめぐる状況は簡単にこうだと言いきれないほど複雑だが、幕末に鷹場が廃止されたことで野犬が急増したことは間違いない。

新政府は明治八年、アメリカ人アップ・ジョンズ（内務省勧農局雇い外国人）の意見を入れ、七つあった佐倉の牧のうちの一つ取香牧《とっこうまき》（三里《さんり》塚《づか》）を馬牛種畜《しゅちく》場とし、その周辺部を買収して牧羊場とすることを決め、開墾工事を始めた。のちの下総御料牧場《しもうさごりょう》（現成田国際空港）である。

牧場開設にあたってまず問題になったのが野犬の存在だった。ジョンズは同九年四月「綿羊《めんよう》の凶敵は犬なり」と千葉県令（県知事）に意見書（報告書）を出した。「綿羊の性質はもとより柔順である。取香牧ではしばしば馬の子が犬にかみ殺されている。東京では主なしの犬はことごとく殺しているが、このあたりでは犬を勝手に放し自由にさせている。これでは羊を安全に飼うことは難しい。害をもたらす悪犬を飼うくらいなら豚を飼ったらどうか。豚の糞は肥料にもなる。犬の糞が肥料になるという話はだれも聞いたことはない」（『千葉県史料・近代篇』）

同六月、千葉県は新たに「飼犬取締規則」を定め、「飼犬一疋に付き一年に県税七十五銭を納めること。飼犬には鑑札（名札）を付けること。鑑札のない無主の犬は撲殺する」と布達した。

牧場での野犬対策はこれで終わらなかった。同十二月、牧場から四里以内の村で野犬を捕殺《ほさつ》した時は手数料を出すことにした。手数料は一匹につき①牧場から半里未満、二十五銭②半里から一里未満、二十銭③一里から二里未満、十五銭④二里から三里未満、十二銭五厘⑤三里から四里まで十銭、ほかに野犬を埋葬すると七銭支払われた。毒薬の使用は禁止された。落とし穴は認められたが、人が落ちないように目印をつける必要があった。許可を受ければ猟銃の使用も認められた。捕殺した人は尾を切り取って届け出、野犬取締担当掛が実地検分し、疑わしい点がなければ証書を発行した。捕殺人は十五日以内に出張所へ証書を持参すれば手数料がもらえた。

明治九年から十七年までに支払われた野犬取締費（手数料）は総計約二千二百二十四円にのぼる。一匹平均二十銭とすると、一万匹以上の野犬が殺処分された計算になる。この間、犬に殺された羊は六十五頭だった（『下総御料牧場沿革誌』『下総御料牧場史』）。信じられないような野犬の数である。鷹場が廃止された影響がもろに出ている。

明治天皇御猟犬犬舎の溝口幹知《みきとも》によると、明治四十三年に日光御猟場で野犬が増え始め、問題になった。野犬は簡単には捕まらない。そこで一斉野犬狩を実施し、七十頭の野犬を銃殺した。解剖したところ、胃袋から鹿や兎の毛が出てきた。野犬は野生の動物を獲物にしていたことがわかった。溝口は「野犬は野獣である」といっている。

●吉宗の猟犬輸入と狂犬病

鷹狩と鷹場を復活させた将軍吉宗は、海外から猟犬をさかんに輸入した。吉宗の特注である。享保三年（一七一八年）、オランダに注文していた猟犬二頭が届き、江戸で吉宗に上覧された。実際に狩に使ってみたが、大変に満足する結果が得られたので、さらに二頭の猟犬を取り寄せるよう命じた。享保五年に二頭届き、六年に新たに六頭注文した。享保十年からは清国へも注文している。

紀州藩鷹場の鳥見役を務めた埼玉・会田家の『会田落穂集』に享保十二年（一七二七年）、大門宿《だいもん》（さいたま市緑区）周辺で御犬八頭の捉飼《とらえがい》（訓練）があり、猪の子を生け捕りにした記録が残っている。輸入した猟犬の訓練だったと思われる。

鷹場では幕府領、大名領、私有地に関係なく、さまざまな規制が設けられ、幕府からこまごまとした指示（命令）が出された。「地犬（里犬）はつなぎなさい」「野犬は捕まえなさい」「飼犬は鷹場に出さないよう常につなぎなさい」。これらのお達しは大岡越前守から出ている。

吉宗の時代、犬と一緒に狂犬病も日本に持ち込まれた。享保十七年（一七三二年）、長崎に上陸した狂犬病は九州、中国、近畿と広がっていった。福岡では狂犬を「はしか犬」と呼んだ。「はしか犬、人間または牛馬にくいつき申し候えば、その人間、牛馬死に申し候」（「万年代記帳」『福岡県史』）。

この年は夏になって西国筋に稲虫（ウンカ）が大発生し、凶作となった。大坂の米仲買のもとには稲虫大発生と狂犬の情報が一緒に入って来た。『草間《くさま》（鴻池《こうのいけ》）伊助筆記』には「（稲虫）一夜のうちに数万石の稲を食い、田畑おびただしく損亡これあり。（略）備前、備中、広島、備後あたりの犬までも病《やまい》つき、人民にかみつき、多く人損じも之あり、播州《ばんしゅう》（兵庫）あたりまでも同様の由《よし》なり」と記されている。やがて狂犬病は北陸、東北地方を経て北海道にまで伝わっていく。京都町奉行与力・神沢杜口《かんざわとこう》が「おおよそ中国辺は犬ことごとく死に果て一疋もなし」(『翁草』)と書いているが、それに近い情景はあったと思われる。町村にたむろしていた犬は狂犬にかまれて感染し、狂犬は次々人に殺された。享保十八年冬の京都は「往来の者は棒を持って徘徊す。犬を見てはたゝきころす」(『月堂見聞集』)という状況だった。有効な狂犬病対策は殺すことしかなかった。

治療法もないに等しかった。吉宗に登用された幕府医師、野呂元丈《のろげんじょう》は元文元年(一七三六年)に『狂犬咬傷治方《こうしょうちほう》』(狂犬病治療法)を著《あらわ》した。「狂犬に咬まれたれば、はやく傷口の血を吸うべし」「血出ざるは針を刺し、血をとりてよし」とあるのはいいとして、その他「ミミズの糞」「ヒキガエルの皮」などを使った治療法が列挙してある。「咬所《かみどころ》へ人糞あるいは犬糞あるいは牛糞をあつく付けてよし」とも書かれ、これも実際に治療法として使われた。野呂は蘭学を学んだまともな医師だったが、漢籍にあるそれらしい治療法を効果のほども確かめず、次々と並べてしまった。狂犬に咬まれた人がすべて死ぬわけではない。おかしな治療法でも、おかげで治ったと思った人はたくさんいた。野呂が本の中に書いた治療法は別の本に孫引きされ、民間療法として全国に広まっていく。

●狂犬病治療の進展――森鷗外と栗本東明

作家の森鷗外は時代の先端を行く医師（軍医）だった。ヨーロッパの近代戦争では砲弾にあたって死ぬよりも、劣悪な環境の中で病死する兵士の方が多かった。鷗外は病気を防ぐための公衆衛生研究の第一人者だった。明治三十年（一八九七年）に雑誌『公衆医事』を自ら創刊し、同誌上で『狂犬略説』を発表した。鷗外は「統計上は狂犬に咬まれた人の平均一〇％が狂犬病に感染し、感染した者はほとんど死ぬ。感染の危険度は部位によって異なり、頭を咬まれた者は八〇％、手を咬まれたものは二〇％、足を咬まれた者は一から三％が感染する」と述べ、明治十八年（一八八五年）にフランスのパスツールが開発した狂犬病ワクチンの製法と使用法を説明している。

鷗外の『狂犬略説』よりも早く、明治二十六年に狂犬病ワクチンの製造を手がけ、翌二十七年に狂犬病患者の治療に成功した人がいる。長崎病院内科医長・栗本東明《くりもととうめい》である。

明治二十六年三月、長崎市で狂犬病が発生し、死者が出た。栗本は撲殺された狂犬の脳と脊髄《せきずい》を取り、その乳液を二十三匹の家兎《かと》の脳に注射したが、うち十八匹が感染し、十日から二十九日で死亡した。次に死んだ兎の病毒を別の兎に移し、これを繰り返して発病しない弱毒性のワクチンを完成させた。製法はパスツール法である。ところが準備が整った時には、長崎市内の狂犬はみな撲殺され、狂犬病の発生はおさまってしまった。

翌二十七年夏、福岡市で狂犬病が発生し、狂犬に咬まれた井上良助という人が、栗本を頼って長崎にやって来た。兎での治験をすませ、その効果と安全性に確信を持ち始めた時だった。栗本は十月十八日から二十一日間で十四回ワクチンを注射し、井上は発病をのがれた。

このころ長崎の南高来《みなみたかき》郡の島原で狂犬病が発生したが、井上の治療で自信を持った栗本は咬傷《こうしょう》患者二十五人にワクチンを注射した。栗本は『中外医事新報』掲載の報告「狂犬病毒動物試験及人体注射成績」の中で、「受療者中、一人として狂犬病を発生（発症）したる者なし」と、その喜びを簡潔に表現している。

栗本によれば、狂犬病は潜伏期間が長いので、咬まれたあとでもワクチン注射が有効だという。「注射液の製法」は「病毒を兎に移し、発病致死した兎の脊髄を取り、これを十四日間乾燥させ、乳剤を製する。乾燥日数の短いものほど病毒が強く、弱いものから注射を始め、乾燥二日の強力なものを注射して終わる」。注射部位は「欧州では一般に下腹部、余は腰もしくは臀部《でんぶ》に注射す」。注射日数は「二十日ないし二十五日とす」。治療成績は「欧州での平均発病率一・四九%、余一・三一%なり。病毒の脳髄深く侵入する時は効極めて稀なり」（栗本『最新治療法』）。

鷗外『狂犬略説』では、病毒脊髄の乾燥期間十二日のものから打ち始め、三日のもので終わる。注射回数は十八回（十八日）。これが日本での狂犬病治療の標準となった。

●狂犬病予防のための野犬狩

ワクチンができたからといって、狂犬病がすぐに撲滅されたわけではない。「畜犬規則」によって飼犬には名札を付けることになったが、犬の飼い方は相変わらず放し飼いだった。狂犬病にかかった犬があちこち出歩いて、犬や猫や人をかんだ。

四国松山出身の寒川鼠骨《さむかわそこつ》は同郷の正岡子規に師事し、俳句を学んだ。子どものころから大の犬好きだった。東京に出て、独立して家を持った時、第一番に必要なものは犬だったという。全身が白で、頭だけ黒いむく犬を友人からもらい、エスと名付けた。三歳の娘はエスと遊ぶのが大好きだった。桜の花の散る夕方、エスが行方不明になった。三日後、やせて目が落ちくぼんだエスがよろよろしながら帰って来た。翌日、娘がエスに手をかまれた。次に下女の裳《もすそ》をかんだ。人を見れば飛びかかろうとする。警察に届けて検分の上、犬殺しの家に送った。

「犬の処分は事なく終わった。しかし終わらないのは人間の処分であった。十八日間の注射を受けねばならぬ」「ようやく三歳になったばかりの秋子は注射を受けるたびに泣き叫んだ。一つ注射した所はミミズ腫れのように腫れあがった」（『犬と余』）

次に茶褐色の洋犬のメス犬を飼った。友人から預かったポチという名の犬だったが、そのまま居ついてしまった。これが屑《くず》屋の足にかみついた。警察も来て、獣医に見せたが、狂犬病ではなかった。それから納豆屋をかみ、畳屋の小僧をかんだ。警察から「永久繋留《けいりゅう》」を命ぜられたが、ポチは縄を食いちぎって逃げる。やむを得ず、遠くの百姓家にやった。

それでも子どもたちが犬を欲しがった。今度はムクという名の犬を飼った。元気のいい犬だったが、近所に狂犬がいて、その犬と喧嘩をしているうちにムクも感染してしまった。庭中を暴れ回ってだれも近づくことができなかった。妻も二番目の子もかまれた。警察が来て、獣医が来て、最後は犬殺しの手にゆだねた。

「人は煩《わずら》いの種を蒔《ま》いては、刈り取ることに忙殺されて一生を終るのである。（略）もうこりごりしてよかりそうなものを、いまだ犬の居《お》らないのを淋しく思う余は、余程犬好きに生まれ、その生涯を煩いの種を蒔かずに居れぬ性分と見える。『どこかでもらいたいなあ』というと、『煩いの種とおっしゃったじゃありませんか』と妻は反対を表明する。『でも予防注射をすれば大丈夫じゃというからな』などと飼いたい意思を表明するが、家内の意見はなお未決である」

明治になって、飼主のいない犬はすべて処分されることになった。狂犬病が猛威を振るわなかったら、かつての里犬はまだのんべんだらりと道路に寝そべっていたかもしれない。栗本東明は、狂犬病予防で大切なのは野犬を撲殺することだと明言している。狂犬病は潜伏期間が長く、感染していてもなかなか発病しない。南高来郡島原の咬傷患者調査では、かまれてから死ぬまで二十六日から七十六日とばらつきがあった。八日間地中に埋めておいた狂犬病の兎の病毒を兎の脳に注射しても発病した。健康そうに見える犬でも感染していないとは限らない。予防には野犬を退治するのが一番だった。

長崎市で狂犬病が発生した明治二十六年、長崎市内とその周辺で撲殺された野犬は千三百三頭、飼犬五十九頭。うち狂犬が九十四頭だった。明治二十八年、南高来郡で撲殺された野犬五百二十五頭、狂犬十五頭に及ぶ。人も犬も狂犬病の被害者だった。

海外では現在もアジア、アフリカを中心に狂犬病は変わらずに発生しているが、日本国内では昭和三十一年を最後に、人と犬の感染例がない。狂犬病は馬、牛、羊、山羊、豚、猫、鼠などにも感染する。最後の国内感染例は昭和三十二年、広島県で狂犬病を発症した猫だった。

犬にとっても人にとっても、幸せな時代がやって来た。狂犬病ワクチンが発明されていなかったら、人と犬との関係はもっとぎすぎすしたものになっていたに違いない。

第四章

西郷どんの犬

1　犬ざんまいの日々

●西南戦争、犬と出陣

明治十年（一八七七年）二月十五日、鹿児島は大雪だった。

昨日より終夜雪ふる。朝七八寸も積もる。老人の説に此《かく》の如き雪はおよそ五十年来、稀なりという。（市来四郎日記、黒竜会編『西南記伝』）

西南戦争は大雪とともに始まった。別府晋介率いる前衛隊は前日十四日に加治木《かじき》（始良市《あいらし》）を出発し、熊本に向かった。鹿児島の本隊が出発したのが大雪の十五日だった。

十六日も雪が降り続いた。

屋根の上はほとんど一尺ばかり、地上は九寸。（同）

十七日、雪が解け始めた。西郷と桐野《きりの》利秋《としあき》が出発した。桐野の昔の名前は中村半次郎。人斬り半次郎と呼ばれ、幕末、大いに恐れられた。明治新政府では近衛陸軍少将になった。事実上の陸軍ナンバー2である。明治六年、征韓論に敗れた西郷が下野した時、同じ薩摩出身の陸軍少将篠原国幹《しのはらくにもと》とともに職を辞し、鹿児島に戻った。西南戦争の実質的な総司令官が桐野だった。

先生は陸軍大将の正服《せいふく》で二三の猟犬を曳《ひ》きつつ徒歩せられた。あたかも狡兎《こうと》（悪賢い兎）を肥薩《ひさつ》（熊本と鹿児島）の野に追わんとするの有様にも似て、優々雅々たるものがあった。この時、感無量であった事は、翁がちょうど磯邸《いそ》（島津邸）の門前でうやうやしく土下座して、告別の意を表せられし事、これである。（小林桃園記、鹿児島県教育会編『南洲翁逸話《なんしゅうおう》』）

磯邸の主は島津久光である。西郷とは不仲だった。西郷は前藩主の斉彬《なりあきら》に見出され、世に出た。斉彬と久光は藩主の座をめぐって政争を繰り広げ、斉彬は自分の子どもが八人も夭折《ようせつ》したのはお由羅《ゆら》（久光の母）一派の呪詛《じゅそ》によるものではないか、と疑っていた。久光も斉彬派の西郷を嫌い、三度島流しにした。久光からすれば、維新後は藩主（久光の子・忠義《ただよし》）と後見人である自分をないがしろにし、日本の実権を握った逆賊だった。その久光が住む屋敷の門前で西郷が土下座して無言の挨拶をした。恩讐《おんしゅう》を超えた西郷の行為が薩摩人に感銘を与えた。

西郷出兵から約一カ月後、西郷、桐野、篠原の官位剝奪《はくだつ》の辞令を持った勅使《ちょくし》が軍艦で鹿児島に乗り込んで来た。勅使は久光と西郷が通じているのではないかと疑い「なぜ西郷は屋敷の前で挨拶したのか」とただしたが、久光は「西郷が勝手にしたことだ」と答えている。事実その通りだった。

「世には人か神か、一面人の如くにも見え、一面神の如くにも見える人がいる。（西郷は）すでに神人、超人間である。凡俗の杓子定規では計れない」と『南洲翁逸話』の中で小林桃園は述べている。だが「凡俗」はあえて問うことにしよう。西郷はなぜ「二三の猟犬を曳きつつ」出陣したのか、と。「西郷はそれほど犬が好きだった」というのが一般的な解釈である。犬好きだったことに異論はないが、そのことだけで犬連れ出陣を説明できるのだろうか。

西郷の懐は深い。その分わかりにくい。坂本龍馬の有名な西郷評は言い得て妙だ。「成程西郷という奴は、わからぬ奴だ。少しく叩けば少しく響き、大きく叩けば大きく響く。もし馬鹿なら大きな馬鹿で、利口なら大きな利口だろうといったが、坂本もなかなか鑑識のある奴だヨ」（勝海舟『氷川清話』）。大きな馬鹿か、大きな利口か、犬連れ出陣にも同じようなわかりにくさがある。「凡俗の杓子定規では計れない」と言ってしまえば、すべてが終わってしまう。西郷は何を考えていたのだろうか。その話に入る前に、西郷《せご》どんの愛犬家ぶりがどんなものだったか、るる述べてみたい。

●「犬連れ西郷」の目撃者談の数々

昭和十二年（一九三七年）、鹿児島に陸軍大将制服姿の西郷隆盛の銅像が完成した。これを期して鹿児島県教育会は全県下の市町村に調査員を派遣し、西郷隆盛についての聞き取り調査を実施した。西郷と出会った無名の人々の貴重な思い出話が多数集められた。それをまとめたのが前出の『南洲翁逸話』である。西郷は外に出る時は犬を連れていることが多かったから、集まった逸話も必然的に犬の話が多くなった。ざっと数えて六十くらいある。以下、主なものを要約する。

○翁は毎日狩に出て、獲物があれば自分は食べず、宿の家族及び青年らに与えられた。ある時、二三の青年を連れて狩に行き、村の素封家《そほうか》のところに寄った。集まって来た子供たちに向かって翁は年齢や名前などを聞き、冗談を言った。翁は子供をつかまえたり、犬におしつけたり、追いまわしてからかわれた。あの時、犬に吠えられた恐怖の念が忘れられないと、当時の子供、今では七十八歳の老人が話している。（水引《みずひき》村の調査報告書）

○体は特別に太っておられたが、狩に行って山野を駆け廻らるゝことは実に達者で、普通の人より速かった。（谷山町、緒方伊助七十四歳談）

○十一歳の時、肥大巨眼の人が供三、四人と犬三、四頭を引き連れ、家の下を通られるのを見たことがある。父が「彼《か》の人が西郷殿にて」といったのを記憶している。（伊作《いざく》、鎌田与次郎六十七歳談）

○明治七年ごろ、鹿児島・湯田温泉での話。西郷さんは犬を非常に丁寧にする方で、父はいつも卵買いにやらされて、（卵を）犬に与えておられた。ある日のこと、私が西郷さんと一緒に入浴していると、一婦人が来て髪を洗った。その際、湯が西郷さんに飛んだので、西郷さんは無言で女をにらまれた。（高城村、平城五助八十一歳談）

○祖母つるは活発なる性質で、翁に「西郷さん、お前さまはその大きな体で狩に御出でになりますか」と問うたところ、翁は笑って「ハイ」と答えられたのを見たことがある。（伊作湯之元、田部義行談）

○私が十九歳の時だと思う。湯之元に行き湯に入っていたところ、肥大巨眼の人が入ってこられたので、この人が前もって聞いていた西郷さんだと思いお礼をしたら、はいと答えて丁重に答礼をせられた。（伊作、浜田クニ談）

鹿児島はいたるところに温泉があるが、西郷が泊る場所は温泉宿とは限らない。民家を訪ね泊めてもらうことも多い。明治九年、西郷を訪ねて来た元庄内藩士が終日、犬を駆って狩をともにし、一農家に泊めてもらい風呂に入った。西郷が悠然《ゆうぜん》として言った。「君子の心は常にこのようなものだろうと思う」。だれでもない、一人の田夫野《でんぷや》人《じん》として風呂につかり、一日の疲れを癒すことに何よりの幸せを感じていた。

○西郷家には犬飼の男がいて、ブリその他の魚を買うて来て、半搗米《はんつきまい》に焚《た》き込んで食わせていた。（西郷家奉公人、中間長四郎談）

○狩の案内をした幸蔵君のいわれるには、翁の犬を愛せられることは度に過ぎるほどだった。狩を終えて帰った時は、大鍋に兎または鶏の料理したものを真っ先に犬に与えられた。それで犬は肥満し、猟に適せんようになったのもあったそうだ。（伊作、西田勇治談）

○伊集院の本田家に伝わる話。ある時、翁が来た時、二升ぐらい入る器にすしを入れて出した。たくさん食べたあとで「残りはどうするか。家の分はあるか」と聞かれたので、「ある」と答えたら、「それでは」と立たれ、供の三匹の犬に全部食べさせた。ほんとうはそれだけしかなかった。（伊集院、本田元助談）

●犬に鰻飯を食わす西郷の「お勘定」逸話

西郷と鰻《うなぎ》飯の逸話がいくつかある。「さすが西郷どん、やることが違う」と思う人がいるかもしれないが、なかなか理解しにくい逸話である。

○ある時、翁は犬を連れて鰻屋に寄られ、鰻丼を注文せられた。一杯持ってきたが、すぐ庭に投げて犬にやられた。一杯また一杯と三度持って来たが、主人は「もうごわはん（もうない）」といった。翁はやむを得ず自分は食わずに去られた。主人は不届きな奴だと思いながらあと片づけに行くと盆の下に大枚五円置いてあった。（伊作、池上成房談）

○鹿児島城下に評判の鰻屋があった。ある秋の夕暮れ、肥った男が犬を連れて現れ、鰻を注文した。亭主は奥山の猟師だろうと思って鰻のしっぽを一、二焼いて出すと、男は喜んで蒲焼をつかみ、犬に食わせた。置いて行った半紙包みを開くと中に五円ある。大金に驚いて、近くの八坂神社神主に尋ねると、西郷さんだろうということだった。亭主がお金を持って西郷邸を訪ねると、その方《ほう》に払った金はその方のものなり、正直な男じゃと申され、手作りの大根をいただいた。（のち従軍賄い係、平田源吉談）

○鹿児島城外に鰻の蒲焼を扱う店があった。隆盛は鰻の蒲焼を食べ、その幾片かを愛犬に与え、十円紙幣を飯びつの下に置いて去った。主人はそれを知らず、追いかけて支払いを求めた。話を聞いて店に戻れば十円紙幣あり。あとで客は隆盛であることを知り、家を訪ね、残りを渡そうとすると、「私学校の生徒がしばしば来て、値を払わない者もいるだろう。その不足にあてよ」と金を納めさせた。

（『西南記伝』）

明治十年に東京神田の老舗神田川のうな重（並）が二十銭だった（『値段の明治大正昭和風俗史』）。五円あればうな重を二十五回食べられる。最も給料の安い鹿児島県役人（郡書記官十七等）の月給が六円だった（『鹿児島県規則便覧』）。

鰻屋に行って、法外のお金を黙って置いて行く西郷の姿に相当な違和感を覚える。おそらく鰻代を五円、十円払おうとすると、亭主が受け取らないので、黙って置いて行くのだろう。「私学校の生徒の不足分にあてよ」というのなら、そういって渡せばすむ話ではないか。

○いつか桜島に行かるゝ時、三、四人連れで広馬場（鹿児島市）の鰻屋に寄った。人にも犬にも一人前ずつ食わせ、勘定する時「こまかいのがないのでしばらく貸してくれ」といわれたが、「どこの人とも知れぬ人には貸されぬ」というので、「しからば」と百円札を出して立ち去られた。あとで西郷殿とわかり、鰻屋は恐縮して追いかけ、桜島まで来て供に釣銭を渡した。（西郷家奉公人、中間長四郎談『南洲翁逸話』）

この時は百円札を渡して立ち去ってしまった。この場合でも、これこれこういう者だといって事情を説明すればすむ話だと思うが、そうはしない。どうも西郷どんの気持ちがわからない。

●西郷をもてなした祇園の名妓「君竜」とは誰か

西郷は京都・祇園《ぎおん》でも犬に鰻飯をやった。『南洲翁逸話』に「愛犬と祇園の茶亭に上がる」という無記名の一文が載っている。この中に祇園の名妓《めいぎ》君竜の有名な西郷評があるが、ここにも鰻飯が出てくる。全文を引用しよう。

南洲翁が明治維新の頃、江戸や京都辺りを曳かれて居る愛犬は名を寅といった。和蘭《おらんだ》国から将軍徳川家斉《いえなり》に贈った蘭犬の血筋を受けて居るという犬で、翁は鼻結び草履を履いて、愛犬寅を曳き、常に京都祇園あたりでは、愛犬と共に茶亭に上がり、食を取るが例となって居た。当時祇園新地の名妓であった君竜の評がある。頗《すこぶ》る面白い。曰く、「木戸さんや山県《やまがた》さんや、伊藤さんや、歴々のお方々が折り〱お出でになって妓を聘《てい》し（思うように呼び寄せ）夜深くまで歓を尽くされましたよ。西郷さんのみは、犬を引っ張ってお出でになり、犬さんと御一緒に鰻飯を召し上がれば直にお帰りになりました。西郷さんの所作は真に粋の中の粋を知ったお方、歴々中の一番おエライ方様と伺いました云々」と、無粋必ずしも無粋ではない。無粋は粋の極である。老妓の南洲翁評は実に知言《ちげん》である。

祇園の茶屋に犬を上げ、鰻を食わせて帰るのがなぜ粋なのか、よくわからない。それでいて「なるほど、さすが」と思ってしまう。常人にはうかがいしれない西郷の人柄を表すエピソードとしてこの話はしばしば引用されている。司馬遼太郎も『翔ぶが如く』の中で「西郷は犬を偏愛した。幕末、かれは『寅』という名の蘭犬を愛し、外出するときは『寅』を曳きながら歩いた。他藩の同志と酒楼《しゅろう》で会するときも『寅』を座敷にあげてつねに自分のそばにすわらせ、犬の背を撫でながらひとと話した。（略）当時祇園あたりでは西郷のこの犬好きをむしろ粋だと見ていたようで、名妓君竜の話というのが遺《のこ》っている」と述べたあとで、「木戸さんや山県さん…」以下、『南洲翁逸話』の話を引用している。

この逸話はもともとの出典が不明なので調べてみたが、いまだにわからない。明治三十一年、上野公園に西郷像が建設された時、新聞か雑誌に掲載された話ではないかと推測しているが、出典となる記事は見つからない。

君竜という名妓のこともわからない。君尾という「勤皇芸者」ならいる。君尾は大正七年二月十七日に亡くなった。翌日の東京朝日新聞に「勤皇芸妓《げいしゃ》祇園の君尾死す」という見出しの記事が載っている。

維新前から京都祇園に左褄《ひだりづま》を取り、高杉晋作、久坂玄瑞《げんずい》、桂小五郎（木戸孝允）、西郷隆盛、山県狂介（有朋）、品川弥次郎、井上聞多《もんた》（馨《かおる》）、桐野利秋、土方《ひじかた》孫右衛門（久元《ひさもと》）、伊藤俊介（博文）等諸元老に多大の贔屓《ひいき》を受け、勤皇芸妓と称えられた祇園の君香《きみか》（君尾）事《こと》中西きみは十七日午前六時「白梅《しらうめ》でちょと一杯や死出の旅」の辞世を残して病死した。卒年七十五。

この記事によると、君尾は丹波船井郡（京都府）の生まれで、父親は博徒《ばくと》の親分だった。十八歳の時、祇園新地の島村という置屋から芸妓に出た。有名な逸話がある。井上聞多（のち大蔵大臣）が刺客に襲われ、横腹を刺されたが、君尾から贈られた鏡を身に着けていたため、鏡が刃先を受け止め、一命をとりとめた。

『南洲翁逸話』は鹿児島に西郷銅像が建てられた時にまとめられた本だが、同じ時期に鹿児島新聞で「武《たけ》の西郷邸物語」という企画記事が三十九回連載され、『南洲先生新逸話集』（池田米男著）という題の単行本になった。その中の「先生の狩猟と愛犬」に君尾が出てくる。

祇園花街の名妓君尾は次の如く語っている。

明治の御一新前、京都は諸藩の勤皇志士が屯《たむろ》して、夜な〳〵紅灯《こうとう》花街の巷《ちまた》に出入りし、鋭気を養われました。多数の粋人も居られ、中にも木戸様（木戸孝允）の御愛妓は有名なお松さんで、後《の》ちは夫人にご出世なさいました。大久保様（利通）

にも御愛妓がいました。西郷様（南洲先生）の愛妓は風変わりのお愛犬二疋でした。西郷様はよく愛犬とともに御入来《にゅうらい》になって、鰻の蒲焼を犬の分まで御注文をして愉快相《そう》に愛犬とご一所にこれを食われ、犬の頭を撫でられたりして、四方山《よもやま》のお話に興じて帰られました。妾《わた》しは西郷様こそ、粋人中の粋人様と思いました。色や恋などという方は、ほんとうの粋人ではありませぬと…
流石《さすが》は京都の名老妓の真粋《まことのすい》を解した哲言《てつげん》ではある。

『南洲翁逸話』の「君竜」の談話と内容が酷似している。『南洲先生新逸話集』の話も出典不明だが、話の筋はこちらの方がずっと通っている。前者は「犬さんと御一緒に鰻飯を召し上がる」行為を粋と解釈しているが、後者では「色や恋などと」言わないことが粋なのだ。こちらの方が抵抗なく、自然に読める。前者の談話には「妓を聘《てい》し」のように、祇園の芸妓が使うとは思えない言い回しがあるのも気になる。

登場する犬も違う。『南洲翁逸話』は「寅」という蘭犬の話。明治三年七月、鹿児島にいた西郷が国分《こくぶ》（霧島市）の山内甚五郎に宛てた手紙の中で「愚弟（弟・小兵衛《こへえ》）が四月に江戸から引き連れてきた蘭犬まだ一歳にも満たないものですが、しつけをすれば用に立つと思い、伊作温泉に（狩に）連れて行きました。少々狩る心持にはなるのですが、用に立つようになるのかおぼつかなく、なにとぞ狩の節には、御牽《ひ》き試し下されたく合掌いたします」と調教を依頼している。ここに出てくる蘭犬と祇園の鰻飯の蘭犬が同一の犬である確証はないが、蘭犬はどこにでもいるものではないので、同一の犬である可能性は大だと思う。そうなると、祇園の逸話は明治初年のことになる。

一方、『南洲先生新逸話集』では、西郷が連れて来たのは「風変わりのお愛犬二疋」になっている。一匹は「ソノ」という川辺《かわなべ》（南九州市）産の黒のオス、もう一匹は「トラ」という溝辺《みぞべ》（霧島市）産の虎斑《とらふ》の犬で、「戊辰の役前、先生は遠くこの二頭の猟犬を京都の地まで曳かれ、度々洛外の山奥を狩り立てられた」と書かれている。前出、山内宛の手紙には「しばらく狩に行けないので（蘭犬のほかに）川辺育ちの三歳の犬も仕込んでいただきたい」とある。この犬がソノである可能性もある。祇園で鰻飯をふるまわれた犬は蘭犬なのか、川辺のソノと溝辺のトラなのか、事実がどちらなのかわからない。私は「風変わりのお愛犬二疋」説の肩を持つが、どの犬であれ、西郷が祇園で犬に鰻飯を食わせたのは事実だろう。

君竜と君尾。これはどちらが正しいのだろうか。

君尾から話を聞いてまとめた井筒月翁著『維新俠艶録』によると、新撰組の近藤勇も君尾に惚れ、君尾もまんざらではなかったが、「あなた様は幕府方、ここで禁廷《きんてい》様の御味方をなさるようなら、不束《ふつつか》ながら私、喜んで御言葉に従いまする」と応えた。近藤は「貴様はみあげた女だ」と杯を重ね、機嫌を損ねなかった。西郷がお虎という肥った仲居を気に入っていた話も同書に載っている。この話が脚色されて大正時代に『西郷と豚姫』という芝居になった。幕府方に追われ茶屋に逃げ込んできた見知らぬ男を君尾がかくまってやったこともある。その男が桐野利秋だったことは、のちになって判明する。

君尾がいた祇園新地の島村屋という置屋はもともと長州藩士が贔屓にしていた。元勲となってからも伊藤博文は京都に来ると懐かしがって君尾に会っている。『南洲翁逸話』の君竜の話に出てくるお歴々の名前も、長州の「木戸さんや山県さんや伊藤さん」である。ところが、君竜の名は『南洲翁逸話』にあるだけで、ほかには出てこない。すべて君尾だ。鰻飯のことを語ったのも君竜ではなくて、君尾だろう。どこかで「尾」が「竜」に化けてしまったらしい。

2　知行合一

●元庄内藩士が作った『南洲翁遺訓』

幕末、山形・庄内藩は江戸市中の警備を仰せつかっていた。大政奉還のあった慶応三年（一八六七年）十月の末ごろから江戸では押し込み強盗、放火、辻斬りなどが多発し、探索の結果、犯人はいずれも三田の薩摩藩邸を根城にしていたことがわかった。十二月二十五日、庄内藩は上山《かみのやま》（山形）、鯖江《さばえ》（福井）、岩槻《いわつき》（埼玉）三藩の応援を受け、薩摩藩邸を焼き打ちにした。これがきっかけとなって戊辰戦争が始まる。

庄内藩は会津藩とともに官軍と最後まで戦ったが、会津が開城したあと、庄内は薩摩を主力とする官軍に降伏した。戦後、京都守護職を務めていた会津二十八万石は下北半島に追いやられ、斗南《となみ》藩三万石となる。ここでの生活は悲惨なものだった。一方の庄内十七万石に対する処分は寛大だった。「順逆《じゅんぎゃく》を知りて帰順せし以上は兄弟も同然なり」。西郷の意向を受け、庄内藩は転封《てんぽう》もされなかった。藩主、藩士はそのことを終生の恩義とした。

明治三年に庄内藩主酒井忠篤《ただずみ》以下七十数名が鹿児島に行き、西郷から兵学を学んだ。明治七年には元庄内藩士二人が下野した西郷の教えを受け、狩にも従った。明治八年、庄内藩の元家老で、酒田県の権参事《ごんさんじ》となった菅実秀《すげさねひで》は旧藩士七人と鹿児島に行き、滞在二十四日、西郷が語った一語一語を記録して国に帰った。明治二十二年、憲法発布時の明治天皇特旨《とくし》により西郷から賊徒の汚名が取り払われたのち、元庄内藩士は小冊子『南洲翁遺訓』を作り、これを風呂敷にくるみ、全国に配って歩いた。

彼らは幕末江戸での強盗放火辻斬り事件が倒幕の口実作りのため西郷が仕掛けたわなであったことを知らない。西郷も語らない。ただ、その答えは『南洲翁遺訓』に書かれている。「作略（策略）は平日（平常）致さぬものぞ。唯戦《ただいくさ》に臨みて作略無くばあるべからず。しかし平日作略を用いれば、戦に臨みて作略はできぬものぞ」（要約）。

昭和五十一年、酒田市に南洲神社が建てられた。酒田「荘内《しょうない》南洲会」は小冊子『南洲翁遺訓』を神社で無料で配っている。平成十一年五月発行の同会報『敬天』に私が新聞社の地方部長をしている時に書いた夕刊コラムの原稿が転載されている。その一部を抜粋する。

先月、統一地方選挙の打ち合わせで東京に来た山形支局員に「南洲神社に行ったか」と聞いたら、うれしそうに「行きましたよ」と答えた。この記者は昨年春、鹿児島支局から山形へ転勤した。「鹿児島にいたというだけで、庄内の人にずいぶん親切にしてもらいました」。そういう土地なのだ。（略）
「命もいらず、名もいらず、官位も金もいらぬ人は、仕末に困るもの也」と『遺訓』にある。そういう人でないと国家の大業は成し遂げられないと西郷は言った。名誉でも欲得でもなく、ただひたすらその恩義に報い、遺徳を広めたいと、神社を建て、『遺訓』を配り続ける人たちがいることは、戊辰戦争の奇跡のように思える。

このコラムの反響は大きかった。二百人を超える人たちが私のコラムを読んで荘内南洲会に『南洲翁遺訓』を送ってほしいと手紙、はがきで依頼してきた。その依頼状だけで『敬天』は四ページの特集を組んだほどだ。そのことを思い出しつつ、鰻屋での支払いの逸話について前述した。西郷は金銭欲や私心のない人だとよくわかっていても、やはりこの逸話は釈然としない。

●西郷にとっての「知行合一」

『南洲翁遺訓』にいう。

万民の上に位する者、己を慎み、品行を正くし、驕奢《きょうしゃ》を戒め、節倹を勉め、職事に勤労して人民の標準となり、下民その勤労を気の毒に思ふ様ならでは、政令は行はれがたし。

「そうであるのに、草創（維新）の始めでありながら、家屋をかざり、衣服をかざり、美妾《びしょう》を抱え、蓄財を図るようでは維新の功業を成し遂げることはできない」と西郷は述べ、そのあと庄内藩士の前で涙を流した。

　今と成りては戊辰の義戦も偏《ひと》へに私を営みたる姿に成り行き、天下に対し戦死者に対して面目無きぞとて、頻《しき》りに涙を催されける。

　私欲に走る政府高官、役人、貴族、利権に走る商人の姿を思うにつけ、天下に対し申し訳ない、こんなはずではなかったと西郷の心は晴れない。

　庄内の菅実秀らが鹿児島にいた明治八年当時の政府高官の月給を掲載しておこう。

太政大臣・三条実美《さねとみ》八百円　左大臣・島津久光六百円　右大臣・岩倉具視六百円

参議（閣僚）五百円　陸軍・海軍大将五百円　同中将四百円　同少将三百五十円

東京府知事三百五十円　大警視（警視総監）三百五十円

　警視庁を例に安い方を見ると、警視庁警部補が十二円、一等巡査十円、二等巡査九円、三等巡査七円、四等巡査六円だった。これ以下はない。

　かつての貧乏侍が新政府で高給をはみ、「私を営みたる姿」になってしまった。西郷は下野したあとも陸軍大将の肩書はそのままだったが、政府は明治七年十月、西郷をはじめ、西郷に従って鹿児島に戻って来た薩摩出身の武官、総人数三百二人に総額八千六百二十八円余の俸給を送ってきた。彼らは免職扱いになっていなかったのだ。

このうち受給資格のある九人を除き、二百九十三人が俸給を返上している。
続けて『南洲翁遺訓』はいう。

ある時、自作の七絶《しちぜつ》（漢詩七言絶句）、「幾歴辛酸志始堅《いくたびかしんさんをへてこころざしはじめてかたし》（いくたびか辛酸を歴《へ》て志は始めて堅く）　丈夫玉砕愧甎全《じょうぶぎょくさいするもせんぜんをはず》（日本男子は玉となって砕けても、瓦＝甎全《せんぜん》のように何もしないことを恥じる）　一家遺事人知否《いっかのいじひとしるやいなや》（我が家訓を人が知っているかどうか）　不為児孫買美田《じそんのためにびでんをかわず》（子孫のために美田を買わず）」を示されて、もしこの言と違《たが》いなば、西郷は言行反したると見限られよと申されける。

西郷には蓄財する意思がなかった。
下野した西郷は身も心も猟師となることに生きがいを見出していたように見える。
自ら「猟師だ」と名乗ったこともある。

○ある晩、夫は狩に出て、子供五人を寝かせて夜仕事をしていると、「八之助どん方はここか」と尋ねて来た人がある。見れば大男で犬を連れている。その時は供一人と犬が三匹いた。びっくりして「どなたですか」と尋ねると、「おら鹿児島者で、八之助どんと同職（猟師）じゃら」とおっしゃった。（湯田、橋口キヨ八

十七歳談）

てらいで「同職」といっているわけではない。実際に「同職」だと思って行動している。

『南洲手抄言思録《しゅしょうげんしろく》』は儒学者・佐藤一斎《いっさい》の『言志四録《げんししろく》』千三十四編のうち百一編を自ら抜き書きにした西郷の手控えである。その中に「知はこれ行《こう》の主宰なり。行はこれ知の流行なり。すなわち知行《ちこう》はこれ二にして一、一にして二なり」（要約）とある。

「知行合一《ちこうごういつ》」は陽明学の理念である。知識と行動は一致しなければいけない。西郷が若い時、鹿児島で学んだ伊藤猛右衛門も陽明学者だった。私欲を捨て、自然に身をゆだね、猟師となることは西郷の「知行合一」だったといえるだろう。人と同じように犬を愛する以上、犬に鰻飯を食わせることも「知行合一」だった。では、鰻飯の勘定の仕方はどうだろう。人が食う鰻飯を犬に食わせることをどう思うか、西郷と世間一般の感覚の間には、ずれがある。それは解消できないずれである。この時に生じる心理的葛藤が高額の金を黙って置いて来るという行為になるのではないか。動物行動学でいう「転位行動」である。「さすが西郷どん、やることが違う」と思う人もいるだろうが、私にはただの「転位行動」にしか思えない。

●他人の「逸物の猟犬」を次々所望

猟師は優秀な猟犬がいないと仕事にならない。兎狩に使う犬は兎を猟師のいる方に追い立てるのが仕事である。好き勝手なところへ兎を追いまわすような犬は猟に使えない。犬が追った兎を張り網やわなを使って捕まえる。鉄砲も使う。猪や鹿のような大物は鉄砲で仕留める。

○国分村の山内甚五郎に翁が「よい犬はいないか」と尋ねると、「敷根村（霧島市）の大庭定次郎が持っています」と答えた。翁は矢も楯《たて》もたまらず、大庭家を訪ね、犬を借りて狩をしてみるとかなりの逸物《いちもつ》。譲ってほしいと頼んだが、「馬ならあげますが、この犬ばかりは」と断られた。翁があまりに懇望《こんもう》するので、ついに折れ、逸物を手放した。翁は金十両（十円）と礼状を送った。（敷根、大庭公虎談）

○明治七年か八年に西郷は上東郷村（薩摩川内市《せんだい》）の藤川天神を参拝した。そのころ藤川牧野に前田善兵衛という者がいた。狩が趣味でいい猟犬を持っていた。名をツンといい、虎毛の左尾（左巻尾）でメス犬。体はさほど大きくなかったが、兎狩には非常な逸物だった。南洲翁は所望《しょもう》せられて、翁の所有となった。謝礼として金（二十貫という）を贈られた。（藤川小学校の調査報告）

ツンは西郷に飼われたが、元の飼主が忘れられず、一、二回藤川に帰って来たそうだ。上野の西郷像の犬のモデルがツンだという説があるが、これは違う。そのことはあとでまた触れる。

猟犬は飼主と深い信頼関係で結ばれている。藤川のツンのように元の飼主のところへ戻った犬はほかにもいる。川辺郡万世《ばんせい》町小松原（南さつま市）に多くの猟犬を飼っている平川与左衛門という人がいた。犬の中でも雪という名のメス犬が逸物として近所でも有名だった。ある人が譲ってほしいと頼んだが、「父の遺言でこの犬は譲れない」と断られた。犬のことになると西郷は駄々っ子と同じだ。この話を聞いて雪がほしくなり、弟の小兵衛と従僕《じゅうぼく》の熊助を平川家に送りこんだ。

○小兵衛氏、本心は告げずに「猟犬の狩ぶりを見せてもらいたい」と一週間宿泊して様子を見た。雪の武者ぶりは目覚ましく、いつも兎その他の獲物があった。そこで小兵衛氏は「この犬を譲り受けたいのだが、先代の遺言もあるということなので貸してもらえないか」と懇望した。これには断ることもできず、平川の家族は涙で雪を見送った。五日後の未明、犬の声がするので家人が戸をあけると、尾を振りながら雪が家の中に入って来た。どうして鎖をといて帰って来たのか話しているところに従僕の熊助氏が訪ねて来た。その話によると、今朝犬を数頭引き連れて出たところ、雪がいつの間にかいなくなり、行方が分からくなった。さては家に戻ったのかと思い、来てみたのだという。熊助氏、再び雪を伴って帰ったので、南洲翁は大いに喜ばれた。（川辺郡万世町の調査報告）

鹿児島から万世町までは三十キロ以上あるが、このくらいの距離なら帰家本能の強い猟犬はわりと簡単に家に戻ってしまう。尾張藩士・近松茂矩《しげのり》著『昔咄《むかしばなし》』に江戸時代初期、弘前藩から尾張藩に贈られた猟犬が名古屋で逃げ出し、弘前まで約千百キロの距離を十三日かけて戻った話が載っている。これが確認できる日本最長の帰家記録だ。

とにかく西郷が逸物の猟犬をほしがること、尋常ではなかった。犬をもらうことが決まり、仲介者に出した西郷のお礼の手紙も残っている。

○（大庭氏の）御秘蔵の犬、無理に御相談申し上げ、快く承諾下され、二匹のうち好みの犬をとまで仰せ下され、引き連れていただけるとのこと、ありがたく飛び上がらんばかりです。つきましては黒犬の方を願いたく、子犬は乳離れしましたらお帰しいたします。そうすれば親犬（黒犬）も馴れ付けやすく、よろしくお頼み申し上げます。御秘蔵のもの御ねだり申し上げるわけですから、ただ貰《もら》い申し上げては不本意のことになりますので、気に入られるかどうか覚《おぼ》つきませんが、鉄砲一挺御礼として進上いたしたく、御受納下されるように御計らいください。（川端彦四郎宛・要約、『西郷隆盛全集』）

○狩に明け暮れ、家のことを顧みない男がいた。日当山《ひなたやま》（霧島市）へ狩に行った時、南洲翁と会ったので挨拶した。後日、友人から「西郷どんが連れちょった犬をほめやった」と聞いた。「それなら」と自慢の犬を献上するため西郷の家を訪れた。「何かお礼にあげんにゃならんが、馬はいけんな」というので、「馬は欲しくない。お礼をもらおうとは思わぬ」と答えると、翁は「こげなもんな、どじゃろかい」といって棚からきざみ煙草の入った箱を取り出した。ありがたく頂戴して家に帰り、開けてみると大枚の紙幣が一緒に入っていた。男は再び西郷の家に行き、紙幣が入っていたことを告げると、「それはおはんにあげたもんじゃ」といわれた。男は「煙草はいただきもうすが、銭なんどは、もらやしもはん」と紙幣を返した。

翁は居ずまいを正し、「ふだん狩ばかりして御家内に着物も作ってあげやらんちゅう話ゆ聞いた。そいでその銭は着物代にあぐじゃごあはんか」と述べた。男は涙を流し、金をいただいて帰った。（無記名の回顧談）

●江藤新平、突然の来訪

明治六年一月一日（旧暦五年十二月三日）から新政府は欧米にならって新暦を採用したが、鹿児島では相変わらず旧暦を使い続けていた。

征韓論に敗れた西郷は新暦明治六年十月二十八日に東京を出発、十一月十日鹿児島に到着し、城下町から離れた武村《たけ》（鹿児島市武町）の家に入った。狩に明け暮れる日々がまた始まった。鹿児島に戻って三カ月、西郷は十三匹の犬を引き連れて、突然、鰻《うなぎ》温泉（指宿《いぶすき》市）に現れた。

明治六年旧十二月二十七日夕方、南洲翁、従者二人猟犬十三頭を従え、山川村鰻温泉場、福村市左衛門方へ突然来たり、止宿《ししゅく》せらる。（『南洲翁逸話』）

周囲四キロほどのカルデラ湖（鰻池）に面したひなびた温泉である。記録に残る限りでは、西郷がこんなに多数の犬を連れて出かけたことはほかにない。訓練を兼ねて、めぼしい犬をみな引き連れてきたのだろう。

この日は新暦の明治七年二月十三日である。西郷は毎朝七時ごろ起床して、雨の日以外は毎日狩に出かけた。猟犬は四、五匹ずつ交代で連れて行った。獲物は兎で、いつも二、三羽は捕獲し、時々は自分で料理し、家主の家族にも分けた。晩酌に少量の焼酎を飲み、夜十一時ごろには就寝した。

旧正月二十日午後七時頃、他国の人が突然翁を訪ねて来た。体格は倭小《わいしょう》であるけれども眼は大きく鋭く、常服で袴《はかま》も着けず木履《きぐつ》を穿《は》いていた。（同）

「他国の人」は西郷とともに下野した佐賀出身の元参議・司法卿江藤新平だった。この鰻温泉の記述は宿泊先の福村市左衛門の妻ハツ子と長男平左衛門の談話をもとに、山川小学校がまとめたものだ。「旧正月二十日」は新暦の三月八日にあたるが、江藤が西郷を訪れたのは新暦三月一日だった。『南洲翁逸話』の日付がおかしい。

江藤は強硬派の征韓論者だった。下野のあと、佐賀の不平士族に担がれて、反政府の兵を起こした。佐賀の乱である。佐賀県庁に立てこもる反乱士族を政府軍が攻撃するよりも早く、江藤は漁船で佐賀を脱出し、再起を期して西郷のいる鹿児島に向かった。武村の家を訪ねたが、西郷は狩に出て留守だった。居場所を聞いて江藤は鰻温泉に来た。

一時間内外の談話後、他国人（江藤）は隣家、福村正左衛門宅に一泊し、翌朝八時頃再び翁を訪《と》われて、表縁側より次の間に座し、翁は上座にあって久しい間懇談されたが、話が進むに従い、翁の膝下《しっか》に迫り、次第に高声《こうせい》となってくる。翁は遂に腕をまくり上げ、「幾度言っても己《おの》れの言《げん》を諾《だく》せざれば（私の言を承諾しなければ）、当てが違います」と大声で叱咤《しった》せられた。他国人は殆んど恐縮の体で退座し、隣家へ宿泊し、何方《いずかた》へともなく出発した。（同）

江藤が期待していたのは征韓のための兵を西郷が起こすことだった。当然その前に政府に反旗をひるがえすことになる。将来の内戦につながるような戦を始める気は西郷にはなかった。西南戦争の克明な記録書『西南記伝』には、西郷と江藤は激論となり、西郷は「吾人《ごじん》の意見に従わずんば、足下《そっか》の目的必ず齟齬《そご》せん」と忠告したと書いてあるが、『南洲翁逸話』の福村ハツ子談の方が実際の西郷の発言に近いだろう。ただハツ子談もやや堅苦しい。『南洲翁逸話』よりも前、大正三年刊『江藤南白』（南白顕彰会、的野半介著）には同じハツ子の話として「『私が言う様になさらんと当てが違いますぞ』と仰せられました」とある。こちらの方がずっと自然だ。

江藤はこのあと鹿児島に戻って桐野利秋と会い、さらに四国に渡り、土佐の板垣退助、片岡健吉らと手を結び再起を図ろうとするが、受け入れられず失敗。官憲に逮捕され、佐賀で処刑される。一方、鰻温泉で江藤と会った西郷は鹿児島には帰らず、そのまま狩の旅を続けた。

旧正月二十八日午前十時頃、翁は従者と共に出発せられた。行先地は垂水《たるみず》だが、来訪者に対しては知らぬと答えよ、後日更に来遊する事もあろう、その時は書も書いてやろうと言い置かれた。(同)

「来訪者に対しては知らぬと答えよ」というのは、他国の反政府不平士族とは会わないということだ。西郷が次の行く先に挙げた垂水(垂水市)は桜島のすぐ近くにある。西郷は供四人、犬六匹をつれて鰻温泉から錦江湾《きんこう》対岸の垂水に渡り、桜島に三、四日滞在した後、船で対岸の指宿へ戻り、ここで一週間。さらに枕崎《まくらざき》に行き一泊。それから伊作温泉(日置市《ひおき》)に移り、一か月余り。さらに市来《いちき》の湯之元(いちき串木野《くしきの》市)で一週間。結局、三カ月も家に帰らなかった。県内各地で西郷は狩に明け暮れた。

3　犬連れの西南戦争

●政府による「西郷暗殺計画」の真相

明治九年八月、政府は華族士族に支給していた家禄を廃止し、代わって金禄公債を交付することにした。「秩禄処分《ちつろく》」である。家禄の時は代々の収入が保証されていたが、金禄公債は一度もらえば、それで終わりである。『国史大辞典』（吉川弘文館）によると、多額の金禄公債を手にした旧大名・家老、公卿層五百十九人の平均受給額は約六万円、年平均の利子収入は三千円を超えた。これに対し、全体の八三・七％を占める下級武士層（約二十六万人）の平均受給額は四百十五円だった。藩主クラスは金利生活者となっていくが、大半の士族は公債を売って何百円かの金を手にしても、その先の生活のあてがなかった。全国各地にいた不平士族は、西郷が決起する日を心待ちにしていたが、西郷には立つ気がなかった。

明治十年一月二十九日夜から二月二日にかけて、西郷が私費を投じて鹿児島に創設した私学校の生徒が陸軍火薬庫、海軍造船所火薬庫を襲い、弾薬などを奪った。この時、西郷は大隅《おおすみ》半島の小根占《こねじめ》に滞在し狩をしていた。弟の西郷小兵衛からその一報を聞いた西郷は「しまった」と膝を打った。その場にいた息子菊次郎（のち京都市長）の話である（牧野伸顕《のぶあき》『回顧録』）。滞在先の民家の次女で、西郷の給仕をしていた谷川ふね子（当時十四歳）の四十年後の回想によると、西郷は「それはしまった。お前たちは弾薬を奪って何するか、そんなことせんでもよかったのに」と怖い顔で語っていたという（県立第二中学校長・池田俊彦による調査）。

この時、西郷は小兵衛から「西郷暗殺計画」があることを聞かされた。
二月三日、西郷は急きょ鹿児島に戻った。同じ日「帰省休暇」を名目に鹿児島に帰っていた警視庁少警部・中原尚雄が私学校党に捕縛された。戊辰戦争の戦友である谷口登太と大酒を飲んだ時に中原が「西郷を暗殺すれば必ず私学校は瓦解《がかい》する」と計画を打ち明けたというのだ。中原は警視庁から送り込まれた密偵工作員、谷口は私学校党に頼まれた即席の密偵だった。戊辰戦争から帰って農業を営んでいた谷口は私学校党に属していなかった。中原は勤め先を探しているという谷口の話を信用し、仲間に取り込もうとした。

私学校党が作成した中原の口供書《こうきょう》（自供書）によると、明治九年十一月末、警視庁大警視川路利良《としよし》から「万一挙動の機に立ち至ったら、西郷に対面、刺し違えるよりほか仕様はないよ」と言われた。十二月二十六日に川路旧宅で中原ほか十四人が会合を持ち、「私学校の人数に離間の策を用い、わが方に人数を引き入れ、私学校を瓦解せしめ、動揺の機に投じ西郷を暗殺致し（略）」と取り決め帰宅した。川路一人で暗殺の指示を出せるはずがない。西郷は背後に大久保利通がいるのではないか、と疑った。

明治十年二月六日、私学校に西郷、桐野、篠原ほか私学校幹部ら二百数十人が集まり、出兵の是非について議論した。西郷は「自分はこの身体を差し上げる。よいようにして下され」と述べ、桐野、篠原の断固出兵論に同意した。

同十一日、東京から来た鹿児島県士族・野村綱《つな》が、警視庁の密偵（刺客）が捕縛されたことを知り、怖くなって鹿児島県庁に自首して来た。このころの県庁は私学校党と一心同体である。野村は、大久保から「暴発の時は大小為《な》す所あるべし（いろいろやることがあるだろう）」と密命を受け、資金百円を渡され、船で鹿児島に来たという。「其《その》意（大久保の意）は、畢竟《ひっきょう》（要するに）主任の人を斃《たお》すか、又は火薬庫へ火差入《さしいる》る等の事」と野村は述べた。「主任の人」は西郷のこと、とだれもが思った。暗殺計画の背後に大久保がいることを疑う人間は鹿児島にはもはやいなかった。

同十五日、陸軍大将西郷隆盛名で熊本鎮台司令長官（谷干城《かんじょう》）に宛て通告書が出された。

拙者儀、今般政府へ尋問《じんもん》の廉有之《かどこれあり》、明後十七日県下発程《はってい》、陸軍少将桐野利秋、陸軍少将篠原国幹、及《および》旧兵隊の者共、随行　致候《いたしそうろう》　間《あいだ》、其台下《そのだいか》（熊本）通行の節は、兵隊整列指揮を可被受《うけらるべく》、此段照会に及候也。

暗殺計画が出陣の理由だった。そのことを政府に尋問する。しかも陸軍大将が行くのだから熊本鎮台の兵隊は整列して指揮を受けなさい、と通告したのである。西郷名で出されたこの文書を西郷は事前に見ていなかった。「兵隊整列指揮を受けらるべく」

のくだりが問題だった。これでは喧嘩を売るようなものだ。翌日、筆者の県第一課長・今藤宏に「すぐ取り消すように。あのような掛け合いでは、（鎮台と）先鋒の兵隊がどのような事変を起こすかわからない」と手紙を出したが、時すでに遅かった。「政府へ尋問の廉有之《かどこれあり》」とはずいぶん居丈高《いたけだか》だ。政府の地方機関であるはずの県の課長がこういう通告文を書く。「尋問の廉《かど》」とは犯罪者に向けられる言葉だ。薩軍のだれもが西郷暗殺計画の存在を疑っていなかった。筆者の今藤は県のナンバー4である。西南戦争勃発時の鹿児島県庁、私学校党の空気がよくわかる。

当時、陸海軍に大将はただ一人西郷隆盛しかいなかった。西郷が征韓論に敗れ、職を辞したのちも、西郷とその周辺を刺激しないように政府は陸軍大将の座を空けたままにしていた。中将も、薩軍出兵時には陸軍中将兼陸軍卿・山縣有朋（長州）、陸軍中将兼開拓長官・黒田清隆（薩摩）、海軍中将・河村（川村）純義《すみよし》（薩摩）の三人だけだった。陸軍大将が尋問に出て行くのだから四の五の言わずに従え、邪魔する者は踏みつぶすぞ、というのが桐野以下、薩軍の基本戦略であり、県令（県知事）・大山綱《つな》良《よし》にも異論はなかった。

西郷の意を受けてだろう、県令・大山名で名古屋鎮台、愛知、和歌山、三重、静岡県に出された文書では「政府への尋問の筋有之《すじこれあり》、（略）御含の為め此段届出候」と表現がやわらかくなっている。

西郷自身が草案を書いた征討将軍（総督）有栖川宮宛《ありすがわのみや》の文書では「政府へ尋問の次第」と表現がさらにゆるめられ、暗殺計画の口供書を添えて県令・大山名で宮宛に送るよう依頼している。しかし、表現は微妙に違っても、陸軍大将として西郷が「政府に尋問」するという基本構図は同じだ。

暗殺計画は本当にあったのか、警視庁の中原ほか密偵（離間工作員）は刺客だったのかというと、私は違うと思う。捕縛された警視庁関係者は二十人。このうち口供書で暗殺計画を認め、拇印《ぼいん》を押した中原ら十五人はのちに全員が計画を否認した。拷問《ごうもん》の上、むりやり拇印を押しつけられたという。西郷をはじめ鹿児島の人間はみな暗殺計画を信じていたが、「刺し違える覚悟でやる」というくらいの話が「暗殺」になってしまったのだろう。中原らが刺客として行動した形跡もない。

●官位剝奪の伝令者と一緒に兎狩

西南戦争に西郷が何匹の犬を連れて行ったのか、正確なことはわからない。二匹説、三匹説、四匹説いろいろある。西郷と犬が戦場で何をしていたのか、そのことを探索してみたい。

護身用に犬を連れて行ったと考える人は当時もいたと思う。しかし、犬は泥棒よけには使えても、刺客から身を守る役に立たないことくらい西郷は知っている。西郷が大切にしている犬は蘭犬の寅を除けば、いずれも小型の猟犬である。犬を連れて行く理由は一つしかない。狩をするためである。

暗殺を警戒してのことだろう、鹿児島出発後の西郷の行動、所在ははっきりしない。鹿児島を発ったのは二月十七日だった。四日後の二十一日、薩軍は熊本城下に進入し、翌二十二日、西南戦争の火ぶたが切られた。この日、乃木希典《まれすけ》率いる小倉歩兵第十四連隊は熊本・植木《うえき》で薩軍と遭遇し、軍旗を失ってしまう（軍旗は西南戦争後、戦死した薩軍村田三介《さんすけ》の夫人が秘匿《ひとく》していたことが判明し、連隊の手に戻る。大正元年、乃木は明治天皇のあとを追い、殉死《じゅんし》するが、遺言の「第一」に「明治十年役に於いて軍旗を失い、其後死所を得度《えたく》心掛候も其機を得ず」と記されている）。

鎮台が置かれた熊本城の攻略は難航し、さらに一カ月後、三月二十日の田原坂《たばるざか》の戦いに敗れ、薩軍の敗色は濃くなる。作戦総指揮は桐野がやっている。西郷は人前に出てこない。もちろん犬がどうしているかなど、戦いの記録には残らない。ところが、意外なことがきっかけで西郷が狩をしていたことがわかった。官位剝奪《はくだつ》の辞令書を持って西郷を訪ねた県庁の役人が犬を見た。それどころか、西郷と一緒に狩に行ったというのだ。

西郷は下野する時、陸軍大将の辞表を提出したが、大久保利通に説得され、正三位《しょうさんみ》・陸軍大将の官位官職はそのままになっていた。二月二十五日、政府は「陸軍大将正三位西郷隆盛、陸軍少将正五位桐野利秋、同篠原国幹」の官位を剝奪した。これにより西郷は賊徒となった。三月八日、勅使・柳原前光《やなぎわらさきみつ》が艦艇八隻、政府軍兵士約二千人を従えて鹿児島湾に乗り入れ、島津久光に「逆徒征討」の勅命を伝えた。鹿児島には留守部隊といえるほどの兵員さえ配置されていなかった。これもまた西南戦争の不可思議さの一つである。

県庁役人はみな西郷党だから、官位剝奪を伝える嫌な役目を引き受ける者がいなかった。そこで白羽の矢が立ったのが上村直という桐野利秋のおさななじみである。当時の鹿児島県の官員名簿には百四十人ほどの名前が載っているが、上村は十三等出仕、軍隊でいえば軍曹クラスで、県庁での序列は五十番目程度の人物だった。

このころの西郷の情勢判断はきわめて甘い。勅使来航の件は熊本に来た県庁の使者によって西郷に伝えられたが、この時、西郷は「敵方、策も尽き果て、調和の論に落ち候か」と大山に手紙を書いている。和解工作のための勅使か、というのが西郷の判断だった。実はこの手紙は大山に届かなかった。大山は政府の軍艦で長崎に送られ、三月十七日に官位を剝奪された（県費の戦費流用で半年後に処刑）。

使者となった上村は桐野のおさななじみで、桐野を「半」（中村半次郎）と呼んでいた。池田米男『南洲先生新逸話集』に上村の回顧談が載っている。上村は熊本城攻略中の薩軍川尻《かわしり》本営を訪ねた。

大人格の南洲先生からは何とも仰せはあるまいが、半からはきっと厳しき叱責を頂戴するであろう。拙者へ一言がある。その一言が怖い。まことに怖い。（略）やがては肥後川尻なる薩軍の本営に到着して、玄関から頼もうと呼ばったその刹《せっ》那《な》、半が奥の間より玄関に出て来るのに会った。半は拙者を一瞥《いちべつ》して「やあ遠来のお客じゃ、先生へ用向きで来たろう。今日は都合よく在営じゃ。ちょっと拙者は出る。ゆっくりせよ」とねぎろうてくれた。旧友の情誼《じょうぎ》はかくも厚きかと胸中の感慨言うべからざるものがあった。拙者は導かれて奥座敷に入って待つほどなく南洲先生は悠然《ゆうぜん》として座敷に来られた。「今日の参上は鹿児島県庁のお使者として…」と言い終わらないうちに、先生は「ちょっとお待ちなさいよ」と言って座を立たれ、しばらくして身を礼装に改め座に着き、姿勢を正された。そこで拙者は「今回東京表より御身辺にかかわる辞令書が到着しましたので、御交付のため参上しました」と満身緊張して、絹の服紗《ふくさ》包みの辞令書を手渡した。先生はこれを頭上に戴いてから、辞令を黙読し、次いで東方に向かって容《かたち》を改め敬礼をなされた。何のための敬礼であったろうか。

鹿児島県教育会が編纂した『南洲翁逸話』では、人吉《ひとよし》の永国寺《えいこくじ》で辞令書を手渡したことになっている。敗走した西郷が人吉に入ったのは四月二十二日。鹿児島に勅使が来てから、その時点ですでに一カ月半が経過している。いくらなんでも遅すぎる。辞令書交付は熊本川尻での話と考えた方がつじつまが合う。ここでは、著者の池田が上村翁から直接聞いたという『南洲先生新逸話集』に従って書き進める。池田は「そのこと(辞令書交付)は上村翁の日記に記されているが、従来の流布本の西郷伝記にはこれらの史実がまったく伝えられていない」と断り書きまでつけている。

辞令を受け取ったあと西郷は上村にいった。

「遠路ご苦労でござった。軍旅陣中のことではあり、何らの風情やご馳走もできかねるが、今晩はここの兵営にゆっくり泊りなさい。兎の汁でもこしらえよう。これから付近の山を狩り立てるから同行しなさい」と勧められて、あとについて行った。当日、先生は武《たけ》(鹿児島)の邸から陣中に連れて来られたカヤとソメの二頭の猟犬を曳いて、二頭の兎の獲物があった。当夜、本営で兎の汁のご馳走にあずかって翌日、鹿児島の帰路についた。

辞令書交付の話も、陣中の兎狩の話も、西郷の人柄をほうふつとさせる。西郷に人気のある理由がよくわかる。

西郷が突然来訪した上村を兎狩に連れて出たということは、それ以前にも兎狩をしていたということだろう。まったく知らない山野には人を案内したりしないものだ。熊本攻城戦の最中も戦の指揮は桐野たちにまかせ、陣中にあっても時折狩に出ていたに違いない。

●宮崎の少年の案内で兎狩

四月十四日、政府軍は川尻（熊本市）の薩軍を破り、十五日、熊本城に入城する。西郷は熊本本営から撤退し、上益城《かみましき》郡の木山、浜町、矢部を経て、四月二十二日、人吉に入った。

宮崎県延岡《のべおか》市の誓敬寺《せいきょうじ》住職、香春建一は昭和九年ごろ、西南戦争の戦跡を訪ね、当時を知る人たちの証言を集めて歩いた。その著書『西郷臨末記』に「人吉では西郷も新宮簡《しんぐうたけま》の家にいて、時折近くの野山に猟銃を肩に、兎狩にでかけることもあったらしい」と書いている。

西郷は人吉が陥落する三日前、五月二十九日まで三十八日間ここにいた。西郷は新宮家にも泊ったが、政府軍の総攻撃の時にはすでに宮崎に向かって退却していた。新宮家当主の簡は政府軍の砲兵隊を指揮し、人吉攻撃の先頭に立っていた。一方、息子の嘉善《かぜん》は、薩軍のために自宅を明け渡し、自らも人吉隊小隊長として薩軍に加わっていた。箇は高台から自宅の薩軍めがけて山砲を撃った。親子が戦い、自宅を砲撃する。箇の心境は複雑だった。東京の旧人吉藩の重臣に箇が出した手紙には「四斤半の大砲にて実丸《じつがん》二発誤たず整列の中に打込み、快《こころよ》か悲《かなし》か、心中御察し下されたく（略）拙者宅へは破裂二発打込み候処、快く焼け上がる」と書かれている。人吉の人々は初め薩軍を歓迎していたが、戦いに無理やり協力させられて人心は離れ、人吉隊も政府軍に帰順した。

五月三十一日、西郷は宮崎に入った。『西郷臨末記』によると、「西郷の宿陣していた農家黒木某の家の隣に、これも農家の金丸某の家があり、その家に亀松という当時十一歳の少年がいた」。宮崎市公会堂で西南戦史座談会が開かれた時、著者の香春はかつての亀松少年と出会い、西南戦争当時の話を聞いた。少年は七十三歳になっていた。

西郷は時折裏庭続きの金丸の家に来て、桜の木かげに腰を下ろし、連れて来た犬と遊んでいることがあった。母親が番茶を持っていくと、いつも黙って飲みほし、母親について行った亀松の頭をなでてくれた。亀松は兎狩の案内もした。腰に差していた山刀で竹を斬り、やぶの中に竹で作ったわなをあちこちに仕掛けておくと、やがて犬の声がする。「お、またかかったか」と言いながら西郷はやぶに入って行く。すぐ近くの黒木藤三郎の家が薩軍の賄い所になっていて、庭先に何十俵も兵糧《ひょうろう》が積み重ねてあった。西郷は自ら兎を調理し、兎飯を炊いて食うのを楽しみにしていた。兎飯というのは、まず大きな鍋に米を入れ、適度の水を加え、その上に兎の肉を置き並べて炊くのである。沸きあがる頃を見計らい、適量の醬油と砂糖を投入してまぜかえし、その後しばらく蓋をしておくと、兎飯になるのである。西郷はいつも自分で椀に盛り、よろこんで箸を動かしていた。犬と亀松少年を連れて、遠く佐土原《さどわら》あたりから高岡方面までしばしば出かけた。（要約）

佐土原も高岡も現在は宮崎市に入っているが、宮崎市街から佐土原までは十数キロ離れている。佐土原は三万石、島津支族の小さな藩だった。西南戦争では薩軍と呼応して真っ先に立ち上がった。内務省宛の急報電報に「鹿児島士族蜂起。延岡高鍋《たかなべ》佐土原士族、兵器を携えこれに応ず」（『明治十年騒擾《そうじょう》一件』）とある。西郷にしてみれば、鹿児島にいるような気安さがあったのだろう。少年を連れて佐土原まで狩に行っても、山野を歩く男が西郷だとは気づく人はあまりいない。しかし、それもたび重なれば噂が立ち始める。

八月九日の東京日日新聞にすでに次のような記事が載っている。

（官軍に降伏した郷田の話によると）西郷が高鍋に在りし時、面会していろいろと戦略の事など論ぜしに同氏は一向に取り合わず、ただ何事も桐野にまかせおきたればと答えたり。平日は例のごとく犬を牽き兎狩せんとて、山野に出て行くをたびたび見かけたりといいしとぞ。

次に出てくる都農《つの》神社の神主の日記も噂があったことを裏付ける。

●犬連れ撤退

西郷が宮崎に来て二カ月がたった。政府軍は攻勢を強め、薩軍に迫った。亀松少年と狩に出かけた高岡は宮崎の中心部から西へ十数キロ離れている。七月二十九日、高岡は政府軍の手に落ちた。佐土原での戦いも三十一日に終わった。佐土原から北へ約三十キロ、西郷はこの日、都農《つの》（児湯《こゆ》郡都農町）に撤退した。犬も一緒にいた。都農神社の神主・永友司が日記（『明治十年戦争日記』）に書き残している。

西郷隆盛枡屋一泊。これまで止宿の者は、みな脇宿に移し、かや毛の犬二匹ひき、駕《が》（かご）は渋紙包にて、玄関より直に上の間、床脇まで舁《かき》入れ、両脇には兵士二十人ほど列座、通い口には屏風を立て、一向人に姿をみせず、これが正真の西郷なるやは知れず、かねて西郷は犬を愛せると聞き及びけるや西郷ならんと推《すい》したるなり。当社へも十七、八才くらいの者、犬を二匹ひき来たれり。

泊り客をほかに移させて、薩軍の一団がやって来た。雨よけの渋紙で包まれたかごはそのまま座敷にかつぎ入れられ、目隠しの屏風が立てられた。かや毛の犬が二匹引かれて来た。褐色の毛色の犬をかや毛という。神主の永友は「西郷隆盛が来る」という話を聞いて枡屋まで出かけた。犬の毛色がどうだとかいうことは、伝聞情報では明らかにされにくい。その目で犬を見たのだろう。都農神社にも若者が二匹の犬を連れてやって来たが、西郷と同行してきた別の犬かもしれない。全部で犬が何匹いたのか、断定的なことはいえない。

西郷はなおも姿を見せない。薩軍は南から北から政府軍に攻められ、あわてて西郷を宮崎から都農まで連れて来た。西郷を守るため、その居場所は明らかにされていない。このころ宮崎で西郷の写真が出回った。西郷の名前は有名だが、その顔を知っている人がいなかった。その写真はのちに永山弥一郎のものだったことが判明する。大隊長の永山は熊本・御船《みふね》での戦いに敗れ、民家に頼んでその家を即金で買い取り、自ら火を放ち、その場で自刃《じじん》した。西郷（実は永山）の写真の流出はカムフラージュのためだったのか。西郷には影武者がいたともいわれている。こういうことは西郷の意思で行われたのではなく、周囲の人間が西郷を守るためにやったことだろう。

都農神社の永友は、犬がいたので、「やはり西郷だ」と考えた。おそらく正しいだろう。

西郷は都農からさらに北の延岡へ撤退していく。薩軍はその延岡も捨てて、また撤退し、延岡の北側にある丘陵、和田越《わだごえ》で決戦を挑んだ。総勢三万人を超えた薩軍の兵士はこの時点で約三千五百人。敗勢を挽回しようがなかった。八月十五日、銃弾飛び交う中、西郷が初めて西南戦争の戦場に立った。和田越の頂上にいる西郷の巨体が両軍からよく見えた。「一尺余りの脇差しを帯び、悠然として飛丸の中、談笑していた」（佐々友房『戦袍《せんぽう》日記』）。

この時、西郷が「お前たちはいつも、町人百姓の兵隊などと言うていたが、今日の官軍は強いじゃないか、もう日本もこれで大丈夫、安心じゃ、外国の何処から攻めて来ても負くることはない」とつぶやいたという。輿《こし》に乗って西郷は山を下りた。「その日の午後三時頃、一匹の犬が輿の先導をしていたことを目撃した、と私に語ってくれた古老もいた」（『西郷臨末記』）。

このころ戦地で投函された手紙が読売新聞（八月二十四日付）に載っている。

○戦地の某より来状　過日手紙を差し上げたあとは別段の話もありませんが、東京にては西郷はすでに自刃したとの説もあるように新聞で読みました。彼はさきごろ宮崎の戦いで右の手に負傷したそうで、これは実説です。これまで同人は陣中に見えませんでしたが、ふだん奔走する時には四五疋の犬を連れているので西郷だと知ることができます。賊は諸方で弾薬を製造していますが、豆を鉛で包んだ弾丸を手に入れました。帰京した時にお見せいたします。（要約）

犬は四、五匹に増えている。

●陸軍大将の軍服を焼き、犬を放す

八月十六日、西郷は解軍の布告文を出し、宿舎にしていた児玉熊四郎宅（北川町長井）の裏で陸軍大将の軍服を焼いた。西郷が陣中に連れて来た犬も放たれた。

同十七日、西郷を戴く薩軍は延岡北方の可愛岳《えのだけ》（七二八メートル）の道なき道をよじ登り、政府軍の包囲を突破する。

翁は可愛岳で最後の決戦を試みらるゝ覚悟であったと見え、黒毛（佐志《さし》郷の押川甚五左衛門の家の出）とかや毛（小山田郷の太郎の家の出）の二頭の頭を撫でて、帰って行けと申され、二頭は陣中を脱し去った。その時、翁の両眼には露《つゆ》がうるんで感慨無量の体《てい》であった。(『南洲翁逸話』無署名原稿)

これは直接の目撃談ではない。記述の内容に想像が混ざっている。可愛岳で最後の決戦を試みるために犬を放したのでもない。決戦ではなく、撤退である。放した犬はすぐに「陣中を脱し去った」のでもない。立ち去り難く、周辺をうろついていたようだ。戦場に悲しげな犬の声が響いた。

陰暦七月九日の夜明け、可愛岳の囲みを破って退却の途についたが、険しい絶壁の下には立ち遅れた先生の愛犬が異様な悲鳴をあげて立吠えをなすので、敗軍の身ひとしお断腸の思いがした。(従軍した中尾甚之丞談。同)

西郷が犬を放して去ったという話はすぐさま現地に知れ渡った。東京日日新聞(九月五日付)は「昨朝」のこととして次のように報じている。

八月十八日、延岡発

賊将西郷隆盛は、是までは、更に頓着なき様子にて、閑《ひま》さえあれば兎狩などして日を渉《わた》りたる様子なるが、今度はいよいよ危急に迫りたるを知りたるや、昨朝突出の時には平生《へいぜい》寵愛の猟犬を棄てて出掛けたりという。その猟犬一匹はある士官が山奥にて捕え、これを本営へ持ち帰りたり。

佐志郷（薩摩郡さつま町）生まれの黒毛は、犬を放してから三十八日後の九月二十三日、元の飼主の家に自力で戻った。可愛岳の麓から西郷のあとを追い鹿児島に向かったのだろう。しかし城山に籠もった西郷には近づくこともできず、佐志郷へ帰ったと思われる。距離にしてざっと二百キロの道のりだった。西郷が城山で自刃したのは黒毛が佐志郷に戻った翌日だった。

帖佐《ちょうさ》（姶良《あいら》市）の東條直太郎は十八歳の時、日当山温泉《ひなたやま》（霧島市）に滞在中の西郷のもとに行き、泊りがけで数日、兎狩の手伝いをした。その時、西郷は「かや」「白ぶち」、二匹の犬を連れていた。東條は薩摩の帖佐隊に加わり、従軍していた。

二匹の犬は十年役（西南戦争）当時も先生と共に出陣した。延岡永井村（長井村）で薩軍が敗れた際、二匹のうち一匹は遠く逃れたけれども、一匹は（東條が）縄でくくった。それより鹿児島城山落城まで飼育していたが、当時西郷従道閣下（西郷の弟）よりその犬をもらいたいと申し出があったので、まことに感きわまりながら直に差し上げた。そして東條氏はその犬を東京まで保護して西郷家に届けたとのことである。（東條氏談による。『南洲翁逸話』）

犬情報は錯綜《さくそう》している。西郷が放した犬は三匹だったという説もある。

佐志産の黒斑《くろぶち》チゴは生家なる押川甚五左衛門方に帰来し、郡山産（鹿児島市）の茅毛《かやげ》カヤは永井村（長井村）で警視隊の巡査に捕らわれ、ほかの黒斑の一頭はまったく形跡を失った。（『南洲先生新逸話集』）

警視隊巡査に捕らわれた犬と東條が縄でくくった犬は別の犬のように思えるが、別の犬だと言い切ることもできない。郡山産のカヤという犬は初めて出てくる。『南洲翁逸話』に出てくるのは小山田郷のカヤ毛である。

大正二年に「薩南史跡顕彰会」を創設した遠矢《とおや》才二《さいじ》も三匹説である。

解き放たれたる三頭の犬のうち、一頭は翁のあとを慕いて勇士とともに深山の中に入り、一頭はいつしか行方不明となり、一頭は薩軍本営跡に残りて途方に暮れていた。（『巨眼南洲』）

薩軍本営で途方に暮れていた犬と、永井村（長井村）で巡査が捕らえた犬は同一の犬と考えていいだろう。

四匹説もある。海音寺潮五郎《ちょうごろう》は史伝『西郷隆盛』の中で「（宮崎に入った時）愛犬四匹をつれ前後十人ばかりの兵にまもられていた」と書いている。何の史料をもとにしたかは不明だ。

西郷が何匹の犬を連れていたのか、正確なことはわからない。しかし、毛色情報を手掛かりに考えると、官位剝奪の使者・上村直が見た「カヤ」と「ソメ」（ソメは毛色不明）、都農神社の神主が見た「かや毛」二匹、可愛岳突破前に放たれた佐志郷産の「黒毛（黒斑）」と小山田郷産の「かや毛」、東條が見知っていた「かや」と「白ぶち」、郡山産茅毛「カヤ」と行方不明の「黒斑」――ここからダブっている可能性があるものを消去していくと、少なくとも、かや毛二匹、黒毛、白ぶち、黒斑が残る。最低でも五匹いたことになる。

西郷自刃から九日後の十月三日、「浪花新聞」に短い記事が載った。

西郷が常に愛せし犬三疋を、一昨日神戸へ着《ちゃく》されし近衛兵が率いて帰られしが、一疋は褐色にしてすこぶる大きく、その余の二疋は黒毛にして小さく、皆和犬にてありしと見て来た人の話。

この犬がすべて戦場で捕獲された西郷の犬だとすると、佐志郷に単独で帰った黒毛（黒斑）、東條が西郷従道に届けた犬と合わせ、少なくとも西郷は五匹の犬を連れていたことになる。

明治十二年五月二十二日の読売新聞に犬探しの広告が載っている。

鹿児島産猟犬
毛色黒、首筋足先白、身体地犬《じいぬ》の小ぶり、立ち耳、名はブチ、何地《いずち》へか迷去候《まよいさり》に付、心当たりの御方は、左の所へ御報知被下度《くだされたく》、相当の謝儀《しゃぎ》を呈《ていし》候
永田町一丁目八番地　西郷

ここに出てくる西郷とは、西郷従道のことである。東京・永田町にあった従道邸から鹿児島産の猟犬が行方知れずになった。兄隆盛が連れていた猟犬だったと考えていいのではないか。この犬が見つかったかどうかはわからない。

●なぜ戦地に犬を連れて行ったか

明治六年の征韓論争の時、西郷は本気で死ぬ気だった。即時出兵論の板垣、江藤に対し、西郷は「まず使節を先に立てるべきだ」と論じた。板垣宛の書簡では「（朝鮮に）公然と使節を差し向ければ暴殺されると察し、（その使節として）なにとぞ私を遣わして下さい。死するくらいの事はできます」と述べている。さらに板垣宛の別の書簡では「必ず戦うべき機会を引き起こしますが、ただこの一挙に先立ち（私を）死なせては不便（不憫）などと、もしや姑息《こそく》の心を起こされては何もかなわないことになります」と述べ、西郷派遣への助力を求めている。単身朝鮮に行き、非礼をただし、その結果殺されれば、出兵の大義名分ができるというのだ。ロシアの南下政策に対する警戒感が征韓論の背景にはある。要は国のために一命を捧げるというのである。

一方、西南戦争出陣の時、西郷に死ぬ気はまったくなかった。そう断言していい。死地へおもむこうとする人間は犬を連れて行ったりはしないものだ。「先生は狩でもしてゆっくりしていて下さい」と桐野ら幹部がいったかもしれない。仮にそうだったとしても、一軍の将が自分の愛犬を戦場に連れて行くというのはどういうことなのか。この問題に納得しうる解答を見つけ出そうとするたび西郷のわかりにくさに直面する。

西郷は暗殺計画を大義名分にかかげて出兵したが、これもわかりにくい。西郷は「国事」を憂えていたのではないか。それなのに、すでに下野し、一私人となっていたはずの西郷暗殺計画を理由に兵をおし立て、政府を尋問しようとした。合点《がてん》がいかない。陸軍大将というのは名前だけである。「いかに西郷大将であっても、非職の一私人が大兵を引率して鎮台下を通過することは断じてなり申さぬ」（『西南記伝』）と熊本鎮台参謀長の樺山資紀（薩摩出身）が怒って当然である。

西南戦争で大いに戦った熊本隊でも、薩軍とともに決起すべきかどうか、当初は意見が分かれた。「西郷はいたずらに刺客のことをもって名（名分）となす。我が党はこれに従ういわれはない」と隊を率いる池辺吉十郎《いけべきちじゅうろう》は述べている。「しかれども、この老雄にして事を挙《あ》ぐ。これ天下の大機会なり。よろしく決起してわが党の平生の志を展《の》ぶべし」（『戦袍日記』）と池辺はいって参戦した。池辺の「平生の志」とは列強から「皇国」を守ることだった。幕末外国と結んだ不平等条約は改められず、ロシアの圧力に負けて千島樺太交換条約を結んだ現政権への憤りが主たる動機となって、熊本隊を戦場に駆り立てた。全国の不平士族は対ロシア政策、朝鮮政策、秩禄処分、政府顕官《けんかん》の堕落その他「国事」に怒っている。「西郷暗殺計画」にではない。

西南戦争における西郷を弁護した福沢諭吉でさえ「政府に尋問の筋ありとは暗殺の一条を糺《ただ》さんとするの趣意か。はなはだ拙なるものと言うべし」と述べた（『明治十年丁丑《ていちゅう》公論』）。大義名分を重んじる西郷がなぜ「はなはだ拙なる」名分を掲げて出兵したのだろうか。

西郷は征韓論に敗れ下野した時点で、国事に関することはすべて大久保にまかせることに決めてしまったように思える。国事には口を出さず、諸外国、とりわけ南下政策を続けるロシアとの紛争発生の時に備えて、鹿児島士族（私学校生徒）を中核とした軍組織を育成することを志した。その実務を担うのは桐野をはじめとする次の世代の人物で、西郷は道筋だけつければよかった。下野した西郷が狩に明け暮れたのは、国事には口を出さないという意思表示だった。「暗殺尋問」は突き詰めて言えば私事である。しかし私事であるから、国事に容喙《ようかい》しないという西郷の決意とは矛盾しない。国事で出兵すれば内戦になる。西郷にとっては「知行合一」なのだろう。ただ他人にはわかりにくい。

西郷は征討将軍（総督）有栖川宮宛の書簡草案で「政府に於いては隆盛等を暗殺すべき旨、官吏の者に命じ」「人民激怒すべきは理の当然」と述べている。たった一人の陸軍大将として、暗殺計画を政府に尋問するのも西郷にとっては理の当然だった。ただし「人民激怒」の人民の主体は私学校生徒である。万民ではなかった。

西郷には内戦を起こす気はまったくなかった。私学校は反政府のための組織ではなかったからだ。そのこと、つまり西郷の意思を最もよく理解していたのが桐野だった。だからすべての采配は桐野にゆだねられたのである。桐野が西郷をかつぎあげ、暴走したという説に私はくみしない。「変事俄《にわか》に到来し、動揺せず。（略）変起こらば只それに応ずるのみなり」と『南洲翁遺訓』にある。狩に明け暮れる生活を送りながらも、変事に対する心構えはできていた。

なぜ西郷は犬を連れて戦地に赴いたのか。西郷関係の著述は膨大な量だから、犬連れ出兵について論究した文章があるかもしれないが、私は見たことがない。「西郷さんはそれほど犬が好きだった」ということで、たいていは話がすまされている。いくら犬好きでも西郷は戦地に犬を連れて行くような人間ではない。一軍の将としても、愛犬家としても、戦地で狩をする行為は常識を逸脱している。

長いこと抱えてきた犬連れ出兵の疑問は私の中ではやっと氷解しつつある。西郷隆盛は西南戦争を戦争だと考えていなかったというのが私の結論である。西南戦争というのは政府側が作った用語である。西郷にとって、薩軍が出兵したのは「戦争」のためではなく、あくまで暗殺計画に対する「政府への尋問」のためだった。戦地熊本から県令・大山にあてた手紙には「最初より我等に於いては勝敗を以て論じ候訳にてはこれなく」とある。「戦争」ではないから勝敗を論じる必要もなかった。精鋭の薩摩武士とともに大道を行けば、各地の士族は呼応し、大軍となり、天下はおのずから我が陣営になびくと考えていた。「作略（策略）は平日（平常）致さぬものぞ。（略）唯《ただ》戦《いくさ》に臨みて作略無くばあるべからず」（『南洲翁遺訓』）。「尋問」は「戦争」ではないから、策略も使わない。じゃまする者があれば、そこで一戦をまじえ、先に進むだけのことだった。だから鹿児島に留守部隊さえいなかった。

戦争だと思うから西郷のやっていることが奇妙に見える。「事の上には、必ず理と勢《せい》との二つあるべし」（同）。「理」とは物事の道理である。「理」に従い、「規模術略《じゅつりゃく》、吾胸中に定まりて、是を発する」ことを「勢」という。暗殺計画について政府を尋問するのは「理」であり、兵を発することは「勢」であった。薩軍が人吉から宮崎に退却しても、西郷は狩をやめなかった。狩は「平日」にするものだ。狩を続けること自体が「私は戦争をするつもりはない」というメッセージだったといえるだろう。しかし、現実に起きていることは戦争である。この理念と現実のギャップが西南戦争自体をわかりにくいものにさせている。

西郷のメッセージとはだれに宛てたものなのか。その対象を広く考えれば、西郷の座右の銘である「敬天愛人」の天に対してであり、人（万民）に対してだっただろう。もう少し絞れば、大久保利通をはじめとする政府要人に宛てたということができるかもしれない。しかし、それでは西郷の意図がまだ十分に明らかにされたとはいえないだろう。西郷は、より具体的な人物のことを思い浮かべていたに違いない。それは明治天皇である。

西郷は兵を伴わず、自ら朝鮮に全権大使として派遣されることを希望し、明治六年八月の閣議で認められた。時の太政大臣三条実美がこの一件を明治天皇に奏上し、勅許を得た。ただし、訪欧中の岩倉具視が帰国した後、熟慮して行くようにとの条件付きだった。十月、西郷派遣に反対する岩倉、大久保の工作が功を奏し、天皇の裁決により使節派遣は中止となった。西郷はその直後、下野し、鹿児島に引き揚げてしまった（第三章168ページ）。

この年の十二月、明治天皇は酒量を減らすよう医師から忠告を受けた。酒の飲みすぎは、西郷が下野してしまったことと関係があるように思われる。条件付きではあるが、いったん派遣を認めながら、自分の裁決によってそれをひっくり返し、そのことが西郷を下野に追いやった。天皇は悶々としていたに違いない。

西南戦争の陣中で、官位剝奪の辞令書を受け取る時、西郷は陸軍大将の礼装に着替え、辞令を黙読した後、東方に向かって敬礼した。辞令書を持参した鹿児島県庁の上村直は、西郷がなぜ敬礼したのか、その意味がよくわからなかった。官位を剝奪されたのになぜ敬礼で応えるのか、そのことがよく理解できなかった（第四章266ページ）。

官位は朝廷から与えられるものである。東方に向かって敬礼したということは明治天皇に向かって「辞令を謹んでお受けします」という意思を表明したことになる。

辞令を受け取った後、西郷は二匹の犬を連れ、上村と一緒に兎狩に出かけ、官位剝奪の使者に兎汁をふるまった。西郷の人柄、度量の広さがよく表れている。「さすが西郷どん、やることが違う」といえば、その通りだが、ただそれだけの話なのだろうか。使者の上村は鹿児島に帰って、官位剝奪の伝達について報告する。官位に関することだから、その内容は必ず天皇に伝えられる。上村が兎狩に連れて行かれたことも天皇の知るところとなる。当然、西郷はそのことがわかっていたはずだ。

西郷の犬連れ出陣の意図は、官位剝奪の使者を狩に連れて行くことによって、天皇へのメッセージであることがより明白になる。

天皇は西郷自刃の報を聞いて、皇后をはじめ宮中の女官たちにその死を悼む歌を作らせている。さらに三年後、天皇は西郷の足跡をたどるようにして狩を始めた（第三章164－167ページ）。「私は戦争をしているのではありません」。天皇も西郷のメッセージをよく理解していたように思う。

西郷は政府軍の力を過小評価していた。一方で、決起した西郷に呼応する各地の勢力を過大評価していた。情勢判断が甘すぎた。戦いは負けるべくして負けた。

明治十年八月十五日、延岡・和田越の戦で、西郷は初めて戦場に現れ、陣頭に立った。翌十六日、陸軍大将の軍服を焼いた。それは尋問を断念したということでもあった。そして犬を放した。もはや「平日」ではなかった。この時、初めて西郷の理念と世間の常識が一致したといえる。西南戦争は「尋問」ではなく、「戦争」になった。

「天を相手にして、己を尽くし、人を咎《とが》めず、我が誠の足らざるを尋ぬべし」（同）

九月二十四日、西郷隆盛、鹿児島城山で別府晋介の介錯《かいしゃく》により自刃。享年数え五十一歳。満で四十九歳八カ月の人生だった。

4　西郷隆盛像の犬

●西郷像の図案決め

明治二十二年（一八八九年）二月、大日本帝国憲法発布時の天皇特旨により、西郷生前の勲功についての思《おぼ》し召しがあり、賊徒の汚名が消された。明治政府の中枢を占める薩摩人の多くは、相変わらずの西郷信奉者である。西郷の盟友であり、明治天皇の信頼厚い吉井友実《よしいともざね》（当時宮内省次官）の発案で西郷像が建設されることになった。建設委員長は同じ薩摩出身の樺山資紀《かばやますけのり》である。樺山は薩軍が熊本城を攻めた時、籠《ろう》城《じょう》を指揮していた熊本鎮台参謀長だった。生き残った明治政府の薩摩人の中には西郷鎮魂の気持ちがきわめて強い。天皇の意を受けて、宮内庁から五百円の下賜金《かしきん》があったことをきっかけに、西郷銅像建設の話は一挙に具体化する。同年十月、銅像図案の募集が始まった。

贈正三位西郷隆盛君銅像図案懸賞募集
一　馬上高さ二丈以下一丈以上の事
一　陸軍大将の軍服を着する事
一　場所は未定なれど東京市内の公園に装置の事
一　賞金百円の事（以下略）
（明治二十二年十月十一日、読売新聞告知広告）

馬に乗った陸軍大将の西郷像である。当然、犬は連れていない。
同年十二月、銅像建設のための募金活動が始まった。

遺像建設　並《ならびに》　募金手続
一　遺像は上野公園地内に数丈の高サに石を畳み其上に翁の乗馬したる銅像を安置すべし。
但し建設の位置、体裁を更変《こうへん》する時ハ発起人及委員協議を以て決定す。（以下略）
（明治二十二年十二月六日、読売新聞告知広告）

募金には約二万五千人が応じ、約三万二千円が集まった。図案は最初は公募だったが、これだけの像を制作する能力があるのは東京美術学校（岡倉天心《おかくらてんしん》校長）しかなかった。現在、皇居前広場にある楠公像《なんこう》（楠　正成《くすのきまさしげ》銅像）は同校が委託を受け、明治二十六年三月に木彫の原型が出来上がり、皇居で天覧の栄に浴した。顔は高村光雲《たかむらこううん》、胴体は山田鬼斎《きさい》、馬は後藤貞行が担当した。建設委員会は実績のある美術学校に西郷像の制作を委託し、高村光雲が主任を務めた。

光雲は陸軍大将正装姿で西郷像のひな型を作ったが、逆賊であった人物にその姿はふさわしくないとクレームがついて、犬を連れた現在の姿になった。発案者は西郷のいとこ大山巌《いわお》（当時陸軍大将）だった。「大山さんはイタリーのガルバルヂー（イタリア統一の英雄）の銅像から思いついた。シャツ一枚の姿で革命の先頭に立ち、民衆を率いるというあの素朴で勇ましい真実の姿を思い出したのである」（樺山愛輔『父、樺山資紀』）。

●西郷像は似ているか、似ていないか

光雲は西郷像の制作に苦心した。中でも顔をどうするかが問題だった。「父は生前写真というものは唯の一度も取《マ》っ《マ》たことがありません」と息子の西郷菊次郎が述べている（雑誌『日本及日本人』、明治四十三年九月二十四日号）。

菊次郎は、額はだれ、目鼻口はだれというふうに兄弟や近親者の顔をつぎはぎして、父の面影に似たものをつくった。それを印刷局にいたイタリア人の画家・キヨソーネに送り、肖像画にしてもらった。「これが今世の中にある父の肖像画中、比較的正確なものです」と菊次郎はいう。光雲は肖像画を参考にし、生前の西郷を知る人の意見を聞きながら原型を三体つくり、最も似ているものを選択した。「父の両眼は黒眼がちにてソレはソレはコワイものであった。（銅像は）眼光を除くのほかは、まず難がないものといってよろしかろう」と菊次郎は語っている。眼光以外はまずまずの出来というのが息子の評価だった。

『父、樺山資紀』によると、高村光雲は西郷の唇の感じを出すのに苦労したという。「この西郷さんの情にもろい点、それが唇の上に出ていたが、これを銅像に現すことが出来なかったらしい。銅像が出来てからこれを見た未亡人が『似ておりません』と云ったそうだが、大体の風貌はあの通りとしても、個性的な魅力のある唇の持つニュアンスとでもいうか、そうした二つとない魅力的なものを現すことは不可能であったわけだ」と同書に述べられている。

西郷の息子菊次郎は、銅像は眼光に難点があったとし、樺山資紀の息子は、唇に難点があったとしている。西郷夫人の「似ておりません」発言は明治三十一年十二月十八日、除幕式当日の発言である。式に出席した西郷隆盛の妻糸子は「うちの人はこげなお人じゃなか」と語ったと伝えられている。私は彫刻家・朝倉文夫《ふみお》（東京美術学校彫刻科卒）の関連資料の中で、その話を読んだ。除幕式後、夫人が新聞記者に囲まれ、その時に口にした言葉だそうだ。発言の趣旨は「銅像は本人に似ていない」という意味なのか、「筒袖《つつそで》姿で大勢の人前に出てくるような人ではない」という意味なのか、解釈は分かれる。

西郷像は本人に似ていたか、似ていないかというと、私は似ていたと考えている。自らの発案で西郷の肖像画を製作した菊次郎が「眼光を除くのほかは、まず難がないものといってよろしかろう」と述べているのが、その第一の根拠である。しかも光雲が彫った西郷像の原型は一体だけではない。陸軍大将正服姿の西郷像も彫っている。弟の西郷従道、いとこの大山巖、建設委員長の樺山もその像を見ているはずだ。銅像を鋳造《ちゅうぞう》した岡崎雪声《せっせい》の苦心談（明治三十一年十二月十八日、国民新聞）の中に、製作に協力した青森県知事・河野主一郎《こうのしゅいちろう》の話が出ている。「（河野は）一昨年の夏中《なつなか》、炎天を冒《おか》して日々美術学校へ通われ、彫刻手に助言して、みずから職工とならんばかりに尽力せられたり」と岡崎は述べている。

西南戦争で河野は西郷とともに死ぬはずだったが、奇異なめぐり合わせで生きながらえてしまった人物である。鹿児島・城山で政府軍に包囲され、絶体絶命の状況の中、薩軍の幹部だった河野は、ひそかに西郷を生かす道を模索した。そして出した結論が、政府軍の川村純義（海軍中将）に会い、助命を要請することだった。ただ、助命と言った瞬間に西郷が拒絶することはわかっている。そこで河野は西郷に会い、「後世のため決起の名分を弁論しておきたい」と了解を求め、西郷は「その方が見込の通りに尽くすべし」と答えた。これを受けて西郷は死の前々日、九月二十二日に各隊宛ての文書をしたためた。「今般、河野主一郎、山野田一輔《いちすけ》の両士を敵陣に遣わし候」で始まるその文書が西郷の絶筆になった。すでに死を決した西郷は「義挙の趣意を以て大義名分を貫徹」するために、二人を残し、法廷に立たせるつもりだった。だから「（残った者は心おきなく）此城を枕にして決戦可《いたすべく》致候に付、今一層奮発し後世に恥辱を残さゞる様に覚悟肝要に可有之《これあるべく》候也」と文書は結ばれている。

翌二十三日、河野は川村と会い、決起の理由を説明した。川村は「暗殺計画について尋問するのならば大久保や川路を糾問《きゅうもん》すればいいのであって、兵を挙げて罪を問うのは道を誤っている。まず軍門に下り、大命を待つように」（『西南記伝』）と述べた。河野は政府軍内に残って西郷の回答を待ち、山野田は薩軍に戻った。「回答の要なし」。それが西郷の回答だった。二十四日、最後の戦いが始まり、西郷は自刃。山野田も戦死した。死ぬはずの河野はおめおめと生き残ってしまった。その河野が「職工」のようになって、西郷像の制作に尽力している。これで似ていないとは到底思えない。

●犬のモデルの真実

西郷像の評判は概してよかった。除幕式の翌月、雑誌『太陽』（明治三十二年一月号）に載った西郷像の記事にはこう書かれている。

身には薩摩絣《さつまがすり》の筒袖を着け、短刀を帯び、右手にその愛犬を引き、素朴潤達《じゅんたつ》なる翁の風采はまさに縦横に躍如《やくじょ》たり。

征韓論に敗れ、下野したのちの西郷像である。下野する以前にも西郷は鹿児島で犬を連れて狩をしているが、下野以降の狩はそれ以前と意味するものが明らかに違う。犬を連れているのは「私は政治に一切口出しをしない」という意思の表れだった。西郷は田夫野人《でんぷやじん》として生きようとし、実際にそのように生きた。猟師の家を訪ね、出て来た家人に「おら鹿児島者で、八之助どんと同職（猟師）じゃら」と西郷が答えた話はすでに書いた。有名人のてらいではなく、本心だったように思う。しかし西郷は単なる世捨て人になるわけにもいかなかった。鹿児島に私学校をつくり、次の時代の人材を育てようとした。その中核を担うのは旧藩時代と同じ武士だった。そこに西郷の限界があったのではないか。あるいはそのことに本人も気づいていたのかもしれない。西郷は黙して語らず、犬を連れて、ただ山野に兎を追った。

犬の存在が西郷像に光彩を与えている。犬がいなければ、もっと味気ない銅像になっていたに違いない。意匠としても犬は必要だったが、これまで述べてきたように犬なくして西郷隆盛を語ることはできない。

翌月号（同年二月号）の『太陽』には小説家・評論家の高山樗牛《ちょぎゅう》の寄稿「西郷南洲の像を評す」が掲載された。「もしこの像が陸軍大将の正服などであったら、その興味はどのくらい失われていただろうか。このようなかっこうの姿態を選んだ芸術家にこの像の成功の半ばを与えようと思う」（現代語訳）と絶賛した。

犬の像が小さすぎるという批判もあったが、高山樗牛は「ある人は犬が人体に比べてあまりに小さいと咎《とが》めているが、あながち非難するようなことでもないだろう」と述べている。犬が小さいという意見はその後も折りに触れて現れる。大正十一年一月四日読売新聞「縦横子」のコラムには「まず第一にあの犬はなんというざまだ。南洲を大きく見せる為というなら聞こえぬことも無いが、あまりに小さ過ぎる。しかもその犬種はポインターかセッターで、南洲はそんな犬は所持しておらぬ」と書いてある。銅像も有名になると、いろんなことを言われる。犬種はポインターかセッターではない。薩摩の犬だ。

犬の木彫原型は後藤貞行が制作した。後藤は軍馬局に勤める馬の研究家だったが、のちに高村光雲の手ほどきを受けて、馬専門の彫刻家になった。しかし光雲の弟子というわけではない。楠公像の馬の原型は光雲が依頼して後藤が彫った。動物を見る目が並の人と違う。彫刻の競技会に光雲の狆《ちん》が出品された時、後藤が来てその狆をつくづくと見ていた。「狆に見えますかね」と光雲が聞くと「まことに結構です。しかし、お作を拝見して残念に思うことがあります。このお作はどういう狆をモデルになすったか。なかなか狆としては名狆の方ではあるが、どうも大分年をとっているように見受けます」と後藤は答えた。実はその通り、モデルは年をとった狆だった（高村光雲『幕末維新懐古談』）。

これだけの鑑識眼を持った後藤が西郷像の犬を彫った。どの犬をモデルにするのがよいのか、後藤は西郷と犬について資料を調べた。薩摩出身で当時海軍中将、仁礼景範《にれかげのり》が東京で飼っている桜島産の薩摩犬がモデルにふさわしいということになった。後藤は桜島にも行き、現地で別の薩摩犬の写真を撮って参考にした。

西郷像の寸法は一丈二尺（約三・六メートル）、西郷の身長は六尺（約一・八メートル）。五尺九寸ともいう。西郷像は実物の倍ある。後藤もその寸法に合わせて、犬の像を制作した。

兎狩に使う犬は小さい。人一倍身体の大きい西郷が小さな犬を連れている姿をそのまま彫刻にするとバランスが悪い。光雲は「犬は実物より大きめにしよう」と提案したが、後藤は反対した。彼は徹底した写実の人である。仁礼の犬だけでなく、桜島に行って実際に見ているから、言うことに説得力がある。

後藤さんは「いや、桜島の犬は小さいことが特徴なんだから、大きくすれば桜島の犬に見えない」。こういって頑張り、なかなかいうことを聞かなかった。しかし実際がいくらちっぽけな犬でも、銅像としてみる場合には、嘘でももっと大きくしてつくらなくては形にならないから、あれは、大きくこしらえてくれということを話して、不承不承、あのくらいにした。あれでもまだ犬が少し小さめなのだけれども、そうそう小さな犬を大きくして、あまり事実と違いすぎるのもどうかと思って、あのくらいのところでもって、やってくれといったという。こういうわけで、犬一匹つくるのでも相当骨がおれたと父は笑って話していた。（高村豊周『木彫七十年』あとがき）

可能な限り実物に似ているのがいい作品であると考える人がたくさんいた。「西郷さんの着ている着物に縫い目がない」といった人もいたそうだ。光雲は彫刻には誇張と省略が必要だと考えていた。とくに野外の大きな彫刻にはある程度の誇張と省略がなければ、平板な作品になってしまうことに光雲は気づいていた。

西郷像の犬は仁礼景範の犬をモデルにして制作された。仁礼は銅像建設発起人の一人だった。犬のモデルは鹿児島・藤川のツンだという話が広く伝えられているが、ツンは直接のモデルではない。ほんとうの西郷像の犬のモデルは西郷が飼っていたさまざまな犬たちであり、ツンもそのうちの一匹でしかない。ツンは虎毛のメス犬で、しっぽがくるっと左に巻いていた。西郷が気に入って飼主から譲り受けたが、土地の古老が「銅像の犬は間違いなくツンの型を彫刻したものだろう」と語っていたそうだ。しかしこれは銅像の写真を載せた本を見て自分の感想を述べたにすぎない。

国分村の山内甚五郎は西郷が飼っていた犬を調教し、狩では西郷の師匠格の人物だった。山内は「敷根村にいい猟犬がいる」と西郷に持主を紹介したが、「かの南洲翁の銅像の猟犬はこれをモデルにせるものなり」と語っていた。しかし、これもモデルではない。こういう話が出るくらい、後藤の制作した西郷像の犬はよく薩摩犬の特徴をとらえていたのだろう。おそらく西郷像の首環《くびたま》（首輪）と首綱も実物を見ながら、後藤が原型を彫ったように思う。西郷が征韓論で下野したあと、いとこの大山弥助（大山巌、のちの陸軍大将）が西郷に犬の首環と首綱を送った。その時の西郷のお礼状――

郵便船が最近着きました。注文した品々が届き、御礼申し上げます。そうして犬の首環の見本を送っていただき、かえって舶来ものよりよろしいのですが、首綱を三寸ばかり長くして四、五本下さいますよう合掌いたします。今一つは少し（首環の）幅も大きくして、（首綱の）長さも五寸ばかりのばしていただきたくお願い申し上げます。

（郵便船近頃着相成候処《ちゃくあいなりそうろうところ》、御注文致《いたし》候品々相届御礼申上《もうしあげ》候。然《しか》る処《ところ》、犬の首たま見本遣《つかわ》し被下《くだされ》、却《かえっ》て舶来よりは宜敷御座《よろしくござ》候得共《そうらえども》、緒を今三寸許《ばかり》も長く致候て四ツ五ツ御下し被下度《くだされたく》、奉合掌《がっしょうたてまつり》候。今一ツは少し幅も大きく致し候て、長さも五寸許《ばかり》御のばし被下度《くだされたく》御願申上候。）

上野公園の西郷像の犬は立派な首環をつけ、西郷は右手に首綱の端を巻いている。首綱にはサルカン（わっか状の金具）までついている。銅像制作の段階で大山巌も相談にあずかっているので、大山が送った特注品の首環、首綱がそのまま銅像の一部になったと考えていいだろう。

高村光雲も、後藤貞行も、考証と写実にこだわる人だった。光雲は西郷が実際に履いていた草履を鹿児島から取り寄せて像を制作した。

除幕式の二年後、西郷像のことが早くも教科書に載った。作文（綴り方）に使う『尋常国語読本』（金港堂書店、明治三十三年十二月発行）に絵入りで掲載されている。

この教科書では「タカモリ」と呼ばれているが、西郷隆盛が「西郷さん」とだれか

コノ 大キイ 人 ハ、サイゴータカモリ ト
イフ 人 デ アリ マス。
タカモリ ノツレテ ヰル 犬 ハ、ケモノ ヲ
カル トキ ニ、ツカフ 犬 デ アリ マス。
タカモリ ハ、リクグン ノ タイショー デ、
ヨニ メヅラシイ エイユー デ ゴザイ マ
シタ。

『尋常国語読本』(金港堂書店、明治三十三年)の西郷像

らも親しみを持って呼ばれるようになったのはこの銅像ができてからのことだろう。この像を見て人びとは「西郷さんはこんな人だったのか」と初めて現実の姿を思い浮かべることができたのだ。

第五章

ポチの誕生

1 明治時代の犬の名前

●犬の名も「カメ」にふさわしい名前に

福沢諭吉という人は小理屈のうまい人である。耳に入りやすい小理屈をずらずら並べ、世の成り立ち、時代の道理、人のなりわいその他、大理屈をやさしく説く。近代日本最高の啓蒙家だろう。「啓」とは人の目を見開かせることをいう。「蒙」とは道理に暗いことをいう。蒙を啓《ひら》くのが啓蒙家の仕事である。

明治三年（一八七〇年）九月、明治政府は平民が苗字をつけることを「差許《さしゆる》」した。ところが長いこと苗字なしでやってきた庶民は必要性を感じない。商人なら屋号がある。だから、差し許されても苗字をつけようとしない。そこで政府は明治八年二月、「今より必ず苗字相唱うべきこと」と布告を出した。強制である。石井研堂はその著『明治事物起原』の中で自分の父親の話を書いている。町の有力者だった父親は、相談を受けていろいろ苗字をつけてやったが、だんだん種が尽きて、しまいには煎茶の名前を取って青柳《あおやぎ》、喜撰《きせん》、鷹爪《たかのつめ》、宇治、徳川四天王の名を取って酒井、榊原、井伊、本多とつけていたという。

福沢諭吉は明治九年（一八七六年）、『家庭叢談《そうだん》』（第九号）に「姓名之事」という一文を載せた。姓名というのは大切なもので、苗字を持つのは大変いいことだが、姓も名も「変梃来《へんてこ》」なものをつけたら、子どもたちがかわいそうだ。だからできるだけ不都合の起きない名前にするのがよろしい。というのが一文の趣旨である。その冒頭の小理屈を引用しておこう。

物の名は物を区別するための符牒《ふちょう》なり。犬と猫と、その品柄《しながら》同じからざるゆえに、これには犬という符牒をつけ、かれには猫という符牒をつけて、これを区別したることとなり。また同じ品物にても数の多きものは、その品柄にかかわらず銘々に符牒をつけて、これを区別せざるべからず。すなわち犬に「トラ」「クマ」「ムク」等の名あり。猫に「ミケ」「タマ」「コマ」等の名ある訳にて、これらの名は同じ犬と犬とを区別し、猫と猫とを区別するための名なり。この世の人間もその品柄を尋ぬれば、いずれも耳目鼻口手足を備え、千も万も同様の品物なるゆえ、銘々に符牒をつけてこれを区別せざるべからず。すなわち人に姓名のある訳なり。姓名は人々銘々の符牒なり。

明治九年の時点では、まだ「トラ」「クマ」「ムク」がありふれた犬の名前だったことがわかる。見た目でつけられた里犬（町犬、村犬）の名前である。里犬は個人で飼っているわけではないから、だれもがわかる見た目の名前で呼ぶ方が都合がよかった。里犬の名前はその地区の共通の符牒だった。だが、犬の世界における文明開化はだれも想像することができなかったほど急激にやって来た。直接のきっかけは明治六年（一八七三年）、東京府で始まり、各府県に広がっていった「畜犬規則」の制定である。飼主の名札を付けていない犬はすべて野犬として撲殺《ぼくさつ》された。具体的な飼主がいない犬はこの世に存在することができなくなった。

すべての犬には飼主がいる。もはや犬を共通の符牒で呼ぶ必要はなくなった。しかも各家庭で飼い始めたのはかつての里犬ではなく、カメ（洋犬）だった。カメは新しい時代を象徴する犬だった。同じ年の『家庭叢談』第八号に福沢は「チンワン之説」を載せているが、その中に旧幕時代に一匹百円も百五十円もしたチンの値段が最近下落したと書いてある。どうして下落したかその理由を福沢は書いていないが、人々の興味はチンではなく、カメに向いてしまったから下落したのである。カメにあらずんば犬にあらずというのが明治九年ごろの大都市の空気だった。飼犬の名前も旧来の「トラ」「クマ」「ムク」ではなく、カメにふさわしい名前がつけられるようになった。

明治三十五年（一九〇二年）九月二十七日の朝日新聞に「犬の名」という短い記事が載っている。

犬は近年西洋の雑種のみになって、日本純粋の種類はきわめて稀《まれ》になった。その理由か知らぬが、犬の名はみな西洋風か西洋まがいになった。昔は翁丸とか太郎とか虎とか熊とか、時代によって違ったことは違ったが、ジミーとかジャッキーとかポチとかいうのは聞かなかった。

これで全文である。福沢が「姓名之事」を書いてからまだ二十数年しか経っていないのに、「犬の名はみな西洋風か西洋まがい」になってしまった。「西洋まがい」の代表例がポチだった。

●犬の名前、人気ランキング

明治四十三年（一九一〇年）七月二日の朝日新聞に、犬好きの記者が調べたと思われる「犬の名」という記事が載っている。犬の名前の調査結果である。

犬の名前は何時《いつ》ごろから何処《どこ》で何《ど》うして附《つ》けたものか一寸《ちょっと》解らぬが、目下《もっか》愛犬流行の折柄、犬の戸籍までこしらえられた今日、全体、犬にはどんな名前が多く附けられているか、百六十余頭について取調べて見たところ余程面白い結果を得た。すなわち左の通り。

とあって、犬の名前と頭数が列挙されている。順不同で読みにくいため、犬の名ランキングに作りかえて掲載する。

①ポチ15②ジョン13③マル12④クロ10⑤アカ8⑥ポーチ7⑦ボチ、チイ6⑨シロ、ハチ、チン、タマ5⑬カメ、クマ、チビ4⑯マメ、ベス、エス、ク3⑳ポース、イチ2（以下は1頭＝チャコ、ヤマ、ミス、ベル、レオン、オロチョン、チョビ、カイ、グライ、ホシ、サン、メーリー、リュー、ジョ子、ポー、ウメ、バロ、ゼ子、ナツブ、パンサ、ジョン子、ボブ、ジャック、フズス、子ーリー、ラック、五郎、カロー、みつ、メス、ジャミ、カンガル、イス、二郎、コゾー、メズ、コロ、フクライ）

①ポチ15が一番多いが、⑥ポーチ7⑦ボチ6も、ポチから派生した名前だと思われる。実際、ポチという犬は多かった。

明治九年五月十九日の横浜毎日新聞にこんな記事が載っている。

本港高島町、神風楼主人の飼い置き品物の中に、大のワン〳〵三疋、小のワン〳〵十二疋あり。その三疋の親洋犬《いぬ》はピン、ハチ、ポーチというが、ピンの生んだ子犬がこのごろわずらい、人を見ると嚙《か》みつきそうにするので、見世番の者が四五人にてこの犬を打ち殺さんとする所へ、三疋の親犬が走り来て病犬を嚙み殺し、その亡骸《なきがら》を親犬のピンがくわえて何処へか取り片づけたと申します。

親犬がかみつき癖の出始めた危ない子犬をかみ殺して、死骸をどこかへ持って行ったという話。うーん、とうなりたくなるところもあるが、大筋で似たようなことがあったのだろう。三匹の犬の中にポーチがいる。ピン、ハチはさておき、ポーチは日本語ではない。西洋風か西洋まがいか。ポーチとポチの語源は同じだろう。

明治十六年（一八八三年）六月二日の読売新聞にはポチが〝身投げ〟した話が載っている。ちょっと首をかしげたくなる記事だが、原文を生かしながら要約する。

北品川宿の高士《こうし》清蔵《せいぞう》方に三年ほど以前より飼っていた洋犬《かめ》は大きさ一尺二三寸の白斑《しろぶち》にて名をポチと呼び、しきりに寵愛《ちょうあい》しておりしが、飼主清蔵は去年の暮れにほかへ引き越す（引っ越す）につき、隣家の難波《なんば》健蔵が日ごろ懇望するにまかせ、ポチを同人に与えて引き越した後は、健蔵方に飼われて四五日あとより、このポチが病気付き、食物や薬など与えてもさらに食わず、おい〳〵重《おも》る容体にて、所詮本復《ほんぷく》はおぼつかなき様子なりしが、一昨日の午後三時ごろ、ポチはかく病に苦しめられ、甲斐なき命を生きながらえんより、淵川《ふちかわ》に身を投げてこの苦痛逃れんものと覚悟を決めたるものと見え、日ごろかわいがってくれる主人の居間の方を名残惜しげに見返り〳〵、仲の良い犬がいる堀某方の門前まで這《は》い出て、しばらく休んだうえ目黒川の川下なる品川洲崎《すさき》の川の方へ這い行くを、万一川に落ちては気の毒だと近所の者が二度まで引き戻してやったが、なか〳〵思いとどまらず、ついに洲崎の川に飛び込んで果敢《はか》なくなりしは、全く死んだあとにて主人の厄介になるまいとの気遣いであろうとて、飼主はいとど不便《ふびん》に思い早速死骸を引き上げて菩提所《ぼだいしょ》に埋葬したという。

ポチは元の飼主の跡を追って行ったようでもあるが、この記事は思い込みで書かれた表現が多く、事実がどうであったか詮索《せんさく》しても始まらない。とにかくポチというカメがいたことは間違いない。

①ポチと②ジョンが喧嘩した話もある。明治二十七年（一八九四年）二月十七日の都《みやこ》新聞に載っている。

神田皆川町の弁護士鶴岡潔方の書生真野《まの》賢蔵（二十二）は大の犬好きにて、鶴岡方の飼犬ジョンというを、どこへ行くにも連れて行くが、ここに同区（神田）旭町の大工今村定吉方の雇人で手塚銀次郎（十九）という者がいて、同じく大の犬きちがいにて、これも今村方のポチを連れては使いに行き、始終両犬が喧嘩をするところ、いつも賢蔵の連れるジョンがポチに嚙まれるので実に残念でたまらず、折があったら返報をしてやろうと思っていると、四五日前、相変わらず両犬が嚙み合っているのを認めたので、おのれ、と言いざま、持っていた洋杖《ステッキ》にてポチの前足をいたく打ちしかば、ポチはキャン〳〵吠えながら立ち帰ったを銀次郎が見て遺恨に思い、同じく返報してくれんと待ち構えている矢先、一昨夜の八時ごろ賢蔵がジョンを連れて鎌倉河岸まで行くとバッタリ銀次郎に出くわしたので、銀次郎はこれ幸いと小石を拾うより早くジョンへ投げつけしゆえ、賢蔵は大いに怒り、銀次郎を捕らえて、何で俺の犬へ石を投げたと突然打ってかかりしに、銀次郎も喧嘩を買うつもりのところゆえ、犬の仇《かたき》だ覚悟しろ、と賢蔵に組みつき、大立ち回りの末、賢蔵の面部へ傷を負わせた騒ぎに巡査が出張し、段々取り調べると右の次第に、その心得違いをさとし放還したるが、賢蔵はなかなか承知せず、昨今、銀次郎方へ掛け合い中だとのこと。

ジョンの世話をしていた弁護士書生と、ポチの世話をしていた大工雇人の喧嘩である。顔にけがをした弁護士書生は納得できず、銀次郎方へ何事か談判を続けているが、その結果がどうなったか新聞は書いていない。このころの犬はほとんどが放し飼いだった。リードをつけて散歩をしていても、放し飼いの犬とよく喧嘩になる。犬同士が喧嘩して、飼主同士も喧嘩になることがよくあった。ランキング①と②、もっともポピュラーな名前を持った犬同士の喧嘩だった。

●文豪たちの犬愛

二葉亭四迷は明治四十年（一九〇七年）十月末から東京朝日新聞で小説『平凡』の連載を始めた。連載十回から二十回までは、子どものころ「私」が飼っていたポチの話だ。来年四十になる「私」は親のことに続いてポチのことを思い出す。

「ポチは言う迄もなく犬だ。」

というのがその書き出しである。

ポチは捨て犬だった。一カ月にも満たない子犬が雨に濡れ、泥だらけになりながら、雨戸の外で鳴いていた。母親に「今晩一晩泊めてやって」と頼んで、そのまま飼ってしまった。それからポチがいないと始まらない生活が始まった。犬好きは犬が知る。犬が人間なのか、私が犬なのか、その境目もわからない。朝起きると一番に飛んで来て、手や顔をなめる。汚いようだが、うれしい。狐のような顔をしたあまりみっともよくない犬だったが、こんな犬はどこへ行ってもかわいがられないから、といって、なおさらかわいがった。学校から帰ると、弁当の残りをポチにやる。庭でひとしきり遊んでから、近所の原っぱへ行く。これが日課になった。それまでは内弁慶のいじめられっ子だったが、ポチが来てからは楽しくてしょうがない。きょうも弁当を残して急ぎ足で学校から帰って来た日の事、家の近くに犬殺しが来ているのを見た。

「ねえ、君、君ん所のポチも殺されたかも知れないぜ」

「嘘だい！　殺されるもんか！　札が付いてるもの……」

「やあ……札が付いてたって、殺されますから」

ポチは殺された。


愛はすべての存在を一にす。

愛に住《じゅう》すれば人生に意義あり、愛を離るれば、人生は無意義なり。

理想は幻影のみ。

皆嘘だ。嘘でないことを一つ書いておこう。

私はポチが殺された当座は、人間の顔が皆犬殺しに見えた。

是だけは本当の事だ。

ここでポチの話は終わる。

『平凡』は小説だから事実そのままではない。小説ではポチの話になっているが、ほんとうの犬の名前はマルだった。先ほどの「犬の名ランキング」でいうと①と③だが、四迷はもっともありふれた犬の名前にして小説を書いた。少年とポチの話も事実ではない。実話は三十男の四迷とマルの話である。

友人と家を借りて生活していたころ、近所のごみ溜めから友人が子犬を拾ってきた。明治二十五年、四迷二十九歳の時のことだ。座敷に上げるわけにもいかず、四迷は玄関の二畳に床を敷いて子犬と一緒に寝た。結婚したのはそのあと。土間に寝ていたマルは朝、四迷が目を覚ますと部屋の中に飛び込んで来て顔や手をなめまわした。「天地間に彼犬《あれ》と私とのような関係は滅多に無いと思う。人我《じんが》を亡じて仕舞う境界を彼によって私は味わったのだ」(「『平凡』物語」)。

ある日、勤め先の役所(内閣官報局)から帰って来ると、マルが迎えに来ない。妻が四迷の顔を見るなり、わっと泣き出した。マルがいなくなったのだという。明治二十六年一月十七日のことだった。内田魯庵《ろあん》(作家)によると、四迷が役所に出ている時、家に来客があり、妻が格子《こうし》を開けたとたんに飛び出して、それきり帰らなかったのだという。マルらしい犬の首に縄をつけて歩いている子どもを見た人もいる。四迷は「愛犬マル人に竊《ぬす》まれて行方不知《しれず》と相成候」と友人への手紙に書いている。それから一カ月、四迷はぼろぼろ涙を流しながら探し回ったが、マルは戻って来なかった。

似た犬をみて戻る夜ぞ風寒き
木《こ》がらしよ犬なき我も吹きからせ
まる戻せ我犬もどせ夜の雪

『二葉亭四迷全集』には、この時詠んだ四迷悲痛の俳句、三十一句が載っている。

江戸時代と明治時代では、犬に対する小説家や随筆家の姿勢は画然と違う。犬がいなくなってぼろぼろ涙を流し、そのことを物語にするような人物は江戸時代にはまずいなかった。例外は『犬狗養畜伝《けんくようちくでん》』を書いた大坂の戯作者・随筆家、暁鐘成《あかつきのかねなり》くらいだ。鐘成は何者かに飼犬を殺され、大いに泣き、生駒《いこま》山中に墓を立てた。

明治の作家、文学者にとって犬を飼うことは「近代」そのものだった。個々の責任で犬を飼うことは明治の新現象だったのだ。犬を飼うことは自分という生き物を見つめる行為でもあった。犬とは何か、人とは何か。犬を飼うことによって自分を再発見し、思いめぐらす人々がいた。四迷はその典型だった。

愛犬家の幸田露伴は『銃猟孝行』で外国産優良猟犬論を述べ、子どものころ犬が怖くて仕方がなかった森鷗外は『旅帰』に賢い猟犬ブルノを登場させ、夏目漱石は『硝子戸《がらすど》の中』で飼犬ヘクトーが死んだ時、猫の墓のそばに「秋風の聞えぬ土に埋めてやりぬ」と俳句を記した墓標を立てたと書いた。谷崎潤一郎は数多くの犬と猫を飼い、飼犬のグレイハウンドは『蓼《たで》喰ふ虫』の挿絵になり、『瘋癲《ふうてん》老人日記』にも飼犬らしい犬が出てくる。谷崎と犬仲間だった志賀直哉は雪の日、跡を追って来たひねくれた雑種の話を『雪の遠足』に、奈良で行方不明になったセッターの雑種のことを『クマ』に書いた。かつての里犬の時代、こんなに犬が物語に書かれたことはなかった。

●明治の世は、どこもかしこもポチだらけ

泉鏡花《きょうか》がこの世で一番嫌いなものは犬だった。次が雷だった。彼は「前近代」に生きる作家だった。明治になって間もなく、個人で犬を飼うことが当たり前のようになり始めたが、犬を飼う人のそばにいることさえ鏡花は嫌った。同じ尾崎紅葉《こうよう》門下の徳田秋声《しゅうせい》とは仲が悪かった。その理由の一端は犬にあった。

徳田秋声は明治三十三年十月から『文芸倶楽部』誌上で小説『一念』を連載した。その一場面にポチが出てくる。

――灰色の長い外套《がいとう》を着た老人が犬を連れてきた。老人が美津子に話しかける。「今

じゃ色気より風流の方ですからな……おい〳〵ポチ〳〵、何をそんなところをまごついているんだ」。

秋声の代表作『爛《ただれ》』（大正二年）では、夫の行動を不審に思っていた細君が、ふと町で見かけた犬が気になって、その跡をついて行った。新築の家の中から女の声が聞こえた。「ポチ、ポチ、ポチ」。そこが夫の女の家だった。

島崎藤村は『家畜』（明治三十九年）で風采の上がらない「ちび犬」の話を書いた。「ちび犬」は食い物を探してうろつき回る。植木屋の金さんのところに、茶と白ぶちのポチという名のかわいらしい犬がいた。「ちび犬」は金さんから「同じ畜生でも容姿の悪いものは損ですなあ。もう少しどうこういう犬だと飼ってやってもいいのだが」と言われて相手にされなかった。

小説の中にさりげなく出てくるほど、明治の中ごろにはポチは犬を代表する名前になっていた。「犬の名ランキング」にあるとおり実際にポチという名の犬は多かった。

小説の中の話ではなく、実例をあげておこう。

徳冨蘆花《とくとみろか》は明治元年、熊本・水俣《みなまた》に生まれた。「彼の前世は多分犬であった」と随筆『みみずのたはこと』の中で自ら言うほどの犬好きだった。十歳の時、西南戦争があった。一家をあげて田舎に避難したが、オブチという飼犬がどうしても家を去ろうとしないので、近所の農家に世話を頼んだ。三カ月ほどして薩軍の熊本城包囲が破られ、熊本での戦いが終わったので家に帰って見ると、オブチがいない。オブチは徳富家に陣取った薩軍兵士に食われてしまったのである。「余は告白す、当時余に取りては南洲及び其《その》八千の子弟の最期《さいご》よりも、むしろ余が一疋の犬の死が更に悲しかりしことを」(『偶感偶想』明治二十八年)。そのことがトラウマになって長いこと犬を飼う気になれなかった。東京に出て『国民之友』を創刊した兄・徳富蘇峰《そほう》に呼ばれ、明治二十二年(一八八九年)に上京。『不如帰《ほととぎす》』で作家の地位を確立する。

明治四十年(一九〇七年)北多摩郡千歳《ちとせ》村粕谷《かすや》に移った。現在の都立蘆花恒春園《こうしゅんえん》(世田谷区)である。ここで犬を再び飼い始める。神田の青物問屋からもらったピンという名の黒いメスのテリアはよく子どもを産んだ。ここにポインターのオス犬が押し掛け婿でやって来て、居ついてしまった。幡ヶ谷《はたがや》(渋谷区)の牛乳屋の生まれで、ポチとか、マルとかいろいろな名前を持っていたという。飼主はいない。交尾期にずっと家をあけるため牛乳屋も面倒を見なくなり、甲州街道沿いをねぐらとする野良犬となった。明治もこの時代になると、かつてもてはやされた洋犬の野良犬化、雑種化が進み始めている。蘆花はこの犬にデカと名前をつけ、犬税を払い、自分の家の犬として登録した。飼犬にして二年ほどたったある朝、出入りの車屋がデカの死骸を積んで家にやって来た。甲州街道に遊びに出かけ、走って来る自動車に吠えかかり、はねられて死んだのだという。

道路が整備され、自動車が走るようになって犬も昔のように寝そべっているわけにはいかなくなった。「安田氏（安田財閥）の自動車、犬を轢殺《れきさつ》」という記事が明治四十四年五月二十七日の読売新聞に載っている。

二十五日午後六時ごろ、本所《ほんじょ》区横網《よこあみ》町安田善次郎氏所有の自動車が同区相生町の煙草商深川駒次郎の飼犬ポチをひき殺し、そのまま立ち去った。運転手は相生署に呼ばれ結局示談となれり。（要約）

「ポチの子のマルが人を咬んだ」という記事もある。同年七月二十日の読売新聞──

芝区日本榎町の地所家屋周旋業《しゅうせんぎょう》鈴木源次郎の飼犬ポチが四年前に生んだマルは近所の子どもを咬み、撲殺された。伝染病研究所で調べたところ狂犬であることが判明したので、高輪《たかなわ》署は親のポチも狂犬病の恐れありと撲殺しようとしたが、ポチは妊娠中なので撲殺は待ってほしいと源次郎が涙ながらに訴えた。警察は死刑執行を二ヶ月間延期し、検診の上、狂犬病でないと診断されれば改めて助命されるべしと申し渡した。（要約）

ポチはどこにでもいた。「人はびっくりすると悪口を吐きたがるものと見える」と石川啄木が言っている。飼犬に突然飛びつかれて「こん畜生」というような例はよくあることだ。

「こん畜生」と言わなくとも、白なら白、ポチならポチでいゝではないか——若《も》し必ず何とか言わなければならぬのならば。（明治四十三年十二月十八日「朝日新聞」歌のいろ〳〵）

どこもかしこもポチだらけである。どうしてこういう現象が起きたのか。そもそもポチとは何者なのか。外国語なのか、日本語なのか。ポチをめぐる探索の旅を今少し続けよう。

2　ポチと教科書

●『読書入門《よみかき》』——「ポチハ、スナホナ　イヌナリ」

飼主のいない犬は撲殺するという畜犬規則は明治六年東京府で始まり、同年北海道札幌、七年函館、九年神奈川、千葉、大阪、宮城と広がり、十五年ごろまでにはほぼ全国規模で施行された。すべての犬の飼犬化にともない、家庭で飼う犬の洋犬化が進んだ。ポチはカメ（洋犬）を代表する名前だったが、明治十九年、文部省が編集した新しい国語教科書にポチが登場したことによって、犬といえばポチという図式が完成した。『読書入門《よみかき》』というのがその教科書の名前である。

明治五年に「学制」が発布され、全国に小学校が設けられたが、子どもたちの就学率はまだまだ低かった。明治十九年に小学校を義務教育とすることが決められ、初代文部大臣・森有礼《ありのり》のもと、新しい教科書編纂《へんさん》が始まった。『読書入門』はドイツの教育読本を手本にして、文部省編輯《へんしゅう》局員だった湯本武比古《たけひこ》（のち学習院教授、東洋大学長事務取扱）が自分の創意を加えて編集した。

「六歳以上の初学者が最初の半年間に言語を学び、文字を読む」ための教科書である。義務教育だから全国の子どもたちがこの教科書を使った。

『読書入門』の第一課は「ハト。」。第二課は「ハナ。トリ。」。イラスト付きの教科書である。第六課は「ヨキネコ。ワロキイヌ。」。魚をくわえて逃げる犬の絵が描かれている。第十九課にポチが出てくる。

第十九課

ポチ ハ、スナホナ
イヌ ナリ。
ポチ ヨ、コイ〱、
ダンゴ ヲ ヤルゾ。
パン モ ヤルゾ。

明治十九年『読書入門』第十九課に見えるポチの図

ポチ　ハ、スナホナ
イヌ　ナリ。
ポチ　ヨ、コイ〱、
ダンゴ　ヲ　ヤル　ゾ。
パン　モ　ヤル　ゾ。

イラストは洋装の少年と首輪をつけてお座りをしている洋犬の図だ。『読書入門』以前に書かれた教科書にも犬の話は出てくるが、犬は犬でしかなかった。固有名詞がなかった。『読書入門』で初めてポチという名を持つ個別の存在としての犬が教科書に登場した。その意味では画期的だった。すべての犬は飼犬化し、個別の名前を持っていた。そのことを新しい社会現象として、教科書編集者・湯本武比古が無意識のうちに認識していたともいえるだろう。

●幼年唱歌「花咲爺」——「うらのはたけで、ぽちがなく」

有名な童謡「花咲爺《はなさかじじい》」は明治三十四年（一九〇一年）『教科適用　幼年唱歌・初編』という教科書の中の一曲として世に出た。作曲は田村虎蔵《とらぞう》、作詞は石原和三郎《わさぶろう》。二人は東京高等師範学校付属小学校の同僚だった。音楽担当の田村と国語教育担当の石原は言文一致のわかりやすい唱歌を作ることで意気投合した。それまでの唱歌は文語体で、子どもたちは意味もわからず歌っていることが多かった。「歌詞によって発する情を度外視」していたずらに歌わせると「オウム唱歌となり、カエル鳴き、ウグイス吟となる」と石原は述べている。それまで小学校で使われていたオウム唱歌である『小学唱歌集』の最初の歌「かをれ」を原文のまま引用しておこう。

第一　かをれ

一　かをれ。にほへ。そのふのさくら。
二　とまれ。やどれ。ちぐさのほたる。
三　まねけ。なびけ。野はらのすゝき。
四　なけよ。たてよ。かは瀬のちどり。

そう悪くない歌詞だと思うが、『小学唱歌集』は先へ進むに従って次第に難解になってくる。五十三番目が「あおげば尊し」で、全部で九十一の唱歌が掲載されている。犬の出てくる唱歌もある。

第六十九　小枝《さえだ》

一　さえだにやどれる。小鳥さへ。礼はしる。道をもならひし。その人を。わするなよ。

二　吾家にかひぬる。犬さへも。恩はしる。君にもつかふる。大丈夫《ますらを》よ。身をつくせ。

石原は「概《おおむ》ね、その意味、幽玄、高尚なり」と述べ、教師向けに『小学唱歌集註《ちゅう》解《かい》』（明治二十九年）を出版して、全歌詞の意味を解説した。石原は解説するだけでは満足できなかった。自ら唱歌の作詩を手がけ、実作で言文一致をおし進めた。そうして出来上がったのが『教科適用　幼年唱歌・初編』だった。『幼年唱歌』に載った石原の「花咲爺」は、すべてかなで書かれている。

一、うらのはたけで、ぽちがなく、
しょーじきぢいさん、ほったれば、
おほばん、こばんが、ザク〳〵ザク〳〵。
二、いじわるぢいさん、ぽちかりて、
うらのはたけを、ほったれば、
かはらや、せとかけ、ガラ〳〵ガラ〳〵。
三、しょーじきぢいさん、うすほって、
それで、もちを、ついたれば、
またぞろこばんが、ザク〳〵ザク〳〵。
四、いじわるぢいさん、うすかりて、
それでもちを、ついたれば、
またぞろせとかけ、ガラ〳〵ガラ〳〵。
五、しょーじきぢいさん、はひまけば、
はなはさいた、かれえだに、
ほーびはたくさん、おくらに一ぱい。
六、いじわるぢいさん、はひまけば、
とのさまのめに、それがいり、

とう〳〵ろーやに、つながれました。

一番と二番にポチが出てくる。なぜポチなのかというと理由がある。『教科適用幼年唱歌・初編』の「緒言摘要《しょげんてきよう》」に「尋常科には、もっぱら修身、読書科に関係を有する事項及び四季の風物に因《ちな》みて之を取り」と述べられている。修身、読書科の教科書を援用しながら唱歌を作っている。本のサブタイトルに「教科適用」とあるのもそのことと関係がある。明治十九年『読書入門』のポチがここで生きてくる。二つの教科書が連動しているのだ。だから、ここはポチでなければならなかった。現実社会でポチという犬が実際に多くなったことも、教科書でのポチの再登場を後押ししている。まさかりかついだ「金太郎」も、大きな袋を肩にかけ…の「大黒様」も、この時、二人のコンビで世に出た。『幼年唱歌』出版当時、石原は高師付属小学校を退職、東京神田《かんだ》の出版社・冨山房《ふざんぼう》に入社し、坪内逍遥のもとで新しい『国語読本』の編集にたずさわっていた。

●犬はポチ、猫はタマ

その後も教科書にポチが登場する。

明治三十六年（一九〇三年）、文部省著作『尋常小学読本』——

ジロー　ガ　イヌ　ノ　セナカ　ヲ　ナデテヰマス。
コノ　イヌ　ハ、ジロー　ガ、トナリ　ノ　ウチ　カラ、モラッタ　ノ　デス。
ナ　ハ　ポチ　ト　イヒマス。
ジロー　ハ、タイソー、ポチ　ヲ　カハイガリマス。
ポチ　モ、タイソー、ジロー　ニ　ナレテヰマス。
ジロー　ガ、ニハ　ニ、デル　トキ　ニハ、イツモ、ジャレツキマス。
アソビ　ニ　イク　トキ　ニハ、イツモ、ツイテイキマス。

明治三十八年、『尋常小学唱歌・第一学年上』には「花咲爺」と同じ田村・石原のコンビによる「ポチとタマ」が採用された。カタカナ書きである。

一　コノコハ、ポチト　マウシマス。
　　チンチン　オアヅケ、ミナ　ジョーズ。
　　イマニ、オトナニ　ナッタナラ、
　　ゴモンノ　バンヲ、ヨクシマセウ。
二　コノコハ、タマト　マウシマス。

マイニチ、ゲンキニ　アソビマス。
イマニ、オトナニ　ナッタナラ、
ネズミノ　バンヲ、ヨクシマセウ。

犬はポチ、猫はタマと相場が決まったのはこの時ではないかと思う。教科書、とくに唱歌の与える影響は大きい。子どものころ覚えた歌のことは大きくなってもなかなか忘れない。タマはありふれた猫の名前だった。ポチと同じようにありふれた名前でなければ教科書には採用されない。小泉八雲が短編集『骨董』（明治三十五年）の中で、自分の飼っているタマのことを書いている。

この猫のことを、わたくしの家でタマと呼んでいるのは、なにもこの猫が美しいからなのではない。いや、美しいけれども、じつはタマという名は、女猫ならどこでもつける名前なのである。（「病のもと」平井呈一訳）

一般的にタマは猫の名前だといって間違いないのだが、絶対に猫かというとそうでもない。昔の人はそれほど堅苦しく考えていなかったようだ。前出「犬の名ランキング」では⑨シロ、ハチ、チン、タマ5、となっている。犬にタマと名前をつける人も多かった。しかし、尋常小学唱歌に猫の代表としてタマが登場したことによって、「犬はポチ、猫はタマ」というわかりやすい図式が完成したといえる。

明治四十四年（一九一一年）『尋常小学唱歌・第一学年用』の「犬」にもポチが出てくる。

一、外へ出る時　とんで来て
追ってもく　附いて来る。
ぽちはほんとに　かはいいな

二、内へ帰ると　尾を振って、
袂《たもと》に縋《すが》って　嬉しがる。
ぽちはほんとに　かはいいな

同じ年に出た『尋常小学唱歌・歌詞評釈』（福井直秋編）では、唱歌「犬」について次のように説明している。

語句評釈　『ぽち』は犬の一名とでも言おうか、元来これは明治になっての名で、初めは洋種の犬の名であったが、今はどの犬にも呼びかける名となった。我国では元来毛色によって赤、白、黒とか名を付けるのである。しかし、ここでそう言ってはおかしいし、また赤や白と限っていうことも変であるから、一般的のポチと言ったのである。

どこもかしこもポチだらけである。明治三十九年に大日本国民中学会が出した『独逸童話集』はグリム童話の翻訳ものだが、この中に「ポチという、大変に忠義な犬を持った、羊飼がありました」という書き出しで始まる童話がある。「老犬ズルタン」が「ポチ」に変わったのである。有島武郎《たけお》が大正十一年（一九二二年）に『火事とポチ』という子ども向けの小説を書いているが、これも文部省の大枠の中で付けられた題だといっていいだろう。犬の名前を出す時は、ポチにできるだけ統一しましょう、というのが文部省の方針だった。教科書では、人をかんだり、やたら吠えたりする犬にはポチという名前はつけられない。「ポチハ、スナホナ　イヌナリ」という『読書入門』の精神はずっと生き続けた。世の中に多くのポチを誕生させたのは明治の教科書だった。そしておそらくタマが猫だと決めつけられることになったのも。

3　ポチはなぜポチというのか

●ポチの語源の諸説

ポチはなぜポチというのか、諸説紛々《ふんぷん》としている。インターネット時代に入って、その混迷の度合いはさらに加速されているように思う。何が正解なのか、わからない状態が続いている。ネット上にある諸説を簡単にまとめると、「英語のスポッティ説」「米語のプーチ説」「フランス語のプチ説」「日本語のぶち説」「ぽち袋（祝儀袋）のぽち説」「ポチポチでんなあ、のぽち説」「小さい点を意味するぽち説」「点々を意味するぽち説」といろいろあって、「チェコ語でも犬をポチといいますよ」とか「ポチって猫の名前じゃないの？」とかいう意見もある。それぞれの見解がそれなりに興味深い。

日本語の辞典としては最も詳しい小学館『日本国語大辞典』第一版（一九七五年）はポチの語源についてまったく触れていないが、第二版（二〇〇一年）で次のように書いている。

（イ）英語でspotty（ぶち犬の意）（ロ）米語でpooch（俗語、犬の意）（ハ）フランス語でpetit（小さい意）からと、諸説ある。

ウンチク好きの歌手・なぎら健壱著『なぜ犬は「ポチ」なのか？』（二〇〇八年）は実際にポチ問題に触れているのは二ページだけだが、その要旨を抜粋すると——

「アタシは、かねてから疑問に思っていることがあるんですよ。なぜ、犬はポチで、猫はタマって呼ぶかってことです」「こうしたどうでもいい話ってのは定説がなくて、かなりこじつけがましく、眉唾《まゆつば》ものの説が多いんですけどね」「これがポチになると、さらに本当かよ？　ってな説が多い」

なぎらさんはspottyをはじめとする英、米、仏語説に首をかしげ、

「ならば、それよりずっと古い御伽噺《おとぎばなし》の花咲かじいさんに登場するポチはどうするの？するとわけ知りは、花咲かじいさんに登場する犬の名前はポチでなかったと言う……おいおい」

なぎらさんが「おいおい」と言いたくなる気持ちもよくわかる。

諸説について検討してみよう。まず「ポチって猫の名前じゃないの？」説。これはけっこう真面目に検討するに値する説である。「唄い女《め》ポチを抱いて泣く」という記事が明治二十三年（一八九〇年）七月二十四日の朝日新聞に載っている。ポチは日本

橋住吉町に住む小今という唄い女が飼っている子猫の名前だ。この猫が納税書の領収書にじゃれて、びりびりに破いてしまった。領収書を破くと懲役になると思い込んでいた小今は、区役所に来て「私が破いたのではありません。爪跡がありますそれではポチが懲役になるのでしょうか」としくしく泣き出したという。

タマという名前は犬にもついていたが、ポチも犬だけの名前とは限らなかった。犬のポチに先行して、小説の中ではあるが、江戸時代には猫のぽちがいた。『朧月《おぼろづき》猫の草紙』は天保十三年（一八四二年）に刊行された草双紙《くさぞうし》である。作者は山東京山《さんとうきょうざん》。山東京伝《きょうでん》の弟だ。

京山七十四歳、耳が遠くなり、「ホトトギスが聞こえましたか」と言われて、「そう、よい天気ですなあ」とこたえる始末。三毛猫村に耳療治の名人がいて、猫背の老人が猫なで声で言うことには「黒猫の耳を黒焼きにして猫のよだれで耳にさせば聞こえるようになる」と教えられた。そこで京山、ぽちという名前の飼猫のよだれをとって、黒猫の耳の黒焼きを耳の中にさしこむと、なんと猫の言葉がわかるようになり、この草双紙を書き始めた。

と『朧月猫の草紙』の冒頭で述べている。

京山の飼猫の名前がぽち。以下、『朧月猫の草紙』に出てくる猫の名前をあげると、こま、とら、くま、ゆき、しろ、ぶち、きじ、三毛、いち、ふく。ほとんどが毛色から名前がつけられている。犬と共通の名前も入っている。ふくは座敷犬の狆によくある名前だった。ぽちは京山が書いている通り、実際に飼っていた猫の名前だろう。ただし、ぽちという猫がいたからといって、それが明治に流行した犬のポチとストレートにはつながらない。

「チェコ語でも犬をポチといいますよ」というのは語源についての説というよりも参考意見のようなものだ。チェコ語説、私には心当たりがある。昭和三年に東京在住の外国人女性が撲殺される野良犬を救おうと「ポチ倶楽部」を設立した。野良犬の収容施設を作り、最終的には東京の町から野良犬をなくすことを目指した。この会の発案者の一人がチェコ大使夫人だった。「ポチ倶楽部」のポチはチェコ語でもあったということになるが、もちろんポチの語源ではない。

「ぽち袋のぽち説」「ポチポチでんなあ、のぽち説」、このあたりは「そうでんなあ」と軽く聞き流しておこう。「ぶち」「点々」説は後回しにして、次に英米仏語説を検討してみよう。

●ポチ、英米仏語由来説

まず『日本国語大辞典』の「(イ) 英語でspotty（ぶち犬の意）」について。

これは楳垣実《うめがきみのる》『増補外来語辞典』（一九七二年）に載っている説である。ポチを外来語として初めて掲載したのがこの辞典だ。

ポチ【英spottie】犬の呼び名。spotは「点」の意で、spottieはその愛称的指小辞《ししょうじ》のついた形。犬の名としてよく使われ、それが借用されたものと思われる。

愛称的指小辞とは耳慣れない言葉だが、点を意味するスポットが犬の愛称になる時にスポッティに変化したということだ。『日本国語大辞典』ではspottieをspottyと表記している。

スポットはポチの語源として、有力だと思うが、スポッティが語源だといわれると、首をかしげたくなる。犬の名としてよく使われた例を私は知らない。スポットという犬なら、幕末の横浜で飼われていた実例をあげることができる。この犬については、あとでまた述べる。

次に「(ロ) 米語でpooch（俗語、犬の意）」について。

ポチはカメ（洋犬）につけられた名前である。明治時代も後半になると、そこのところがあいまいになってくるが、里犬の名前ではない。明治になって、すべての犬の飼犬化が進んだ時、ポチという名前が急速に広まった。

プーチは日本語に訳せばワン公ぐらいのニュアンスの言葉で、アメリカではよく使われるが、ポチの語源になるほど日本で使用されたかというと、かなり疑問がある。幕末から明治初年にかけて多くのイギリス商人が日本にやって来た。米語よりも英語の勢力が圧倒的に強い。

日本人のキリシタン禁制は明治六年まで続いていた。幕末来日したアメリカ人宣教師のヘボンは自由に布教できないため、来《きた》るべき伝道の日に備えて徹底的に日本語を勉強し、慶応三年（一八六七年）に和英、英和辞書をかねた『和英語林《ごりん》集成』、明治五年にはさらに本格的な和英辞典『和英語林集成』第二版を出した。ヘボンが考案したローマ字表記がのちにヘボン式ローマ字として定着する。『和英語林集成』で「inu」を引くと「A dog」とあり、「犬が吠える」「犬死」「飼犬に手をかまれる」その他の用例が記されている。「pooch」はどこにもない。当時の日本ではほとんど使われていなかったと考えていいと思う。プーチはポチの語源から外してもよさそうだ。

もうひとつ「（ハ）フランス語でpetit（小さい意）」について。

プチも有力説として広まっている。関川夏央『二葉亭四迷の明治四十一年』（一九九六年）には「二葉亭の犬猫を好むこと尋常ではなかった。（略）居留地のフランス人が飼い犬をプチと呼び、そのなまりのポチが明治日本に広まり、以来日本の犬の代表的な呼称となったのである。『浮雲』にはマルという名で、『平凡』にはポチの実名で登場するこの犬は明治二十六年一月十七日に行方不明になった」と書かれている。断定的プチ説である（文中、誤りがある。『浮雲』にマルは出てこない。『平凡』に出てくるポチの実名がマルである）。

山本夏彦『私の岩波物語』（一九九四年）にも「ポチはプチpetitの訛《なま》りだから、明治以前の犬にこの名はない。正直爺さんの犬はシロである」と断定的に書かれている。

フランス人がプチ（小さい）と声を発しそうな犬はチンしかいない。ポチはカメ（洋犬）につけられた名前だから、チンとイメージが合わない。明治二十七年の弁護士書生と大工雇人の犬をめぐる喧嘩（前出）では、いつもポチがジョンをいじめている。ポチは別に小さな犬ではない。明治十九年『読書入門』のポチもイラストを見ると大型犬だ。発音が似ているというだけで、プチが語源であると断定するだけの材料はない。

国語学者・飛田《ひだ》良文《よしふみ》『明治生まれの日本語』（二〇〇二年）に「ぽち」という一文が載っている。その中で語源問題について触れている。

「ぽち」が辞書に登録されるのはいつか、と調べても明治時代には見あたらない。昭和十一年に平凡社から刊行された『大辞典』にようやく出てきた。

ポチ　ぽち①小さい点。小さい物が孤独なる様にいふ語。ほし。ちょぼ。ぼっち。

②犬などの小さい動物に名づける名称。『宅のぽちはよく、吠える』

③宿屋・料理屋などの雇人、芸者・茶屋女などに与ふる祝儀。上方《かみがた》語。はなチップ。纏頭《てんとう》。『ポチをやる』『ぽち袋』

『大辞典』では、小さい犬の意と解釈している。（略）「ぽち」が犬の愛称であること、明治生まれの日本語であることは確実であるが、小犬であるかどうかは疑問である。第一期国定教科書にみえる「ぽち」の絵は「ぶち犬」である。（略）「ぶち」「まだら」の意味の「ぽちぽち」が起源とも、点々の意味のspotty［スポッティ］からとも考えられる。またフランス語のpetit［プティ］からとも、英語（米語）のpooch［プーチ］（犬・アメリカの俗語・雑種犬）からとも考えられる。しかし、明治時代にspotty, petit, poochの借用語と考えられる用例は、発見されてない。したがって、今のところは「ぽちぽち」が、起源なのではないかと考えられる。

日本語の「ぽちぽち」起源説である。ここでいう第一期国定教科書とは、明治三十六年（一九〇三年）、文部省著作『尋常小学読本』のことだ。確かにここに出てくるポチはぶち犬だが、明治十九年『読書入門』のポチはぶち犬ではない。教科書の絵を根拠にあげるのは説得力に欠ける。ただ『明治生まれの日本語』には示唆《しさ》を受ける点が多かった。その中に犬の「玉」のことが書いてあったので、私のポチ・タマ論を補強する意味で、その部分を引用しておきたい。

さらに、今日なら猫の名と考えられる「玉」が犬の名として登場する。新保磐次《しんぽばんじ》著『日本読本第二』（明治二十年金港堂蔵）に、「玉　ハ　好イ　犬、帽子　ヲカムレ」と出てくる。

飛田氏によると、「花咲爺」の犬は江戸時代に「福」「ぶち」と書いてある例はあるが、ほとんどが「犬」で、「ぽち」や「しろ」は確認されていない。私が明治、大正時代の絵本、教科書を調べた範囲でも「花咲爺」の犬は単に「犬」であって、絵や図版はシロ、ぶちさまざまだった。どちらかいうと明治時代はぶち犬が多く、大正からシロの絵が増えている。

「花咲爺」に限らず、幕末から明治期にかけての犬の絵を見ると、ぶち犬が非常に多い。洋犬もぶち犬が多い。ぶち犬は普通「ぶち」と呼ばれている。私は長い間、ぶちがポチに変化したと思っていた。ポチがぶち犬であることに関しては飛田氏と同意見だが、犬の歴史を調べて行くうちに私の見解は変わった。現在はpatch説である。本当は「説」ではなく、正しいと確信しているのだが、とりあえずは「説」ということにしておく。

●ポチ、patch（パッチ）説

patchとは、パッチワークのパッチである。張りつけた布切れのような、犬の斑紋《はんもん》もパッチという。海外に渡ったチンのことを調べていて、このことに気づいた。海外のケネル・クラブやジャパニーズ・チン・クラブのホームページを開くと、そこにpatchという言葉が出てきた。

「コート（毛皮）は斑紋（patches）のある白で、斑紋はほとんどが黒い」

「異なる毛色のpatchが額《ひたい》の中央にある」

欧米人が欲してやまなかったパッチのあるチン。一瞬これこそがポチの語源だと思ったが、そう簡単ではなかった。幕末、日本に数多く連れて来られたポインターやグレイハウンド種の斑紋もpatchである。spotと呼ぶこともあるが、これはpatchに比べるとずっと小さい。

そこで、幕末から明治にかけて来日した外国人の日記、渡航記からチンに関する記述を探し出し、原文を調べたがpatchという語は見つからなかった。イギリス人のチェンバレンが書いた『日本事物誌』（初版一八九〇年）にあるチンの記述は、外国人が書いた物の中では最も詳しい。その文章の冒頭部分に「狆《ちん》は日本のパッグ（パグ）で、か弱く臆病な小動物である。一般に黒と白の斑《ぶち》で、重量は小猫ほどにすぎない。ぎょろぎょろした目玉があり、ガラス製のはじき玉のように突き出ている」（高梨健吉訳）と書いてある。原文はどうなっているかというと「黒と白の斑」は「black and white（ブラック・アンド・ホワイト）」だった。「ぎょろぎょろした目玉」は「goggle eyes（ゴーグル・アイズ）」で、patchは出てこなかった。チン→斑《ぶち》（patch）→ポチ、とつながっていくという私の仮説は、結局確証を得るに至らなかった。

辞書ではどうなっているのだろうか。

まず『英和対訳袖珍《しゅうちん》辞書』（慶応三年版）。袖珍とは袖の中に入るポケット版のことだ。この辞書に「ドッグ」はあるが、「プーチ」はない。意外なことに「プードル」が「小犬の名」と訳されていた。「パッチ」は「きれ（衣の破れなどをつくろう）。伊達につける絹のきれ（婦人の飾りのため）」とあった。「スポット」は「斑点。汚名」。ヘボンの『和英語林集成』（明治五年版）では「パッチ」を見つけられなかった。「まだら・斑」の訳に「spotted（スポッティッド）」とあった。

三省堂『和英大辞典』（明治二十九年、メール新聞主筆ブリンクリーほか編）でやっとそれらしい「パッチ」が見つかった。これはヘボンの『和英語林集成』以降、最大の和英辞書で「我邦古今の語を網羅し、これに英訳を下したるもの」と緒言《しょげん》に述べられている。

Buchi ぶち、斑　異なった色の斑紋がある（with patches of different colour）。まだら。色を違える。白黒まだら。Buchi neko斑猫。

三省堂『新訳和英辞典』（明治四十二年、井上十吉編）では、さらに簡単明瞭になる。

Buchi（斑）Patches

「ぶち」を意味する英語が「パッチ」であることは、もう間違いない。斑紋が一つではまだらにならないから、英語では複数形になる。ついでにいうと、ディズニーの「101匹わんちゃん」の人気者で、右目の周りが黒いダルメシアンの名前もパッチだ。

私のパッチ説も大分前進したが、まだパッチがポチになったと言い切るには早い。最大の難関が用例探しだった。これには大分手間取ったが、とにかく用例が見つかっ

MISCELLANEOUS.

LOST.

A large Black Bitch with small patch of white on the chest answering to the name of Judy. Any one giving information of same to the undersigned will oblige.

WM. CRANE.

Yokohama, 12th December, 1866.

「ジャパン・ヘラルド」九六五号（一八六六年十二月十三日付）に見えるpatchの文字

た。幕末から明治初期にかけて、横浜や東京で出された新聞には「犬探しの広告」がかなりの数、載っている。「犬探し」だから、黒いとか白いとか犬の特徴が書いてある。日本で発行されていた英字紙にもあるのではないか、と思って調べてみた。最初に調べた『ジャパン・ウィークリー・メール』（横浜で発行、明治三年以降）はまったくの空振り。『日本初期新聞全集』第九巻の「ジャパン・ヘラルド」（横浜で発行）でやっと「パッチ」を発見した。

「ジャパン・ヘラルド」九六五号（一八六六年十二月十三日付）。

雑報　探し物

大きな黒いメス犬、胸に白い小さな斑紋（small patch）があります。名前はジュディです。情報を提供してくれた人には下記署名人が謝意を表します。
Wm.クレイン
横浜　12日　12月　1866年

これより前、一八六四年六月十八日の同紙広告には「ポインターのスポット」を探す広告も出ている。スポット→ポチ説も簡単に捨てるわけにいかないが、やはりパッチがポチに変化したのだと思う。どうしてそういう結論になるのか。そのカギはこれまで何度も出てきたカメが握っている。

●ポチの語源を示唆する「横浜版ピジン・イングリッシュ」

アメリカの宣教師夫人マーガレット・バラは一八六三年に神奈川で、日本人が犬のことを「カム・ヒア」と呼んでいるのを聞いた話はすでに書いた。日本人は犬のことを英語で「カム・ヒア」と呼ぶと勘違いしている、とバラは考えた。しかし、この見解は微妙に違う。日本人は「カメ」が犬の名前だと思って「カメや」と声をかけている。「カム・ヒア」を「カメや」と聞いた日本人と、「カメや」を「カム・ヒア」と聞いた外国人がいる。話は合うが、どこかずれている。一八七四年（明治七年）、日光旅行に出かけたフランス人の法律家ブスケは、どこに行っても自分の犬が「Come here」と呼ばれると書いているが、日本人は「カメや」と声をかけているつもりなのだ。

ピジン（pidgin）・イングリッシュという特殊な英語がある。ピジンは「ビジネスのくずれた中国発音」（『新簡約英和辞典』研究社）だそうだ。英語を主体に中国語やマライ（マレー）語、ポルトガル語、その土地の言葉などをチャンポンにして、その土地にだけ通用する商業英語が発明された。イギリス公使館の書記官であるアーネスト・サトウは日本語の研究家でもあったが、彼は日本に来て、横浜でしか通用しない新しい商用語が使われていることを確認した。

（横浜では）商用のための一種の私生児的な言葉が案出されていたのだ。中でも、マレー語の駄目《ペケ》piggi、破毀《サランパン》は大きな役目をつとめ、それに「アナタ」と「アリマス」とを付け加えて、自分は複雑な取引をやる資格を持っていると、銘々がそう思いこんでいた。この新造語の著しい特徴は、対話者相互の社会的地位を示す日本語のはなはだしい多様性と動詞の複雑な変化がないことである。それはもちろん、居留地以外には通用しなかった（略）。（『一外交官の見た明治維新』坂田精一訳）

駄目なことをペケという。サトウによると、ペケの語源はマレー語のピギーだという。ピギーはマレー語で、持ち去ること、立ち去ることを意味する。目の前にある商品は「駄目だ。いらない。持ち去れ」という意味のピジン・イングリッシュとして使う。横浜に来たイギリス商人には、清国人の執事や使用人が同行している。清国人は駄目という時に不可という。ペケである。幕末の横浜では、「駄目」はピギー、ペケで通じた。マレー語のサランパンも同じような意味で使われた。もともとは「放っておけ」とか、「ダメにする」という意味だが、「サランパン」と言われれば、交渉不成立を意味する。チャンポンもピジン・イングリッシュだ。混ぜることを意味する中国語チャン・ホーが語源のようだが、幕末・明治初年の横浜ではイギリス人も清国人も日本人も、共通商用語としてチャンポンを使っていた。まぜこぜこそ、ピジン・イングリッシュの真骨頂なのだ。

幕末にイギリス人が作ったと思われる『実習横浜語（Exercises in the Yokohama Dialect）』という日本語会話の手引書がある。「持つ」「手に入れる」「ある」「欲しい」「着く」「家にいる」、これらはすべて「アリマス」という。「ジョン、家にいますか」は「ジョン、アリマス?」、「横浜に着いた」は「ワタクシ、ヨコハマ、アリマス」。あの変なガイジン言葉は日本人と会話するための商用語として横浜で使われていたのだ。

カメ（カム・ヒア）も横浜版ピジン・イングリッシュといえるだろう。『実習横浜語』の中に「A dog Come here」と明記してある。日本人と会話する時、犬のことはカム・ヒアといえば通じるということだ。お互いが会話しているうちに、微妙に聞き間違えながら、共通語が成立していく（ア・ドッグがカム・ヒアなら、横浜語でカム・ヒア〔来い〕は何というかというと、Coachy weedyという。「こっち・おいで」だ。『実習横浜語』は読んでいて思わず噴き出しそうになるほど面白いので、その一部を抜粋して別表に掲載した）。

「ブチ」が「ポチ」になっていく過程でも、カメが成立した時と同じことが起きたのではないかと私は推測している。たとえば、英語を話す外国人が犬を連れて歩いているとしよう。幕末から明治、横浜居留地で飼われていた犬はグレイハウンド、ポインターに代表されるぶち犬が多かった。日本人は毛色で犬を呼ぶ習慣だから、「おい、ぶち」と声をかける。聞いた方は「ぶち」とは「パッチ」のことかと思って、「イエス、パッチ」または「パッチーズ」と答える。日本人は「そうか、ぶち犬はパッチというんだ」と納得する。こういうやりとりを繰り返した後、ぶち→パッチ→ポチと定着していったのではないかというのが私の説である。スポット、スポッティッド（spotted）説も軽視できないが、ぶち→スポット→ポチという変化は納まりが悪い。最初のSの音は日本人はわりとよく聞き取っている。スキー、スケート、スピード、スポーツが、キー、ケート、ピード、ポーツにはならない。それでもスポットをポット、ポチと聞いてしまった日本人がいないとも限らないから、スポット→ポチ説が絶対に成り立たないというわけではないが、苦しい。

パッチ説の有力な根拠としては、明治二十九年の『和英大辞典』と明治四十二年の『新訳和英辞典』でBuchi（斑《ぶち》）がPatchesと訳されていることを挙げておこう。ぶち→パッチ→ポチの変化が起きたことを示唆している。

しかし、よくよく考えてみると、ポチは外来語なのだろうか、それとも日本語なのだろうか、そこのところが判然としない。私の説が正しいとすると、ポチという言葉が誕生するためには、ぶちという日本語とパッチという英語を必要とする。ピジン・イングリッシュと同じように国籍のまぎらわしい言葉だといえる。

もうひとつ、カメの例を考えてみたい。外国人が犬をカム・ヒアと呼んでいるのを、日本人はカメやと聞いた。それで洋犬のことをカメというようになったが、ではカメは外来語（英語）なのか、日本語なのか。ポチやカメを、ポルトガル語を語源とするカステラ、金平糖や、英語を語源とするテレビ、ラジオと同じような外来語として扱うことに無理があるのではないか。ポチやカメは外国語が日本語と共鳴して定着した言葉のように思える。言ってみれば、日本語共鳴外来語である。

同様の例をもうひとつ挙げておく。「犬の名」ランキング第三位のマルである。こ

横浜語の例（『実習横浜語』より。日本語表記は筆者）

Good	Your a shee	よろしい
Good morning	Ohio	オハイオ
Good evening	Ohio	オハイオ
Bad	Worry	悪い
One	Stoats	すとーつ
Two	Stats	すたつ
Three	Meats	みーつ
Four	Yotes	よっつ
Five	It suits	いちゅーつ
Six	Moots	むーつ
Seven	Nannats	ななつ
Eight	Yachts	やっつ
Nine	Coconuts	ここなつ
Ten	Toe	とう
Rain	Ah me	あーめ、雨
Shoe	Coots	くーつ、靴
Cold water	Sammy meeds	寒い水
Hot water	Oh you	おー湯ー
Other	Bates	別
All	Minner minner	皆　皆
Only	Back harry	ばっかりー
Church	Oh terror	おー寺ー
Give	Sinjoe	進上
A dog	Come here	かむひあ
To walk	Maro maro	参ろう 参ろう
To wash	A row	洗う
To break	Serampan	さらんぱん（壊す＝マレー語）
To mix	Champone	ちゃんぽん（中国語）
Take away	Piggy	ペケ（マレー語、中国語）
To buy	Cow	買う
To see	High Kin	拝見
To have	Arimas	あります
To arrive	Arimas	あります
To want	Arimas	あります

れまでもマルという犬の名は何度も登場しているが、語源としてすぐ頭に浮かぶのは丸だ。『枕草子』に出てくる、天皇の飼猫を襲い島流しになった犬の翁丸（昔の呼び方は、おきなまろ）、あるいはお城の一の丸、二の丸、牛若丸に日吉丸、咸臨丸に氷川丸、いろいろな丸を思い浮かべる。しかし、マルというのはカメ（洋犬）につけられた名前なのだ。日本の犬は毛色や見た目の形で呼ばれるのが普通であって、翁丸の丸だけが単独で切り離されて犬の名前になったりすることはなかった。では、マルの語源は何なのか。その答えも『実習横浜語』の中にあった。

『実習横浜語』に「maro maro」という言葉がある。「To pass（渡すこと、横切ること）, to walk（歩くこと）, to be not at home（外出すること）」、これはみな「maro maro」と言いなさい、と書いてある。まろ、まろ？　意味がよくわからない。だが、例文がある。

「The dog walks（犬が歩く）」→「Come here maro maro」
「Where has she gone?（彼女はどこへ行ったの）」→「Doko maro maro?」

maro maroは「参《まい》ろう、参《まい》ろう」だった。『実習横浜語』によると、「犬にさあ行こう」と声をかける時も「カム・ヒア・マロ・マロ」でいい。日本語に訳せば「カメや、参ろう、参ろう」となる。何だかおかしいが、この本はいい加減な本ではない。私の手元にある改訂増補版（一八七九年）には「ビクトリア女王の植民地、香港の法務長官、ミスター・NG・チョイに捧げる」と記されている。

「カメや、マロ、マロ」と聞いた幕末、明治初期の日本人はどう思うだろうか。「マロ」も犬の名前だと思ってしまうのではないか。日本には「丸」という犬に使って、おかしくない日本語がすでにあった。ここでまた、横浜語化した「マロ」と日本語のさまざまな「丸」との共鳴現象が起きて、「マロ」は犬の名前として「マル」に変化していったのではないか。

カメは動物の名前だが、人の名前でもある。カメさん、カメちゃん、カメ公、いろんなカメがいる。これもまた、もともとあった日本語のカメと共鳴して、犬の名として定着していったのではないか。

ぶち↓パッチ↓ポチと変化して犬の名ポチは誕生した。一方、日本にはさまざまな意味のポチがすでに存在していた。点を意味するぽち、点々を意味するぽちぽち、ぽち袋のぽち、小さな突起を意味するぽち（ぼっち）、猫の名前のぽち、いろいろなぽちがある。これらのぽちと共鳴することによって、ポチは新しい時代の犬の名として受け入れられ、一般化していったのではないか。

文明開化の時代、「畜犬規則」が施行され、個人で犬を飼う習慣が日本人の間に根づいていった。かつての里犬（町犬、村犬）は地犬、ただの犬とさげすまれ、カメが世の中を席巻し始める。古き日本の里犬たちは明治時代中ごろから後半にかけてほぼ絶滅状態になったと思われる。代わって登場した洋犬の代表がポチだった。そして、放し飼いにされていたポチとその仲間たちは次第に雑種化し、やがて「ああ、雑種か」といわれるまでに落ちぶれて行く。犬たちは人の世のうつろいに流される。

終章

薩摩の犬のその後

●薩摩の犬を求めて甑島《こしきじま》へ

日本の里犬（町犬、村犬）がどのようにして絶滅していったか、人の歴史をたどりながら、その過程を追ってきた。幕末、ペリーが来航し、日本が開国すると同時に、日本の犬も開国した。横浜が開港し、外国人居留地ができると、欧米人とともに犬も日本にやって来た。世界を知らなかった日本の里犬たちは欧米の犬と比較されることになる。

欧米の犬は、どの犬にも飼主がいた。一方、ほとんどの里犬には具体的な飼主がいなかった。数少ない飼犬も家に閉じこもっているわけではない。家から出歩いて、よそから見ると里犬と区別がつかなかった。欧米の犬には「値段」があった。里犬はどこにでもいるもので、タダであった。欧米の犬は日本の里犬に比べて利口だ、と多くの人が思った。物をくわえて運んだり、水の中に飛び込んで探し物をしたり、飼主の言うことをよく聞いた。

文明開化の時代、日本の犬の欧米化は急速に進んだ。明治政府は「畜犬規則」を定め、欧米並みにすべての犬の飼犬化を推進した。しかし、犬の飼い方は基本的に放し飼いである。このため洋犬が増えるにつれ、里犬（和犬）との雑種化が急速に進み、洋犬雑種が次第に優勢になっていく。純粋和犬として生き残ることができたのは、山間部の猟犬だけだった。

西郷どんがかわいがった薩摩の犬たちがその後、どうなったか考えてみたい。

天明三年（一七八三年）、岡山総社《そうじゃ》生まれの地理学者・古川古松軒《こしょうけん》は修験者《しゅげんじゃ》に姿を変え、西国探訪の旅に出た。彼は薩摩の阿久根《あくね》（鹿児島県北西部。現阿久根市）で小型犬を見ている。

薩摩小犬と称せる他国になき小犬、此辺に多し。平生の犬より小にして、かわゆらしく見ゆる犬なり。（『西遊雑記』）

西郷が兎狩に使っていた犬は、この薩摩小犬と同系統かもしれない。それにしても薩摩の小さな猟犬たちはどこに行ってしまったのだろうか。在来の薩摩の犬は探しても見つからない。甑島《こしきじま》（薩摩川内《せんだい》市）に行けば、ひょっとすれば昔ながらの薩摩の犬がいるかもしれないと思って、島に渡ったのは昭和五十三年のことだった。

古松軒が小犬を見た阿久根から南へ三十キロほど、串木野《くしきの》から甑島へ行く渡船が出ている。直行便で二時間二十分。島は上甑《かみこしき》、中甑《なかこしき》、下甑《しもこしき》、三つの島からなる。最初に下甑島の村役場を訪ねた。「甑犬《こしきいぬ》を飼っている人はいませんか」と民生課の職員に尋ねると「純粋なのはもういませんよ」とあっさりいわれた。刊行されたばかりの『下甑村郷土誌』には「下甑の野犬は島犬と言って、種々の特性があると言われ珍重されたが、今日では混血種で、純粋の島犬は見当たらないと言われている」と書いてあった。洋犬との雑種化が進んでしまったのだ。

当時、村には七十頭の犬が登録されていた。その中に「甑犬」と書かれた犬が一頭だけいた。役場の職員は「甑犬という名で書類が出たから、その通り受け付けただけです。昔ながらの甑犬ではないと思いますよ」といった。甑島は野犬の多い島だった。島の人たちは野犬の子を捕まえて来て、それを島犬として育てた。たった一頭登録された甑犬の飼主・橋口義民さんを訪ねた。キラーという名の黒毛の中型犬だった。山で捕まった二頭の野犬の子のうちの一頭をもらい受けたという。わりと人なつこい犬だった。私のイメージの中の甑犬とはだいぶ違った。島の人たちの話を聞くと、「あれは甑犬です」という人もいれば、「雑種です。腹に白い毛が混じっている」という人もいた。飼主の橋口さんは島の野犬の子だから甑犬として登録したというが、外来種の犬の血が混じっている可能性は否定しなかった。「私が子どものころの島犬はもっと柴犬に似ていた」といった。

散髪屋が以前飼っていた犬が本物の甑犬だと何人もの人がいうので、話を聞きに行った。サチという名前の犬だった。「サチは大した犬じゃった。用心深い。ワンワン泣いたりもせん。ウーといがむ（うなる）だけ。だからおとろしか（恐ろしい）わけよな」。十五年前に死んだサチの写真を見ると、背は黒く、腹の方が白っぽい、小さめの中型犬だった。この散髪屋さんはその後、犬を飼うのはやめた。「このごろの野犬は雑種ばかりだから」というのがその理由だった。ほかの島にも甑犬らしい犬はいなかった。

●椋鳩十『マヤの一生』と犬の供出

鹿児島在住の作家、椋鳩十《むくはとじゅう》は甑島を舞台に『王者の座』『消えた野犬』『丘の野犬』という小説を書いている。鹿児島の城山に近い椋さんの自宅を訪ねた時、甑島の犬の話を聞いた。椋さんは「もう純粋な甑犬はいないでしょう」といった。昔ながらの薩摩の犬も見かけないと椋さんもいった。

椋さんの代表作である『マヤの一生』の話になった。マヤは戦時中、椋さんが飼っていた犬の名前である。貨車に載せて送ってもらった紀州・熊野の犬だった。椋家ではマヤのほかにニワトリのピピ、猫のペルを飼っていた。『マヤの一生』は小説だから、若干の脚色はあるが、書かれていることはほぼ実話である。マヤとピピとペルと子どもたちとの平和な日々に戦争の影がしのび寄る。ある日「この食糧のとぼしいときに、犬など飼っているのは、ぜいたくだ。犬を種畜場の広場に連れてくるように」と通知が来た。お国のために犬を供出《きょうしゅつ》しろ、というのである。

　供出というと金属類回収令が有名だ。戦闘機や軍艦や砲弾などの原料として、白金、銀、鉄、銅などあらゆる金属が供出させられた。小学校にあった二宮金次郎像、渋谷駅前の忠犬ハチ公像、お寺の鐘、家庭の鍋釜まで供出させられ、原料として溶かされてしまった。三越デパートのライオン像も供出させられたが、この像は戦後、東京の東郷神社の倉庫から無傷で発見された。ライオン像の原型はイギリスのトラファルガー広場にあるが、ネルソン提督を尊敬する日本海軍の東郷平八郎提督ゆかりの銅像だったため、だれかが東郷神社に隠したらしい。皇居前広場の楠公像、上野公園の西郷像など特別な銅像以外はみんなこの回収令にやられた。

　犬もまた供出の対象になった。軍事用の毛皮を確保するのが目的だった。本土防衛のため特攻隊が出撃するようになってから、犬の供出も本格的に行われた。毛皮確保に加えて狂犬病対策も供出の理由に加えられた。空襲の時、狂犬が暴れ出したら危ないというのだ。昭和十九年十月末、軍需省、衛生局、東京都、警視庁、埼玉県、千葉県による会議が開かれ、首都圏で犬の供出を始め、全国に拡大していくことになった。この会議に神奈川県が加わっていないのは、すでに先行して供出を行っていたためだろう。犬は集められて撲殺され、化成工場に運ばれた。

『マヤの一生』に話を戻そう。

供出の通知が来て、「わたくし」は対策を考えた。顔見知りの警察署長にマヤを供出から外してもらうための書類を出した。

「右の犬は、やがて、命をみ国にささげて、戦地に向う、青少年のために書く、物語の研究材料です。よって、手許《てもと》において飼うことを、ご許可くださいますよう、お願い申し上げます」

書類に対する返事はなかった。

土地の世話役が腹を立ててやって来た。

「わからず屋だなあ、あんたは。自分の子どもや、夫を、たくさんの人びとが、戦地に、毎日、毎日、送りこんでいるのですぞ。たかが犬の一ぴきくらいなんですか。いさぎよく出したら、どうです」

「あなたは、たかが犬一ぴきといわれますが、わたくしの家では、この犬は、家族の一員です。はいそうですかといって、かんたんに殺させるわけには、まいりません。それに、食糧の節約のために、犬を殺すということですが、わたくしの家では、割あて以外のお米もムギも、一粒だって使ってはいません。この犬を殺したって、食糧の節約には、けっしてならないと思いますが……」

椋さんは、殺された犬が毛皮になることを知っていながら、そのことを『マヤの一生』には書いていない。あからさまに書くことにためらいがあったのだと思う。小説の中の「わたくし」はただ空を見上げている。

「のびやかなヒバリの声を聞いていると、今見ている敵の飛行機も、日本の特攻隊の飛行機も、何か、夢の中のできごとではなかろうかと思われるほどでした」

とだけ書いた。

戦時中の子どもたちはみんな〝軍国少年〟だった。長男は、父親に威勢のいい軍国物を書いてほしかった。父親はいった。「お父さんはね、動物の小説を書く作家だから、戦争のことはかけないんだよ」（久保田喬彦『父・椋鳩十物語』）。

現実世界では人がどんどん死んでいく。反戦というほど大げさなものでないにしても、椋さんは動物が死んでいく話を書く気になれなかった。「戦争中に書いた私の物語では動物は死なないのです。虫も死にません。物語の中でも動物を殺すことができなかったのです」といった。

椋さんの自宅を訪ねた日はたまたま八月十五日だった。玉音放送のあったその日、椋さんは自宅にいた。「うちの庭のそこに木が見えるでしょう。あの日、サンコウチョウが来て、枝にとまって鳴いたんですよ」。サンコウチョウは漢字で三光鳥と書く。「月日星（ツキヒーホシ）ほいほいほい」と鳴く。私は野鳥のテープで鳴き声を聞き知っているだけだが、ほんとうにその名の由来通りに鳴く。「戦争が終わったよ」と告げに来てくれたように椋さんは思った。自宅でサンコウチョウの鳴き声を聞いたのはその時、一度きりだったという。

小説『マヤの一生』は一九七〇年に出版された。この警察署の管内でたった一頭残ったマヤは椋さんが留守の間に無理やり連れ出され、子どもの前で撲殺された。小説では自宅に逃げて来て死んだことになっている。サンコウチョウが鳴いて二十五年。やっとマヤの話を書き上げたが、事実をその通りには書けなかった。それだけ心の奥底に受けた傷が深かった。

●犬が根こそぎ供出された鹿児島

昔ながらの薩摩の犬が消えてしまったのは、この犬の供出と関係があると私は推測している。各地に残っていた日本犬（猟犬）は洋犬に追いやられて次第に数を減らしていた。そこに追い打ちをかけたのが犬の供出だった。すでに天然記念物に指定されていた日本犬（秋田犬、甲斐犬、紀州犬、柴犬、四国犬、北海道犬）は原則供出の対象外となったが、ほかの在来の犬はみんなやられた。ただし供出の強制度、頭数は全国一律ではない。土地により濃淡があった。軍用犬も対象外だった。

特攻隊基地のある鹿児島は、『マヤの一生』にあるように、犬の供出運動は徹底していた。「根こぎ（根こそぎ）供出」が行われた。昭和二十年一月三日の鹿児島日報に「畜犬も御奉公」という記事が載っているので掲載しておこう。政府が犬の供出で何をしようとしていたかよくわかる。

二月から三月まで全国一斉に畜犬整理と野犬掃蕩《そうとう》が実施せられ、同時に畜犬の供出が開始される。

その目的は軍需毛皮革の増産確保、狂犬病の根絶、空襲時における人畜咬傷《こうしょう》の危害除去、食糧事情の緩和、畜犬の廃餌《はいじ》による軍用犬の飼育増産等であって、鹿児島県では各市町村の日割を定め、県技術官、警察官、市町村吏員、軍用犬協会々員立会の下に全畜犬の集合検査を実施し、不参の犬は強制供出される。

献納供出された犬の毛皮革は航空帽、航空靴、手袋その他軍需品として決戦場に送られるのであるから、この際愛犬家は県下一頭も洩れなく献納供出するよう切望されている。

「二月から三月まで全国一斉に」となっているが、全国でこの期間に一斉に行われたわけではない。鹿児島県民向けにそういっているだけである。前年から始めたところもあり、ばらつきがある。鹿児島での供出の実態は相当すさまじかったようだ。同年三月九日の鹿児島日報に当局のやり方に批判的な投書「供出犬撲殺」が載っている。同年戦時体制下にこういう投書が掲載されるだけでも珍しい。それだけひどかったということだろう。

目下犬の供出が行われているが、連れて来た犬をその供出場で撲殺するのはどんなものか。戦局はうけみであっても、まだ日本の道義はそこまですたれてはおらぬ。その場で撲殺するなら、せめて少国民《しょうこくみん》（少年少女）や飼主の目につかない少し離れた場所を選び、公衆などに見えないように設備する程の温い心づかいこそ戦う日本のヨサではなかろうか。

「三年飼えば恩を忘れぬ」という言葉も主に賢い犬の表現だけでなく、日本人のよき半面を示した言葉であることを当局者はご存知か。米英を叩かねばならぬ理由も、この深いところに発しているのである。犬と言えば事は小さいが、「どうせ皮革になる」という形にとらわれず、もっと日本的心の深さを知って欲しい。それから市当局では愛犬家が尋ねて来たとき「全部殺すのだ」と冷淡に言わず、優良種だけは検査の上残すことを親切に説明して貰《もら》いたいものだ。（赤毛のワン）

幕末から明治維新を経て、日本の犬が近代化する過程で、飼犬化、雑種化その他、悲喜こもごも、いろいろなことが起きたが、犬の供出ほど悲劇的な出来事はなかった。西郷どんが愛した薩摩の犬も、この時点で命脈を絶たれたに違いない。

おわりに

人と同じように、日本の犬たちにも開国があり、幕末があり、明治維新があり、文明開化があった。しかし、犬の歴史は、人の歴史の中に埋没し、犬が激動の時代をどのように生きてきたのか、顧みられることもなかった。埋没した犬の歴史をいつか世の中に出してみたい、と思いながらずっと史料調べを続けてきた。

かつて日本の犬のほとんどを占めていた里犬（町犬、村犬）が明治維新を境に絶滅の道をたどっていったことも知られていない。里犬は町村のいたるところに住みつき、そこの住人に養われていた犬である。今風にいえば、地域犬ということになる。彼らの主な仕事は不審な人物に吠えること、子どもの遊び相手になることだった。秋田犬、甲斐犬など各地に生き残った日本犬については、それぞれに立派な研究があるので、そちらに譲るとして、私が調べてきたのは日本中どこにでもいたありふれた犬たちの話である。今回の本では明治維新を基本テーマにすえたため、明治天皇と西郷隆盛という名のある人物の犬についても、相当書き込むことになった。

犬の史料はいろいろなところに散らばっている。ただ体系的に記された物がないだけだ。そこで、散らばった史料をこつこつ拾い集める作業を長い間続けてきた。それを整理し、時間の流れとテーマに合わせてまとめたのが今回の本である。類書がないので、結果として新発見、新説を多数織り込むことになった。「ポチの誕生」はその一例である（ついでに猫の史料も探してきたが、猫の方はすぐに化けたり、祟《たた》ったりして、暮らしぶりがわかるいい史料が少ない）。

動物研究家の平岩米吉さんは昭和九年に雑誌『動物文学』を創刊し、狼、犬、猫について数多くのすぐれた著作を発表した。『動物文学』は長女の動物文学会主幹・平岩由伎子さんによって現在も会員誌として年二回発行が続けられている。私の前著『犬の伊勢参り』も、信州から伊勢参りした犬の話を『動物文学』誌上で読んだことがきっかけで史料を調べ、世に出すことができた。

十数年前、由伎子さんのすすめで、『動物文学』に原稿を書き始め、今も書き続けている。『犬たちの明治維新』はすべて書き下ろしだが、骨格となる史料は『動物文学』に原稿を書くために集めたものだ。由伎子さんとの出会いがなければ、この本も誕生しなかったに違いない。あわせて、私の原稿を目にとめ、出版の労をとってくれた草思社の貞島一秀さんに感謝したい。

仁科邦男

（『動物文学』は平成二十六年初夏・創刊八十周年特別記念号で休刊になりました）

文庫版あとがき

この本には、これまでどこにも書かれていない新事実、新説が各所に記されている。なぜそうなったのか。その理由は簡単なことだ。犬の歴史を本格的に研究する人がいなかったからだ。

人の歴史の片隅に犬たちの歴史は埋もれている。名もない犬たちが人とどのようにして生きてきたのか、ただそのことが知りたくて史料（資料）集めを続けてきた。その多くはすでに公刊された史料だから、新事実、新説といっても、正しくは犬の歴史上の新事実、新説というべきかもしれない。

幕末、吉田松陰はペリーの黒船に乗って、アメリカに密航しようとした。一回目の企ては、横浜の海岸で犬に吠えられて失敗した。この犬たちは野良犬ではない。村に住み着き、村に養われている村犬だった。

黒船には日本の犬（狆）と猫が乗せられていた。開国後、最初に日本を出て海を渡ったのは人ではなく犬と猫だったことになる。

明治維新とそれに続く文明開化によって、日本の犬たちは激動の時代を迎える。放し飼いの村犬、町犬（里犬）は撲殺され、絶滅していく。代わって登場したのがポチという名前に代表されるカメ（洋犬）だった。このころは洋犬のことをカメと呼んだ。では、カメはなぜカメというのか。ポチはなぜポチというのか。その謎もこの本の中で明らかにした。


明治十年の西南戦争に西郷隆盛は犬連れで出陣した。なぜか。

明治天皇は明治十三年に突然、狩りを始めた。なぜか。

次から次と浮かび上がる犬と人をめぐる謎。意外な事実。

上野の西郷隆盛像の犬のモデル問題にも決着をつけておきたかった。「モデルはツンだ」。かつてそう思い込んだ人たちが鹿児島にいた。本書で書いた通り事実は明らかに違う。インターネット時代になって誤解はさらに広まり、上野恩賜《おんし》公園（東京都建設局）のホームページまで「ツン」説を事実であるかのように載せている。

幸いなことに『犬たちの明治維新―ポチの誕生』は新聞、雑誌、テレビ、ウェブなどで好意的に紹介され、版を重ね、さらに文庫本として新たな読者の目に触れる機会を得ることができた。「面白かった」といってくれることが私には何よりの薬になる。そう思ってくれる人が増えたら、本当にうれしい。

草思社からは続編『伊勢屋稲荷に犬の糞―江戸の町は犬だらけ』も刊行した。私の犬の歴史探索はまだまだ続いている。

引用図書・史料一覧

※本文中に日付、刊号を明示した新聞記事・雑誌、書名・作品名を明記した小説、辞書・辞典、教科書などを除く

●はじめに

柳田国男『明治大正史・世相篇』（平凡社東洋文庫）、同上『白山茶花』（定本柳田国男集第二巻、筑摩書房）／『邦訳日葡辞書』（岩波書店）／「島津家列朝制度」（藩法集8、創文社）／『俚諺大成』（日本書誌学大系59、青裳堂書店）／『徳川実紀・第六篇』（吉川弘文館）

●第一章

吉田松陰『回顧録』『三月二十七日夜の記』（吉田松陰全集第十巻、岩波書店）／『スポルディング日本遠征記』（島田孝右訳、雄松堂出版）／The Japan expedition,Japan and around the world (Spalding,J.Willett)／『ペルリ提督日本遠征記』（土屋喬雄・玉城肇訳、岩波文庫）／『ペリー提督日本遠征記』Narrative of the Expedition of American Squadron to the China seas and Japan etc. (Perry,Matthew Calbraith)／ウィリアムズ『ペリー日本遠征随行記』（洞富雄訳、雄松堂書店）／A journal of the Perry expedition to Japan (Williams,S.Wells.)／『ペリー提督日本随行記』With Commodore Perry to Japan (Speiden Jr.,William)／『ザ・ドッグ・ブック』The dog book (Watson,James)／村垣範正『遺米使日記』（日本史籍協会叢書96、東京大学出版会）／柳川当清『航海

日記』（同上）／勝海舟『海舟座談』（岩波文庫）／川路聖謨『長崎日記・下田日記』（平凡社東洋文庫）／『ゴンチャローフ日本渡航記』（高野明・島田陽訳、講談社学術文庫）／川路聖謨『島根のすさみ』（日本史籍協会叢書58、東京大学出版会）／勝小吉『夢酔独言』（平凡社東洋文庫）／『ヒュースケン日本日記』（青木枝朗訳、岩波文庫）／『エルギン卿遣日使節録』（岡田章雄訳、雄松堂書店）／ハリス『日本滞在記』（坂田精一訳、岩波文庫）／『外国新聞に見る日本』（毎日コミュニケーションズ）／『江戸と北京』Yedo and Peking. A narrative of a journey to the capitals of Japan and China(Fortune,Robert)／『横浜開港側面史』（横浜貿易新報社）／『ポルスブルック日本報告』（生熊文訳、雄松堂出版）／『大君の都』（山口光朔訳、岩波文庫）／フィッセル『日本風俗備考』（庄司三男・沼田次郎訳注、平凡社東洋文庫）、同上『日本風俗備考』（杉田成卿等訳、文明源流叢書第三巻、国書刊行会）／Bidrage tot de kennis van het Japanshe rijk(Fisscher)／「勢陽後記」（津市史）／『シーボルト日記』（石山禎一・牧幸一訳、八坂書房）／オリファント『一八六一年の駐日英国公使館東禅寺襲撃事件』（英国公使館員の維新戦争見聞記、中須賀哲朗訳、校倉書房）／リハチョフ宛の書簡（前出『シーボルト日記』所載）

●第二章

『ホームズ船長の冒険』（横浜開港資料館編、杉山伸也ほか訳、有隣新書）／『ポルスブルック日本報告』（前出）／『ヘボン書簡集』（高谷道男編訳、岩波書店）／『横浜開港側面史』（前出）／バラ書簡集『古き日本の瞥見』（川久保とくお訳、有隣新書）／スエンソン『江戸幕末滞在記』（長島要一訳、新人物往来社）／『スイス領事の見た幕末日本』（森本英夫訳、新人物往来社）／スミス『日本における十週間』（宮永孝訳、雄松堂出版）／『江戸と北京』（前出）／『御仕置裁許帳』（近世法制史料叢書、創文社）／『町方書上』（江戸町方書上・文政のまちのようす・芝編、港区立みなと図書館）／モース『日本その日その日』（石川欣一訳、平凡社東洋文庫）／ド・フォンブランク『馬を買いに来た男』（宮永孝訳、雄松堂書店）／ブラック『ヤング・ジャパン』（ねず・まさし、小池晴子訳、平凡社東洋文庫）／ミットフォード『英国外交官の見た幕末維新』（長岡祥三訳、講談社学術文庫）／バード『完訳日本奥地紀行』（金坂清則訳注、平凡社東洋文庫）／オズボーン『日本への航海』（島田ゆり子訳、雄松堂出版）／『エルギン卿遣日使節録』（前出）／『大君の都』（前出）／ホジソン『長崎函館滞在記』（長崎県史・史料編）／アルミニヨン『イタリア使節の幕末見聞記』（大久保昭男訳、講談社学術文庫）／『オレインブルク日本遠征記』（中井晶夫訳、雄松堂出版）／チェンバレン『日本事物誌』（高梨健吉訳、平凡社東洋文庫）／Being Notes on Various Subjects Connected with Japan（Chamberlain）／曲亭（滝沢）馬琴『南総里見八犬伝』（岩波書店）／「狆飼養書」（古事類苑・動物部）／喜多村信節『嬉遊笑覧』（日本随筆大成別巻、吉川弘文館）／『通航一覧』（国書刊行会）／斎藤彦麻呂『傍廂』（日本随筆大成、吉川弘文館）／「狆について」（南方熊楠全集、平凡社）／香川宣阿『陰徳太平記』（通俗日本全史、早稲田大学編輯部）／香川正矩『陰徳記』（マツノ書店）／『三王外記』（国会図書館蔵）／村瀬栲亭『芸苑日渉』（日本随筆全集、国民図書）／『続山井』（古典俳文学大系・貞門俳諧集２、集英社）／中川喜雲『私可多咄』（仮名草子集成33、東京堂出版）／ケンペル『日本誌』（今井正訳、霞ヶ関出版）／『元正間記』（国会図書館蔵）／内藤耻叟『徳川十五代史』（人物往来社）／『撰要永久録御触留』（日本近代立法資料叢書、商事法務研究会）／「流言馬ノモノイヒ厳探」（東京市史稿・産業篇第八、東京都）／ケンペル『江戸参府旅行日記』（斎藤信訳、平凡社東洋文庫）／『室田義文翁譚』（常陽明治記念会）／『秘笈日録』（水戸藩関係文書第１、日本史籍協会）／渋沢栄一『青淵百話』（同文館）／『新撰組往時実戦談書』（月刊『郷土よこはま』１０４号、浅田康夫「横浜市会の新選組生き残り—川村三郎」所載）／『保元物語』『平家物語』『枕草子』（日本古典文学大系、岩波書店）／『小右記』『中右記』（大日本古記録、岩波書店）／『古事談』『中外抄』（新日本古

典文学大系、岩波書店）／『侍中群要』（続々群書類従、国書刊行会）／『禁秘抄』（群書類従）

●第三章

『英国外交官の見た幕末維新』（前出）／『パークス伝』（高梨健吉訳、平凡社東洋文庫）／『明治天皇紀』（吉川弘文館）／『延喜式』（国史大系、吉川弘文館）／『旧唐書』吐蕃伝（騎馬民族史3　正史北狄伝、佐藤長訳、平凡社東洋文庫）／『西康・西蔵踏査記』（松枝茂夫・岡崎俊夫訳、改造社）／『日本書紀』（日本古典文学大系、岩波書店）／『続日本紀』（国史大系、吉川弘文館）／『「明治天皇紀」談話記録集成』（ゆまに書房）／『明治天皇聖徳奉頌講演集』（東京市編）／高桑駒吉『明治大帝』（海国公論社）／『明治天皇御逸事』（国民教育学術研究会編）／『明治天皇聖徳録』（大日本国民中学会編）／水島荘介『仰ぎまつる明治天皇の御聖徳』（皇徳奉賛会報国社出版部）／高桑駒吉編『明治聖代志』（大日本実業協会）／『明治天皇史』（大日本国民教育会編）／渡辺幾治郎『明治天皇の聖徳』（千倉書房）／坂本辰之助『明治天皇』（至誠堂書店）／児玉四郎『明治天皇の御杖』（東山書院）／『向岡行幸記』（連光聖蹟録、聖蹟奉頌連光会）／坂本辰之助『皇室及皇族』（昭文堂）／『東京市史稿・皇城篇』（東京市）／坊城俊良『宮中五十年』（明徳出版社）／園池公致『明治宮廷の思い出』（岩波書店「世界」昭和31年9月号）、同上『明治のお小姓』（平凡社「心」昭和32年9月号）／小倉文子「雪の日、雲の空」（『明治大帝』、大日本雄弁会講談社）／『日本紀略』（国史大系、吉川弘文館）／『中右記』（前出）／石井研堂『明治事物起原』（日本評論社）／森銑三『明治東京逸聞史』（平凡社東洋文庫）／『旧事諮問録』（岩波文庫）／「ざんぎりお富」（黙阿弥全集第十巻、春陽堂）／『東京新繁昌記』（新日本古典文学大系・開化風俗誌集、岩波書店）／「手飼いの犬」（明治大正落語集成第四巻、講談社）／「手廻り荷物運賃等」（東京市史稿・市街篇53、東京市）／根岸鎮衛『耳袋』（平凡社東洋文庫）／加藤祐一『文明開化』（明治文化全集第21巻、日本評論社）／『近代世相風俗誌集・太政官時代』（横瀬夜雨・紀田順一郎、クレス出版）／黒岩比佐子『明治のお嬢さま』（角川選書）／万亭応賀『新制兎美断語』（明治文化全集第24巻、日本評論社）／『洋犬ノ説』（子規全集第九巻、講談社）／古賀十二郎『長崎洋学史』（長崎文献社）／福沢諭吉『西洋事情』（福沢諭吉全集第一巻、岩波書店）／福田作太郎『英国探索』（日本思想大系・西洋見聞集、岩波書店）／『邏卒勤方問答』（横浜活版社）／「畜犬規則」（東京市史稿・市街篇54、65）／「外国人居留地畜犬規則」（横浜市史資料編十七）／仁科邦男『犬の伊勢参り』（平凡社新書）／『上山三家見聞日記』（上山市）／『富里村史』／『柏市史』／『千葉県史料・近代篇』／『下総御料牧場沿革誌』（下総御料牧場）／『下総御料牧場史』（宮内庁）／『会田落穂集』（埼玉県立浦和図書館）／「万年代記帳」（福岡県史、西日本文化協会）／『草間（鴻池）伊助筆記』（大阪市史第五巻、大阪市参事会）／『翁草』（日本随筆大成、吉川弘文館）／『月堂見聞集』（続日本随筆大成、吉川弘文館）／『狂犬咬傷治方』（国会図書館蔵）／『狂犬略説』（鷗外全集18、鷗外全集刊行会）／栗本東明「狂犬病毒動物試験及人体注射成績」（中外医事新報３７１―３７４）、同上『最新治療法』（南江堂）／『犬と余』（寒川鼠骨集、改造社）

●第四章

『西郷隆盛全集』（大和書房）／『西郷南洲選集』（読書新報社）／『鹿児島県史料　西南戦争』（鹿児島県維新史料編纂所編）／『西南記伝』（黒竜会編）／『南洲翁逸話』（鹿児島県教育会編）／勝海舟『氷川清話』（講談社学術文庫）／『値段の明治大正昭和風俗史』（週刊朝日編、朝日新聞社）／『鹿児島県規則便覧』（鹿児島県）／池田米男『南洲先生新逸話集』（鹿児島新聞社）／井筒月翁『維新俠艶録』（中公文庫）／『南洲翁遺訓』（西郷隆盛全集・南洲翁逸話ほか所載）／『南洲手抄言思録』（岩波文庫ほか）／近松茂矩『昔咄』（名古屋叢書24、名古屋市教育委員会）／的野半介『江藤南白』（南白顕彰会）／牧野伸顕『回顧録』（中公文庫）／香春建一『西郷臨末記』（尾鈴山書房）／『明治十年騒擾一件』（明治十年騒擾一件・西南戦争・秘書、高野和人編纂、青潮社）／永友司『明治十年戦争日記』（宮崎県史・通史編）／佐々友房『戦袍日記』（南江堂）／遠矢才二『巨眼南洲』（薩南史蹟顕彰会）／福沢諭吉『明治十年丁丑公論』（福沢諭吉全集第十二巻、岩波書店）／樺山愛輔『父、樺山資紀』（大空社）／高村光雲『幕末維新懐顧談』（岩波文庫）／高村豊周『木彫七十年』あとがき（木彫七十年、中央公論美術出版）

●第五章

石井研堂『明治事物起原』（前出）／福沢諭吉「姓名之事」「チンワン之説」（福沢諭吉全集第七巻、岩波書店）／「『平凡』物語」（二葉亭四迷全集第十巻、岩波書店）／徳冨蘆花『みみずのたはこと』（岩波文庫）、同上『偶感偶想』（蘆花全集第十九巻、蘆花全集刊行会）／なぎら健壱『なぜ犬は「ポチ」なのか？』（PHP研究所）／山東京山『朧月猫の草紙』（河出書房新社）／関川夏央『二葉亭四迷の明治四十一年』（文藝春秋）／山本夏彦『私の岩波物語』（文藝春秋）／飛田良文『明治生まれの日本語』（淡交社）／チェンバレン『日本事物誌』（前出）／『日本初期新聞全集』（ぺりかん社）／ブスケ『日本見聞記』（みすず書房）／アーネスト・サトウ『一外交官の見た明治維新』（坂田精一訳、岩波文庫）／Exercises in the Yokohama Dialect（実習横浜語・改訂増補版）

●終章

『西遊雑記』（日本庶民生活史料集成2、三一書房）／『下甑村郷土誌』（下甑村）／久保田喬彦『父・椋鳩十物語』（理論社）

※本書は二〇一四年に当社より刊行した著作を文庫化したものです。

草思社文庫

犬たちの明治維新
ポチの誕生

2017年2月8日　第1刷発行

著　者　仁科邦男
発行者　藤田　博
発行所　株式会社 草思社
〒160-0022　東京都新宿区新宿5-3-15
電話　03(4580)7680(編集)
　　　03(4580)7676(営業)
　　　http://www.soshisha.com/

本文組版　有限会社 一企画
本文印刷　中央精版印刷 株式会社
付物印刷　中央精版印刷 株式会社
製 本 所　株式会社 坂田製本
本体表紙デザイン　間村俊一

ISBN978-4-7942-2256-5　Printed in Japan

草思社文庫既刊

野口武彦
幕末不戦派軍記

慶応元年、第二次長州征伐に集まった仲良し御家人四人組は長州、鳥羽伏見、そして箱館と続く維新の戦乱に嫌々かつノーテンキに従軍する。幕府滅亡を象徴する〝戦意なき〟ぐうたら四人衆を描く傑作幕末小説。

氏家幹人
かたき討ち　復讐の作法

自ら腹を割き、遺書で敵に切腹を迫る「さし腹」。先妻が後妻を襲撃する「うわなり打」。密通した妻と間男の殺害「妻敵討」…。討つ者の作法から討たれる者の作法まで、近世武家社会の驚くべき実態を明かす。

氏家幹人
江戸人の性

衆道、不義密通、遊里、春画…。江戸社会には多彩な性愛文化が花開いたが、その背後には、地震、流行病、飢饉という当時の生の危うさがあった。豊富な史料から奔放で切実な江戸の性愛を覗き見る刺激的な書。